서희영
徐希寧

崔承喜と現在
최승희와 현재

クレイン

崔承喜と現在——目次

【凡例】

◆「崔承喜（チェ・スンヒ 최승희）」の没年について：韓国のおもな先行研究や『親日人名辞典』では一九六九年、『在日コリアン辞典』では一九六八年となっており、研究者によって崔承喜の没年が異なっているが、本書では一九六九年とした。

◆近代朝鮮「民族舞踊」という呼称について：近代朝鮮「民族舞踊」とは、一九世紀末から二〇世紀前半に、おもに日本経由で流入した西洋舞踊と、朝鮮の伝統舞踊が融合した、新しい舞踊のことを指す。また、南北分断以前の朝鮮半島では、「朝鮮民族舞踊」「朝鮮舞踊」「民族舞踊」といった用語が用いられたが、以後は、北朝鮮では「朝鮮舞踊」「民族舞踊」、韓国では「韓国舞踊」「韓国伝統舞踊」と呼ばれるようになった（日本支配以前の舞踊については、北朝鮮は「古典的舞踊」、韓国は「民族伝統舞踊」と呼ぶ）。現在、「朝鮮舞踊」あるいは「民族舞踊」という名称は、おもに北朝鮮と在日コリアン社会（総連系）でよく使われている。本書では、その時代背景に応じて、近代朝鮮「民族舞踊」「朝鮮民族舞踊」「韓国伝統舞踊」を適宜使用し、必要に応じて註で説明を加える。但し、本書では「朝鮮民族舞踊」と朝鮮「民族舞踊」についての表記は文脈に応じた。

◆「韓国舞踊」という呼称について：「韓国舞踊」は、「国家無形文化財」としての「伝統舞踊」と、「創作舞踊」の二つに分かれる。「伝統舞踊」は、「宮廷舞踊」「民俗舞踊」「仮面舞踊」「儀式舞踊」の四つに分かれる（研究者によっては「新舞踊」をこのカテゴリーに分類する）。「創作舞踊」は、「伝統舞踊」をもとに、古典の再解釈や、新しいテーマで創作された舞踊を指す（西洋舞踊の影響で、「上を見る目線」や「跳躍」といった技法を取り入れる場合もある）。大学では、「韓国舞踊」コースの中に、おもに「伝統舞踊」と「創作舞踊」がある（筆者の経験上）。これらの呼称の表記は文脈に応じた。

◆「在日コリアン」という呼称について：本書では、日本において朝鮮半島にルーツをもつ集団の総称として「在日コリアン」を使用する。但し、先行研究において、「在日韓国人」、「在日朝鮮人」などの原文はそのままとした。

◆国名と組織名については、以下の略語を用いた。
大韓民国 → 韓国

朝鮮民主主義人民共和国 → 北朝鮮
在日本朝鮮人連盟 → 朝連
在日本朝鮮人総聯合会 → 総連
朝鮮学校「民族舞踊部小組活動（クラブ活動）」→「学校小組活動」、「学校小組」、「舞踊小組」

◆国名の表記について：本書では大韓民国と朝鮮民主主義人民共和国の建国以前の朝鮮については、「朝鮮」を用い、建国以降は「韓国」「北朝鮮」の表記を用いた。

◆「韓国語」「朝鮮語」という呼称について：現在の日本や世界では、コリアンの民族言語は一般的に韓国語と呼ばれるが、崔承喜や総連系社会では朝鮮語（ウリマル）と呼称してきたことを尊重して、文脈に応じてそれらの表記を用いた。

◆インタビュー対象者について：インタビュー対象者の名はアルファベットで表示している。また、年齢などの属性はインタビュー当時のものであり、インタビューの期間は二〇一九年から二〇二四年までである。

◆崔承喜の作品年度について：本書収録の「崔承喜のおもな舞踊作品」に記載されている年度は、刊行書籍・先行論文を参照して決定したものであるが、研究者の間でも若干の違いがある。

序章——本書の課題、目的、方法

第一節　なぜ朝鮮「民族舞踊」を論じるのか

近代朝鮮「民族舞踊」は現在、五つの場所で継承されている。一つ目は大韓民国（韓国）、二つ目は朝鮮民主主義人民共和国（北朝鮮）、三つ目は朝鮮族が居住する中華人民共和国東北部、四つ目は高麗人が居住するカザフスタンなどの中央アジア、五つ目が在日コリアン社会（以下、在日社会）である。本書は、その中でも韓国、北朝鮮、そして特に在日社会における近代朝鮮「民族舞踊」の変容と現在に至るまでの継承を論じるものである。

近代朝鮮「民族舞踊」は、日本の植民地支配によって大きく変容し、さらに、その後の南北分断とそれによる人々の離散によって、異なる方向へ変貌していった。しかし、その根底には、近代以前に朝鮮半島で踊られていた「民族舞踊」が存在している。さらに、この三つの「場」におけるそれぞれの「民族舞踊」の中には、植民地時代に朝鮮から日本へ渡り、西洋舞踊と融合した新しい朝鮮「民族舞踊」を創造して、世界的に活躍した崔承喜（チェ・スンヒ、一九一一〜一九六九年／以下、崔）の舞踊が残り続けている。崔の確立した『朝鮮民族舞踊基本』は、現在の韓国では「創作舞踊」の基盤となり、「新舞踊」として位置づけられている。北朝鮮で継承されている朝鮮「民族舞踊」も、崔によって創造され、書き残された『朝鮮民族舞踊基本』や舞踊作品がもとになっている。在日社会でも、崔の『朝鮮民族舞踊基本』動作や作品が今日まで継承されている。

ベネディクト・アンダーソンの『想像の共同体』以来、「民族」が、想像／創造されるという点について、様々な研究が行われている。「民族舞踊」の保存・継承についても、この点からの研究が有効だと思われる。なぜなら、現在の韓国、北朝鮮、在日社会の「民族舞踊」は、習い手の確保、学校や研究所といった組織の存在、その中での指導、稽古などの実践、プロの芸術団の運営と舞台公演、そして指導者の育成という、体系的なシステムを作り上げたうえで、継承・保存されているからである。

現在、朝鮮「民族舞踊」は、日本の植民地支配と解放を経験した韓国、北朝鮮、在日社会をつなぐポストコロニアルな文脈の中で、それぞれに展開されている。特に、「ディアスポラ（故郷喪失者）」としての在日社会（総連）における「民族舞踊」「朝鮮舞踊」を検討することによって、「北朝鮮」という「祖国」との「関係性」や、「韓国」への「帰属意識」も含めた、在日コリアンの「民族的アイデンティティ」の内実についても、新たな知見が得られるのではないかと考える。

「民族舞踊」は「民族性」を表現する文化芸術の一つのジャンルとして、在日コリアンの「民族的アイデンティティ」の形成や再構築に重要な役割を果たしていると考えられるが、さらに本書では、世代間の意識の変化や、「北朝鮮」だけでなく、「韓国」の「民族舞踊（伝統舞踊）」ともつながろうとする新たな動きについても考察し、朝鮮の「民族舞踊」の将来について論じたい。

韓国で筆者は、崔承喜の弟子である金白峰《キムベクボン》の弟子たちに踊りを習っていたにもかかわらず、「崔承喜・최승희」の名前を聞いたことがなく、大学での舞踊の理論書には名前さえ掲載されていなかった[1]。しかし、そうした状況は今日、変化しつつある。韓国人である筆者が、朝鮮学校でのフィールドワークを許可されたことにも、変化は現れていると思われる。その変化も含めて、「舞踊家」の視点も併せ持って、朝鮮「民族舞踊」の原点である崔の舞踊芸術が、どのような経緯で植民地支配下で誕生し、また変容したのか、それがどのように分岐していき、今日の韓国、北朝鮮、在日社会においてどのような状況にあるのかを明らかにしたい。

第二節　近代朝鮮における伝統的な「民族舞踊」の概念と位置づけ

韓国、北朝鮮、在日社会における朝鮮の「民族舞踊」は、原始宗教的側面から始まり、神殿・寺院において祭政一致の行事として歌って踊ったことが起源だといわれている。その後、「宮廷舞踊」[2]と「民俗舞踊」[3]が融合し、一九二〇年代からは舞台舞踊化された。基本的に、伝統楽器の音楽に合わせ、個々の作品の筋書きに沿って踊られる舞踊である。

「民族舞踊」は、民族性に焦点を合わせた舞踊で、特定民族の特性を持ちながら、特定の国や地域において一つの文化的伝承として舞われている「伝統舞踊」を指す用語である。具体的には舞踊動作の様式構造、情緒感情、表現内容などが特定民族の歴史、文化、生活、習慣などの特殊性に基づいて公演される舞踊の総称である[4]。アメリカの舞踊学者ラメリ（1977）も「特定の民族あるいは種族の典型的な舞踊表現や大衆的な舞踊表現の中で成長した土着的な芸術である」[5]と述べている。また許榮一《ホヨンイル》（1999）は「民族舞踊とは、ある社会構造の中で伝統的に作用してきた文化的特徴と芸術的様式を保存している舞踊形式である」[6]と述べている。

二〇世紀前半、崔によって創られた朝鮮「民族舞踊」は、世界的に有名なものとなった。崔は植民地時代に日本に渡り、日本の現代舞踊家の石井漠《ばく》[7]と民族舞踊家の韓成俊《ハンソンジュン》[8]に師事をして、朝鮮の「民族舞踊」と西洋のモダンダンスやバレエの要素を融合させた。戦後は北朝鮮に渡り、今日の北朝鮮の「民族舞踊」の基礎を築いた。

現在、韓国で主流となっているのは、国家無形文化財である「伝統舞踊」であり、崔の創作した「民族舞踊」は「新舞踊」として一部の大学などで継承されている[9]。韓国舞踊界では、崔は「親日派」とされたこと、また北朝鮮に渡ったことからタブー視されてきたが、一九八八年の「7・19解禁措置」[10]をきっかけとして、鄭昞浩《チョンビョンホ》[11]が「韓国舞踊流の伝統受容を通して、新舞踊化に力を注いだ」と再評価したことで、再認識されるようになっている。

北朝鮮での「民族舞踊」は、「主体《チュチェ》芸術／주체예술」の原則のもとで創作され、社会主義の文化芸術として、民族文化の遺産と伝統を継承・発展させることを目的としている。金正日《キムジョンイル》の『舞踊芸術論』には、「時代の要求と人民の志向を反映した革命的な舞踊芸術は、勤労人民大衆に希望と夢を与える。それらを新しい生活創造のための闘争と位置づけ、舞踊芸術を発展させることは、社会

主義的芸術を効果的に建設し、人民の文化情緒を高めるうえで重要である」[12]とある。北朝鮮において「民族舞踊」は、社会主義・写実主義芸術としてその主題と内容を理解することによって、作品から得る感動を明日への活力の源泉とし、労働大衆に党政策を理解させる力を持つツールとしても重要な意味を持つと見ることができる。

日本では、総連系の在日社会において組織的な「民族舞踊」継承のシステムが作り上げられている。そこで継承される舞踊は、北朝鮮の影響を強く受けており、教材や作品も、北朝鮮から送られてくるという。そして、舞踊教育の現場や踊られる作品の中で、崔の舞踊は重要な位置を占めている。さらに在日社会での「民族舞踊」は、総連傘下の朝鮮学校でおもに女子学生に対する舞踊教育の中で行われてきた。それは「朝鮮舞踊」と呼ばれ、崔の舞踊「基本動作」に沿って教えられている。学校の舞踊小組（クラブ活動）を経て、歌劇団や歌舞団に入団した舞踊家たちが公演活動を行い、教員になった者たちが舞踊小組の指導を行っている。また舞踊家が朝鮮舞踊教室を開き、朝鮮学校に通っていない在日四世などがその教室に通って朝鮮舞踊を学ぶケースもある。韓国系学校でも舞踊のクラブがあり、そこでは韓国の「伝統舞踊」が教えられているが、組織的かつ量的な「民族舞踊」の継承を行っているのは、朝鮮学校の舞踊教育の現場である[13]。

第三節　先行研究の到達点と本書の目的

本節では、崔の舞踊および在日社会における朝鮮「民族舞踊」についての先行研究を概観する。

一　先行研究の検討

日本で出された朝鮮「民族舞踊」研究は、崔に関するものが大半を占める。金採元《キムチェウォン》（恩漢《ウンハン》、１９９８）は、崔の創案した朝鮮舞踊が日本の支配下でどのように変容したかを考察した。李英淑《イヨンスク》（２０１１）は、崔の舞踊の中にある民族性に注目するが、金賛汀《キムチャンジョン》（２００２）は、崔の舞踊が石井漠の真似にすぎないと批判されたことを紹介している。李賢晙《イヒョンジュン》（２０１９）は、崔が創作舞踊の自立性を日本で確保していた過程を通して、植民地下の朝鮮文化の位置づけを見直し、日韓比較文化論や比較芸術論という枠組の中で崔の活動の在り方を読み直している。

在日社会における朝鮮「民族舞踊」については、数は少ないが、次のような研究がある。朴貞順《パクジョンスン》は、在日社会における民族舞踊の実態やその役割について、日本と北朝鮮で研究を発表している。特に北朝鮮で出版された『재일조선학생들의 민족성교양과 민족무용교육（在日朝鮮人学生の民族的教養と民族舞踊教育）』（２０００）は、朝鮮学校における民族舞踊教育の役割とその重要性について詳しく論じている。宋基燦《ソンキチャン》（２０２０）は、文化人類学の手法を用いて、民族舞踊を通して身体化されていく「肯定的なアイデンティティ」について考察している。宋は、在日社会で継承されている「民族舞踊」を「在日朝鮮舞踊」と呼んでいる。

韓国では、北朝鮮における崔をはじめとする「民族舞踊」についての研究が多数みられ、特に国立国樂院は、二〇一三年から朝鮮半島における文化芸術の相互理解を深める目的で、『韓民族芸術』として分野別に資料を集めて編纂・刊行している。

さらに、先述した金採元（２００７）は、北朝鮮の組織的な民族舞踊の体系が総連傘下の歌劇団の活動（北朝鮮や海外での公演）を通して、在日朝鮮人社会に伝授されたことを明らかにした。李愛順《イエスン》（２００１）は、二〇世紀の崔の「民族舞踊」が中国の朝鮮族社会における文化的価値の発見や韓・中の舞踊界の発展に大きな影響を及ぼしたと評価した。ハン・ヨンへ（２０２１）は、在日同胞において、「民族舞踊」が韓国舞踊と朝鮮舞踊に二元化されてきた様相を、幅広い在日舞踊家を対象とした口述資料をもとに考察している。チョン・ジンミ（２０１７）は、大阪所在の六校の朝鮮学校において、舞踊小組指導者が「朝鮮舞踊教育」をどのように行っているのかを、当事者の視点から観察し、指導者のインタビューをもとに考察している。

このように、崔の舞踊や在日社会における朝鮮「民族舞踊」についての研究は、日本でも韓国でも行われているが、北朝鮮や在日社会における崔の「民族舞踊」の影響にまで言及したものは少ない。また、舞踊家の芸術団活動における朝鮮「民族舞踊」の次世代への継承活動やその内容、継承されている舞踊作品の特徴などに焦点を当てた研究はほとんどなされていない。

本書は、こうした現状を踏まえ、まず近代朝鮮における「民族舞踊」の形成過程と、それが今日の北朝鮮、韓国でどのように継承され、また変容しているかを明らかにした上で、総連のもとで継承されている「民族舞踊－朝鮮舞踊」に焦点を当て、その継承の仕組みと、継承の担い手としての舞踊小組の指導者、舞踊家の「思い」を明らかにしたい。その上で北朝鮮、韓国、在日社会の「民族舞踊」をつなぐ「舞踊基本」としての崔の舞踊芸術と、彼女の位置づけについても明らかにしたい。さらに世代による「民族舞踊」に対する意識の相違についても検討し、それを通して在日社会の変化を示したい。そして、これらを踏まえた上で、在日社会独自の「民族舞踊」の特徴を明らかにし、それを、現在政治的に分断されている朝鮮の「民族舞踊」の中に位置づけたい。

二　本書の目的

近代における朝鮮「民族舞踊」は、「植民地経験」[14]の中で、崔が「日本経由の西洋舞踊」[15]と、それまでの近代朝鮮の「民族舞踊（これも宮廷舞踊と民間の民俗舞踊が植民地化の影響で融合したもの）」[16]とを融合させたものが基盤となっている。本書の目的はまず、近代朝鮮「民族舞踊」が、どのような経緯で成立したかを明らかにし、さらに、この近代における朝鮮「民族舞踊」が、「解放」後、南北分断の中で、北朝鮮、韓国それぞれの国家政策のもとで、違う形に発展していった経緯とその意味を明らかにすることである。そのうえで、どちらの国家にも属さない、「ディアスポラ」としての在日社会の中で「民族舞踊－朝鮮舞踊」が継承され、身体化されている状況と、それが北朝鮮、韓国のどちらとも異なる「在日独自の民族舞踊」であることを明らかにすることにある。

戦後、北朝鮮との関わりを維持している総連系の在日社会では、「民族舞踊」継承に力が入れられてきた。それは、北朝鮮からの指導（と支援）のもとで行われきた。在日社会においての「民族舞踊」継承や披露は、北朝鮮との関係性から、政治的な「宣伝活動」と見なされることが多かった。しかし、本書では舞踊教育の実態調査や「民族舞踊－朝鮮舞踊」の担い手たちへのインタビューを通して、それが在日コリアンの「アイデンティティ」にどのように影響を与えているのかという側面について検証していきたい。

「民族舞踊」とは、ある社会構造の中で伝統的に作用してきた文化的特徴と芸術的様式を保持している舞踊形式であると考えられる。ただ、韓国朝鮮の伝統的な「民族舞踊」は、植民地経験により変容し、そこから崔の「近代朝鮮舞踊」が生まれた。さらに「解放」後の南北分断により、「民族舞踊」は、さらに異なる形に分かれていった。エリック・ホブズボームらが明らかにしたように、「伝統」の多くは近代の国家によって「創造」され、時には国家政策などに「利用」されるという側面を持つのである。「解放」後の朝鮮「民族舞踊」は、国家の介入を受けて、変容してきたと考えられる。したがって、北朝鮮の「民族舞踊」だけでなく、韓国でも、「民族舞踊（韓国舞踊）」が政治的に利用されてきたという側面についても注目する必要がある。

その一方で、「ディアスポラ」である在日コリアンたちによる「民族舞踊」の継承は、「国家」とは離れた場所で継承され、在日社会の「民族意識」の維持・獲得に貢献してきたにもかかわらず、これまであまり注目されてこなかった。ゆえに、「民族舞踊」の継承システムを明らかにすることや、継承を担う舞踊家たちの声、「思い」を、インタビューなどを通して掬い上げることは、在日社会の民族意識の在り方や、世代による意識の変容などを知る上で非常に有効である。また、「北朝鮮の影響下にある」と見なされることが多い、総連系の在日コリアンの「民族舞踊」についても、その実態を詳細に検討することにより、その「独自性」を明らかにすることができる。特に筆者は、韓国の大学の修士課程で「伝統舞踊」を修めた舞踊の専門家でもあるため、在日社会で継承されている「民族舞踊」の実態を、踊りの形や演じられ方という側面からも検証していくことが可能である。

さらに、在日コリアンの舞踊家たちと、韓国の「伝統舞踊」の舞踊家たちの「交流」に注目することにより、「民族舞踊」が「分断」を越えて、「統合」の役割を果たしていく可能性を提示できるのではないかと考える。その意味で本書の最終的な目的は、朝鮮「民族舞踊」をポストコロニアルおよびトランスナショナルな観点から見直すことである。

第四節　本書の方法と構成

本書における調査の概要について記述する。

本書の第一章と第二章に関しては、「近代朝鮮舞踊-朝鮮『民族舞踊』」の形成過程と変容、「解放」後における分断と変容について、北朝鮮、韓国、日本の文献資料をもとに調査した。特に近代舞踊史の文献や一次史料、当時の崔に対する日本の文人たちの評価（戦後以降も）も併せて考察した。植民地時代（日帝時代）に近代化した「民族舞踊」が、その後、どのような形で受け継がれてきたのか、分断と離散の中で、北朝鮮と韓国における近代朝鮮「民族舞踊」の展開と現在についても考察した。

第三章と第四章では、総連系の在日コリアン社会での「民族舞踊」の継承とその意義について、フィールドワークとインタビューをもとに考察した。筆者は二〇一八年から韓国、北朝鮮、日本にある史資料をもとに、文献調査を行い、また、本論の研究対象である在日社会での民族舞踊教育現場（の指導者たち）と芸術団舞踊家の活動について事前調査を開始し、二〇一九年九月から本格的にフィールドワークとインタビューを行った。「民族舞踊」の実践でもあるフィールドワークは、京都朝鮮学校に週一回程度通い、舞踊小組活動に参加した。また学内外での試演会および発表会、「在日朝鮮学生中央芸術競演大会（以下、競演大会と略）」に参加し、参与観察を行った。それと並行して、舞踊小組の指導者、舞踊家、そして民間の「朝鮮舞踊教室」に通う高校生たちに、半構造化式かつ深層インタビュー[17]を、一人一回一時間三〇分から三時間行った[18]。

京都朝鮮学校でのフィールドワーク（参与観察）は、二〇一九年九月から二〇二〇年三月にわたり、週一回程度、舞踊部小組活動を参与観察し、指導者へのインタビューを行った。また、二〇一九年の競演大会（同年一〇月三一日〜十一月二日、大阪朝鮮文化会館／大阪朝鮮高校内）で参与観察を行い、同年一二月二六日（京都文化会館）に京都や滋賀地域の朝鮮学校の舞踊小組活動の発表会で参与観察を行った。さらに、二〇二〇年から二〇二三年まで、朝鮮学校の指導者から紹介をもらい、舞踊家へのインタビューを行った。一人当たり、三回以上インタビューを行った（対面や電話、メールなど）。また、舞踊家の教室に来て舞踊を習っている高校生四名にも、インタビューを行った舞踊家を通してメールでのインタビューを行った。フィールドワークおよびインタビューの結果は、本書の第三章、第四章で紹介し、そこで得られた情報について分析、考察を行った。

最後に本書の構成について簡単に説明しておく。本書は四章と補論からなる。構成は以下のとおりである。

第一章「植民地近代朝鮮における民族伝統舞踊の形成過程と変容」では、植民地時代における「民族伝統舞踊」の近代的形成過程と変容について、韓成俊、石井漠、そして崔承喜の活動に焦点を当て、特に崔承喜が確立した新しい「朝鮮民族舞踊」がどのように形成されてきたのかを検討する。

第二章「解放後の朝鮮半島における民族舞踊の展開と崔承喜」では、朝鮮半島の「分断」後の朝鮮「民族舞踊」の変容について、北朝鮮、韓国それぞれが、朝鮮「民族舞踊」をどのように再編し、国家政策の中に組み込んだのか、そして、それぞれの国家で崔承喜がどのように位置づけられているのかについて検討する。

第三章「在日コリアン社会における民族舞踊の継承と崔承喜」では、在日コリアン社会（おもに総連系）における「朝鮮舞踊」継承と崔承喜の位置づけについて、継承のシステムがどのように構築され、そしてどのように教えられているかを、朝鮮学校でのフィールドワークをもとに考察する。

第四章「在日コリアン社会における民族舞踊の継承とその活動」では、在日コリアン社会における「朝鮮舞踊」の継承者たちの活動と「思い」について、指導者・舞踊家たちへのインタビューを通して分析、考察を行い、在日社会独自の「朝鮮舞踊」を、分断されている朝鮮「民族舞踊」の中に位置づける。そして、在日朝鮮舞踊家の中に、韓国で「伝統舞踊」を学び、再び日本で活動しながら、後輩（次世代）に「韓国伝統舞踊」を教える人が現れている状況について紹介し、分断された「民族舞踊」が越境し、交流している状況を提示する。

補論「もうひとつの民族舞踊——日本における韓国伝統舞踊の実践」では、日本という場所（国）において、「韓国伝統舞踊」がどのように広まっているのか、また彼女たちはどのような思いで活動しているのか。日本の学校出身の在日韓国舞踊家による、日本での「韓国伝統舞踊」の実践について、本人と生徒たちへのインタビューをもとに、紹介し、本論を補足する。

第一章　植民地近代朝鮮における民族伝統舞踊の形成過程と変容

第一節　近代舞踊史上の位置づけ

「大日本帝国」は、一九一〇年に朝鮮を併合、国権を収奪し、植民地支配を開始した。特に一九三七年の日中戦争以降、日本は「皇国臣民」、「内鮮一体」、「八紘一宇」という帝国主義的思想のもとに朝鮮半島を支配した。この植民地支配の中で、朝鮮の近代化も日本を通して行われた。この支配は、「文化統治」という名の民族文化抹殺政策であり、中身は、創氏改名、言論弾圧、朝鮮語科目廃止などである。日本を通した西洋近代の移植は、「朝鮮近代舞踊」にも同じ文脈で伝えられたと考えられる。特に一九二〇年以降に現れた「新舞踊」は西欧近代に出現した「モダンダンス（modern dance）」が日本を経由し、朝鮮に流入して創られた舞踊の一つのジャンルである。

本章では、日本の植民地支配下において、近代朝鮮における「民族伝統舞踊」がいかに形成され、また変容されたのかを明らかにする。具体的には、朝鮮の固有信仰から派生した伝統文化の一つである民族の「伝統舞踊」の再構成に専念した近代民族舞踊家の韓成俊《ハンソンジュン》（以下、韓）、植民地朝鮮に「新舞踊」を普及させた日本の現代舞踊家石井漠（以下、石井）、さらには石井の門下生である崔承喜（以下、崔）の活動を取りあげる。当時の舞踊家らは、朝鮮の民族性の伝統を保持・継承したとされるが、実際には、日本を介して西洋近代舞踊が融合したものであった。彼ら三者の「民族伝統舞踊」の再構成に繋がる活動は、様々な権力・支配関係の中で行われたものであり、日本と植民地朝鮮による支配・被支配という二項対立的な関係によって規定されたと考えられる。

近代舞踊史の側面から「新舞踊」の概念や形成過程の展開をテーマにした研究成果は多数見られるが、およそ三つに区分できる。

第一に、ユ・インヒ（1958）、ユン・ヨンソン（1994）、カン・ヨンエ（1995）、キム・ウンミ（1995）、チョン・スンヒ（1997）など、朝鮮半島が南北に分断された混乱期から一九九〇年前後にかけての研究である。これらの研究では近代舞踊史を「近代舞踊」と「新舞踊」の導入を中心に検討している。

第二に、イ・ムンホ（2007）、カン・インスク（2005）、チョン・ウンヨン（2010）に見られる、「近代性（近代化）」との関連で朝鮮の伝統舞踊が変質・変容を遂げていく過程を中心に分析した研究である。イ・ムンホは、伝統舞踊の自立性喪失の背景には、一九〇九年官妓制度が廃止されたことがあるとしている。カン・インスクは、伝統舞踊の変貌の主な原因を三項目にわたって指摘している。①日本の植民地支配の統治政策による変化、②人的条件の変化による実施主体の階級移行と解体、意識の変化、③物理的条件の変化、空間の変貌である。近代における「伝統舞踊」

の二重性（転換期）と矛盾に対する考察から、民族の自尊心を高める民族主義を基に「伝統舞踊」を存続させる方向性や、民族文化の「アイデンティティ（identity）」を認識させる役割を指摘している。チョン・ウンヨンは、日本の植民地主義下で、「伝統舞踊」が近代化ないしは植民地支配にどのように包摂され、自国文化を他者化されたのかという問題意識が重要であるとしている。

　第三に、植民地期における朝鮮や日本などでの崔の活動を通じて、朝鮮舞踊の特性を分析した研究がある。序章で触れた鄭昞浩（１９９５、２００４）は、崔の資料収集・調査を通して、崔が伝統舞踊の「新舞踊」化に注力したことを評価した。一方、ユ・ミヒ（２００４）は、崔の「民族舞踊」に見られる「オリエンタリズム（帝国日本の植民地主義的な視線）」を指摘した。また、イ・ジナ（２０１２）は、崔を伝統舞踊の継承者というよりも、文化の翻訳的実践アーティストとして捉えている。日本でも、崔に関する研究は多数見られる。金采賢《キムチェヒョン》（１９９２）は、日本の文化政策下にあっても崔が近代舞踊の道を切り拓こうとした点を高く評価した。小林直弥（２００８）は、崔が時代に翻弄されながらも新しい舞踊創作に挑んだ姿勢を、朴祥美《パクサンミ》（２００５）は崔が植民地支配下で様々な制限や限界を持ちつつも、舞踊を自国文化の産物としたことを評価した。金瑚然《キムホヨン》（２０１６）は、崔は現代的普遍性に朝鮮的特殊性を加味した舞踊を志向した人物であるとした。

　このように、崔に対する研究は、韓国・日本において近年増加しているが、崔と同時代の日本の文人たちが「日本的オリエンタリズム」[19]の下で、すなわち日本を西洋の一員と自負し、他のアジア諸国を東洋的なもの、エキゾチックなものと見る視点の下で、崔とその舞踊芸術をいかに評価していたかについては明らかにされていないと思われる。

第二節　近代舞踊史の側面から見る韓成俊の伝統性認識

一　伝統の概念と「伝統舞踊」の変遷

韓国朝鮮近代史の中で「伝統」に対する関心が生まれたのは、国家が危機に瀕していた大韓帝国末期である。国を奪われても文化が守られるならば、朝鮮の民族は生き残るという、「文化民族主義」運動が起こったのはそのためである。この文化民族主義は、朝鮮語と歴史、民族、宗教への関心を呼び起こした[20]。一方で、これとは別の観点から、日本の植民地支配者も朝鮮の伝統に興味を持った。彼らの関心は、おもに朝鮮支配のためのものであったが、朝鮮の伝統が初めて学問の対象となったことは否定できない。「伝統」とは、過去の記憶を想起させる民族の「アイデンティティ」を再確認しようとする欲望の表現であると捉えられる。

そもそも韓国朝鮮の「伝統舞踊」は、「宮廷舞踊」と「民俗舞踊」[21]に分類される[22]。「宮廷舞踊」は、祭礼舞踊である佾舞[23]と祝宴舞踊である呈才舞である。「民俗舞踊」のジャンルとしては、妓生（기생：キーセン、妓女）が踊った教坊舞・妓生舞と宮中舞がある[24]。

イム・ヒョンテク（２０１０）が、「近代と伝統との関係を整理すれば、二〇世紀以前、韓国の近代状況においては自らの伝統を打ち立て、植民地期に伝統問題は民族の存亡と直結し、帝国日本は朝鮮の文化を同時に支配した」[25]と述べているのは妥当であり、朝鮮民族の「伝統」は、「文化抹殺計画」に基づく支配の下において消滅の危機すらあったといえるだろう。

また、何をもって「伝統舞踊」とするかについては明確ではない。李炳玉《イビョンオク》（2005）は、「近代の伝統舞踊に関する歴史的研究や理論書は未だにないし、また、歴史的な視点と価値観についても、三国史記の礼楽編に記録があるが、三国史以前のものの史料はない状態である」[26]としたうえで、「高麗以降、儒教思想に深く関わった伝統舞踊は、宴としての正当な発展は見られない。朝鮮時代の末まで舞踊家と音楽家を広大《クァンデ》（芸人）として軽蔑しながら、民族舞踊は、農民の間に世俗的に受け入れられて俗舞として伝えられてきた。さらに、植民地支配下の四〇年間の民族大衆生活の疲弊と非道な日本人のための民族文化弾圧政策で舞踊芸術は、他の芸術と共に悲しい歴史を送った」[27]と述べている。

そうした中で伝統的な古典舞踊を継承した「朝鮮舞踊」が、観客を意識して舞台に登場したのは一九〇八年前後、朝鮮に近代的な様式の劇場が成立した時期である。この開化期から一九二七年までが、近代朝鮮舞踊の胚胎期といえる。宮中が解体されたことにより、近代的劇場の登場に伴い、「伝統舞踊」は変容を余儀なくされた。舞台芸術として「呈才」[28]と「民俗舞踊」が共に受容され、観客と一体化するきっかけとなったと考えられる。またこのような「伝統舞踊」の変化の背景には、日本の介入と近代化の中で、社会制度と芸術環境が徐々に変わったことがある。官妓制度が撤廃され、妓生の位相と活動が変わり[29]、一九〇八年、妓生に対する管理・監督が掌楽課[30]の官庁に移管され、芸術活動の基盤と方式が変わることで踊りの内容も変化していった[31]。宮中制度が解体されることにより、宮中の舞踊家が民間に下り、民俗舞踊と融合するという現象が生じた。また一方で、日本経由で導入された西洋のモダンダンスなどと融合した「新舞踊」が形成されていく中で、それ以前の舞踊は「伝統舞踊」と呼ばれるようになった。

その後、この「伝統舞踊」は「新舞踊」の勢いに押され、「伝統舞踊」の根本が揺らぐ混乱期を迎える。ただ各地の国楽院、民俗院などで辛うじて命脈を保ち続け、一九六二年に「文化財保護法」[32]が施行され、「伝統舞踊」に対する認識が新たにされた。以上の点から見れば、「伝統舞踊」は朝鮮民族の変化の中で育まれてきた舞踊であり、また近代において大きく変容した舞踊であると捉えることが可能である。

二　韓成俊の「伝統舞踊」の形成過程とその位置づけ

「近代朝鮮舞踊（民族伝統舞踊）」の父（次頁の新聞記事参照）[33]とされる韓は、日本の文化抹殺政策によって近代朝鮮の伝統舞踊が次第に消滅していく中、その伝承、普及の必要性を説き、「伝統舞踊」を再構成した。このことは、近代舞踊の歴史において大きな成果と位置づけられる。韓は忠清南道の洪城で生まれる。八歳から外祖父に踊りと太鼓を習い、一四歳で徐学祖に芸人の技巧を習った。一八九四年に協律社（一九〇二年、ソウルに建てられた韓国初の屋内劇場）や劇場で公演を始め、一九二〇年代には妓生の組合で「伝統舞踊」や「パンソリ」の舞踊教育を担当した。一九三四年に朝鮮舞踊所を立ち上げ、一九三五年「韓成俊舞踊公演会」を主催、一九三七年に「朝鮮音楽舞踊研究会」を創立し、一九三八年に「全朝鮮郷土演芸大会」を開催し、一九四一年「モダン日本社」[34]からの芸術賞を受けている[35]。

韓についての研究には、以下のものが挙げられる。成基淑《ソンギスク》（２００４）は、伝統舞踊の伝承体系の

‘근대춤의 아버지’ 한성준을 기리며…

9월의 문화인물
승무 태평무 학춤등 명인
세미나 공연 예술제등

「近代舞踊の父」韓成俊（碧史：1874年〜1942年）

土台を築くとともに、新舞踊を創造的に発展させたとし、チャン・ユンチャン（2012）は、日本植民地下で民族舞踊を芸術的に昇華させたと評価している。さらに、チョン・ソンスク（2009）は、韓が「伝統舞踊」の再構成、集大成、舞台様式化を行い、韓国における創作活動の母胎を作り上げたと評価している。このように韓は、朝鮮の近代舞踊史の中で高く評価されている。

また、これらの研究は、韓が植民地期朝鮮において「伝統舞踊」を新たに展開したことを明らかにしている。その「伝統舞踊」は、その後の舞踊家によって維持・発展させられ、国家無形文化財として伝承・保存されている。一九八〇年代に入ってからは、韓国の「創作舞踊」の特性の一つである舞踊の内在的形式美を尊重する流れに影響を受けつつ、現在活動している多くの韓国の伝統舞踊家たちによりその命脈が維持されている。

三　韓成俊による「朝鮮音楽舞踊研究会」と芸術活動

韓は、一九三七年一二月二八日「朝鮮音楽舞踊研究会」

を創立した。同研究会は、「伝統舞踊」の伝承教育と共に公演活動の舞台化を進めるために西洋式劇場で公演をした。

韓は「伝統舞踊」のモチーフに収斂させた様々な民族的な色彩と「권번（券番）」[36]の「기방：妓房（宮中の呈才を運営する機関の一つ）」の芸術的要素や、宮中呈才の厳格な形式美、そして「판소리（パンソリ）」の歌い手たちとの活動を通じて、演行方式（パンソリで、一人の歌い手が鼓手の太鼓のリズムに合わせて、ドラマチックな語りの内容を唱とセリフを絡めながら、表現する伝統公演芸術の一つ。この方式によって公演に興を添える役割を果たす）のユニークな特性を加味し、新しい形の作品を創作している。劇場舞台を通して再び「伝統舞踊」の新たな形式美を創出したのである。このような努力が、「伝統舞踊」がその自立性を確立し、自己深化や拡大を促進する土台を創り上げたと考えられるだろう。

韓が同研究会を創立して以降、日本の植民地期後半には、『僧舞』『閑良舞』『剣舞』などの伝統「民俗舞踊」が多く踊られ、伝統的な踊りを舞踊芸術として創作した作品が多数見られる。韓が創作した『僧舞』は、様々な「民俗舞踊」の伝承体系を備え、今日の伝統的な踊りとなり、創作舞踊の素材の源となり、創作の地平を広げ、文化財としての価値を示すこととなった。

韓の芸術活動から見ると、「伝統文化」とは、遠い昔から受け継がれてきたものが、新たに創り直されていくものであるといえるだろう。韓により創作された多くの「芸術作品」[37]は、「京畿都堂クッ」[38]の音楽リズム（장단：チャンダン／長短・調子）の影響を受けて今日まで伝承されている「伝統舞踊」であるといえる。

韓は、「朝鮮舞踊」の来歴について次のように述べている。

朝鮮舞踊の歴史はおおよそどれくらいあるのだろうか？　朝鮮舞踊はどこでどのように発展し伝承されてきたのか？　朝鮮舞踊史の帰する所は、私たちがこの地上に出現したその時からであったと考える。朝鮮舞踊が仏教から出てきて、後に再び宮中に入り、庶民に広まったものに、巫俗舞踊に王コリや大臣舞踊と呼ばれるものがある。朝鮮舞踊には何種類の舞踊があるのだろうか？　朝鮮舞踊は変化が多く、その種類が数多いからである。朝鮮舞踊を習得するに際しては我々の古典に対する知識と教養は我々の手によって保全し、維持しなければならない。[39]

韓の「民俗舞踊（Folk Dance）」の作品は四期[40]に区分できる。第一期（一八九五～一九一一）は、再編成した民俗舞踊の『太平舞』の時期である。これは、巫俗リズムの素材から創られ、民俗説話より舞踊化された芸術作品である。第二期（一九一二～一九一九）は、民俗舞踊技法の集大成を行い、第三期（一九一九～一九二九）は、おもにソウルで太鼓と舞踊で名声を浴び、「名鼓手」「名舞」[41]で知られていた。第四期（一九三〇～一九四二）は、円熟期として民族芸術復興の使命感を持って余生を舞踊教育や舞台芸術に尽くしている。韓による「民族伝統舞踊」の伝承と展開が行われたのは、二〇世紀初頭の朝鮮において「伝統舞踊」と「新舞踊」が共存し始めた過渡期であった。植民地支配という政治的、社会的な暗黒時代の中で、彼は、日本でも公演を行い、韓国の「伝統舞踊」の多様な様相を発信した。韓は、こうした段階を歩みつつ、日本の植民地統治の下で、朝鮮の民族伝統舞踊を再構成し、新たな発展に尽くしたのである。

第三節　石井漠を通した近代「新舞踊」の受容と展開

一　「新舞踊」の受容と展開

朝鮮における「近代舞踊」は、開化期から日本植民地時代までの外来舞踊を総称するものと解釈された。日本の植民地期の近代舞踊の中には現在の現代舞踊とバレエを融合させた「新舞踊」が存在した。「新舞踊」は、一九二六年の京城公会堂で行われた石井の現代舞踊発表会、一九二九年の裴亀子《ベグジャ》（初代松旭斎天勝〔奇術師〕の門下生）の音楽舞踊公演、一九三〇年の崔承喜の創作舞踊公演を起点とするのが通説となっている。

「新舞踊」の定義も多くの研究がなされてきたが、西洋式の洋舞踊、新式ダンス、新時代に合わせた創作的要素を加味した舞踊である。一方では、現代の韓国の独自的な舞踊要素も土台としており、「民族舞踊」の性格を持つものでもある。

「近代舞踊」の歴史は、一九一九年の三・一運動を契機に、日本の統治方針が武断統治から文化統治に転換したことにより開始されたといえる。文化統治政策下で、日本経由で西洋の文物や文化が流入し、伝統と外来文化が対立する中で「新舞踊」、「近代舞踊」は展開された。新舞踊は、少なくとも二回の分岐点を通して変化と発展をしている。一回目は、日韓併合による宮中制度の解体による変化であり、二回目は、石井の新舞踊公演[42]による、いわゆる外来の西洋舞踊の流入に伴う変化である。

その一方で、新舞踊以前の一九〇〇年代から円覚寺（원각사：ウォンカクサ）をはじめ、光武臺（광무대：クァンムデ）・長安社（장안사：チャンアンサ）・演興社（연홍사：ヨンフンサ）・団成社（단성사：タンソンサ）・団興社（단흥사：ダンフンサ）などの西洋式の劇場が立てられ、先述したように「伝統舞踊」[43]が妓生や倡優（창우：チャンウ／仮面劇、人形劇、綱渡り、パンソリなどをしていた職業的芸能人のこと）・広大などにより、公演された事実もあり[44]、「新舞踊」の導入だけが朝鮮における近代舞踊の展開とは断定できないだろう。

西洋式の「新舞踊」は、石井による一九二六年の朝鮮公演を契機に本格的に紹介された。石井は、日本の帝国歌劇部の第一期生としてイタリア人の舞踊歌劇演出家ローシー（G. V. Rossi）からバレエを学んだ日本近代舞踊の先駆者である。石井の朝鮮公演は、当時の排日感情などにより評判を呼ぶことはなかったが、その公演を観た崔らの「新舞踊」の開拓者たちが、本格的な舞踊を学ぶ契機となったことは重要である。

朝鮮で外国の舞踊が初めて紹介されたのは、一九二一年、ロシアのウラジオストックに行った留学生によってである。しかし、当時導入された西洋のダンスは西洋的なものへの好奇心の対象になっても、社交的次元のダンスに過ぎないものであった。これに比し、一九二六年三月二一日から三日間、京城公会堂で行われた石井の公演は、それ以前の外来ダンスとは全く次元を異にするものであった[45]。

石井の公演は、これまでの朝鮮における舞踊に対する見方を一変させるものだった。朝鮮では舞踊は、連綿と継承されてきたものの、宴などの場を飾る「添え物」であり、芸術的・文化的な価値を有するものとは見られていなかった。石井はこの公演を通して、舞踊を一つの独立した文化・芸術として示したのである[46]。さらに、この公演を契機に形成された人脈と、そこから生まれた門下生たちによって、韓国朝鮮の「新舞踊」が展開されたことを思えば、この石井の公演が、朝鮮新舞踊史（韓国近現代舞踊史）の起点だといっても過言ではない。

石井の公演は、朝鮮内の舞踊家志望者に少なからぬ影響を及ぼした。崔が舞踊に専念しようと決め、石井の門下に入ったのも、この公演に感銘を受けたからであった[47]。石井は、「内鮮一体」という大義を理由にして、朝鮮女性二、三人を弟子として受け入れたいという希望を表明した[48]。結果として、崔ひとりに絞られたが、それは韓国新舞踊史の胎動をもたらす重要な契機となった。

「近代舞踊」の受容と共に植民地期の妓生組合、券番のような組織団体（註「三六」参照）や「蹈舞《とうぶ》大会」[49]の公演芸術を通して、舞踊に対する新しい認識は、徐々に受容されつつ拡大していったが、外国舞踊の流入などによる当時の社会的雰囲気も朝鮮舞踊界に影響を与えた。また西洋ダンスや近代的な踊りが朝鮮に受容されていく中で、一九二〇年後半には、他の日本の舞踊家たちの公演による影響も受けていくことになる。例えば、藤間静枝は、日本の伝統舞踊に革新をもたらし、新舞踊運動を率いた人物であるが、一九二五年の朝鮮公演は、「近代舞踊」が浸透する上で重要な契機となった[50]。

二　石井漠の生涯と芸術観

石井の生涯[51]と芸術観を通じて、日本の近代舞踊[52]が「近代朝鮮舞踊」の形成や展開においてどのような役割を果たしたのかを検討したい。

石井（石井忠純）は一八八六年に秋田県で生まれた。一九一一年の帝国劇場の歌劇部開設に伴い、帝国劇場歌劇部第一期生の見習い研究生として歌劇部に入部する[53]。卒業後に名前を「石井漠」に変え、浅草オペラなどで活躍した[54]。石井が、歌舞伎と西洋舞踊に接して、舞踊に対する好奇心と関心を育てていた頃、一九一二年、イタリア人の舞踊歌劇演出家ローシー（G. V. Rossi）から本格的なクラシックバレエのテクニックを学ぶことになる。しかし、古典バレエの動きに懐疑を感じ、欧州の新しい舞踊に興味を深め、帝国劇場をやめて欧州の「自然舞踊」研究に没頭する。宝塚歌劇団等の指導も経て、作曲家・山田耕筰らと組み、日本人にとっての「新しい舞踊」という境地を切拓き、一九一六年に「現代舞踊」に転身した石井は、ヨーロッパの最先端の舞踊の影響を受け、「舞踊詩（創作舞踊）」という新しいジャンルの誕生に向けて研究を続ける[55]。一九二八年に自由が丘に「石井漠舞踊研究所」を開設した後、欧米に渡り、現代舞踊を研究し、モダンダンスの先覚者と位置づけられるようになる。

石井は舞踊の理念について、次にように述べている。

> 新舞踊芸術観の中で舞踊は我々の肉体律動運動による表現であり、肉体の律動運動はすべて舞踊といふことでその律動的な運動が何ものかを表現していなかったら、それが舞踊ではあっても舞踊芸術であることはできない。しかもその表現が一つの意図から出発した形態を構成していなければ、到底芸術としての感銘を与へるが出来ないのであり、表現するということは、内

心に表現すべきものがあるからで、何故同じ舞踊でありながら芸術としての感銘を与へないか——内に表現すべき魂を持たないからであり、内に表現を求める魂があって、それを肉体運動のリズムに表す時、舞踊は初めて表現となり芸術となるのである。[56]

石井は、日本現代舞踊家の先駆者として朝鮮で公演を行い、「新舞踊の名星」と称された[57]。公演は、弟子の募集が主目的でもあり、崔が石井の弟子として、日本に舞踊を学びに行くことになったのは先述したとおりである。石井による「新舞踊」の公演は、朝鮮近代における外来舞踊の本格的な受容を告げるきっかけになり、崔承喜、趙澤元《チェテクウォン》[58]、朴英仁《パクヨンイン》[59]などが石井の門下生となったことで、「新舞踊」が朝鮮に定着したといえよう。石井を植民地期朝鮮における近代舞踊史上にどのように位置づけるかについてはさらに検討が必要だが[60]、彼が朝鮮に現代舞踊（モダンダンス）を紹介することで「民族伝統舞踊」に刺激を与え、韓国朝鮮に「新舞踊」という様式を成立させることに大きく寄与したことは確かであろう。

第四節　崔承喜による民族伝統舞踊の変容と様相

一　朝鮮舞踊家・崔承喜

崔は一九一一年、朝鮮に生まれた。崔の「自叙伝」[61]には、彼女が幼い頃から父の「굿거리 장단：クッコリチャンダン（長短・調子）」の踊りを見て育ち、朝鮮舞踊に対する強い思いを育んでい

ったと書かれている。一九二六年に石井漠の弟子となり、翌二七年、石井の二度目の京城公演でソロデビューを果たした。石井に加えて、韓成俊にも師事し、朝鮮の「民族伝統舞踊」と現代舞踊(モダンダンス)を融合させた、韓国朝鮮の「新舞踊」を確立した。一九三四年の東京での舞踊発表会に出演したのをきっかけに、日本での人気が高まった。一九三六年には映画『半島の舞姫』に出演(四年間の長期上映という興行記録を残す)、一九三七年には「崔承喜舞踊団」を率いて、三年をかけて欧米を巡業し、「朝鮮が生んだ世界的舞踊家」「東洋の舞姫」[62]と呼ばれる存在になった。

しかし戦後、彼女は、戦前の日本での活動や、戦中に日本軍慰問公演[63]を行ったことから、「南で」「親日舞踊家」という批判を受けた。そのため一九四六年に「北」に渡り、ピョンヤンに「国立崔承喜舞踊研究所」を開設し、北朝鮮舞踊の形成に寄与した。しかし一九五〇年代後半には失脚し、一九六九年に粛清されたとされる[64]。

自身の舞踊について、崔は、「欧米舞踊記」(1940)で、次のように述べている。

(東京でのデビューの際に)貧しいわが舞踊で、世界の舞踊に、〈ビッコ〉[65]を引きながらも食らいついていきました。〔中略〕

朝鮮舞踊の伝統乃至材料は、過去に於いてはともかくも、現今に於いては極めて貧しいものになり、それの多くは舞踊材料としかならない。材料はたとへ優れたものであった場合でも、材料である限り舞踊芸術ではありません。したがって私はそれらの材料を整理し、新しいものを加へ、それを舞台の上に新しく様式化しました。それが西洋的なものであったにせよ、朝鮮舞踊に完全にとけ合うことに依って、朝鮮的なオリジナリティと特殊性の喪失をもたらさないのみならず、却ってそれを豊かなものにすると思います。芸術的に高めるための血となり肉となっているものは発見出来たし、自らの舞踊の上に、より朝鮮的、より東洋的な要素の新しい発見に努め、西欧手法乃至テクニックも、それが朝鮮的乃至東洋的なものとして完全に成り得るものは出来るだけ摂取しました。[66]

崔の舞踊芸術は、当初は石井の西洋舞踊を模倣しながら行われたが、一九三〇年から（石井の勧めにより）韓成俊に師事したこと[67]をきっかけに、西洋舞踊と朝鮮舞踊の融合という方向に向かった。一九三〇年に開かれた京城公会堂での発表会では、伝統の素材を生かしつつモダニズム要素もある舞踊を披露し、今日ではこれが韓国での「新舞踊」の幕開けといわれている。

二　石井漠から見た崔承喜

崔は一九二六年に石井の門下生となるが、その時の状況を石井は「京城の公会堂での公演は、確かその翌年の四月だったと記憶する。その時に、当時京城日報の学芸部長をやっていた寺田壽夫氏の紹介状を持って、私の楽屋を訪ねてきた二人の兄妹がいた。兄の承一君の話によれば、自分の妹をどうしても舞踊家に仕上げたい。崔は、淑明女学校を卒業したとは云ふものの、十六歳の小柄な少女に過ぎなかった」[68]と述べている。

当初、崔は西洋思想と西洋舞踊の手法、おもに創作モダンダンスに傾いていたという。石井は『舞踊さんまい』（１９４７）で、石井の説得が朝鮮舞踊を嫌いだった崔を韓に師事させる契機になり、崔が朝鮮舞踊の伝統に関心を持つことになった、と書いている。「承喜の舞踊に特徴を持たせる意味で、朝鮮舞踊の大家韓氏（韓成俊）の許にやって、朝鮮舞踊の手法を、速成的に稽古をさせ、本人が嫌だといふのを、私が無理矢理に纏めてやって、題名も『エヘヤ・ノアラ』[69]と命名し、それを上演した所が計らずも大評判となって、その後自分でも頻りに朝鮮風の舞踊を上演するようになった」[70]と述べている。さらに石井は、崔への期待を「舞踊は民族と国境を撤《てつ》した世界語であるばかりではなく、歪んだ心を正し、悩める心をなごやかな方面に導いてくれるふしぎな力を持っている。崔に望みたいことは、どうか君の舞踊を通じて、本当に世界人類の幸福のために一生を捧げて貰いたいものと希う」[71]と書き記している。

また石井は「最初、承喜は、朝鮮舞踊といったようなものは、見向きもしない傾向だった」ので、「これからの舞踊は、何人でも特長を持たなければならないこと、君は朝鮮人という、私達日本人が持っていない文化的特異な財産を持っていること、これを舞踊の上に生かすことは取りも直さず世界の舞踊界を潤すことであること」を崔に話し、その後に「一編に舞踊関係の人達の評判になるように」なり、「朝鮮の舞踊を主題にしたものばかりではなく、あらゆる面に、崔型の舞踊を作り出した」[72]としている。「日韓併合の翌年に生まれた崔は、宿命的に日本とその植民地下の朝鮮という二つの国に関わって人生を歩まなければならなかった」。彼女は、日本統治下における朝鮮民族の文化の継承・発展を託されたのである[73]。

三　文人から見た崔承喜

崔ほど日本の文人らの関心を集めた朝鮮の芸術家は、近代以降において稀有であろう。川端康成（１９３４）は、「朝鮮の舞姫崔承喜」を『文藝』に発表し[74]、「女流新進舞踊家中の日本一は誰かと聞かれ、洋舞踊では崔承喜であろうと、私は答へておいた」と述べ、また、「崔承喜の踊りは朝鮮舞踊をそのまま踊るのではなく、昔のものを新しく、弱いものを、強くなくなったものを伜《よみがえ》らせる芸術」[75]であり、「立派な体格、舞踊の大きさ、力、踊りざかりの歳、優れた〈民族の匂い〉などを深く感じた」[76]と述べ、当時の日本では、日本最高の舞踊家として評価されたとしている。特に、崔の『에헤라 노아라：エヘラ・ノアラ』（後述、二三二頁参照）には強く「優れた民族の匂い」[77]を感じたと述べているが、これは、父の「クッコリチャンダン（長短・調子）」の踊りと、文学者である兄と夫が崔の舞踊に及ぼした影響と共に、ソウルでの経験[78]を通じて「民族」とは何かを捉えていたことによるのではないかと考えられる。川端はさらに、「崔承喜の朝鮮舞踊が日本の洋舞踊家へ民族の伝統に根ざす強さを教えている」[79]と述べていたが、これは西洋のバレエや現代舞踊を取り入れる一方の日本舞踊家たちに警鐘を鳴らしていると思われる。また寺田壽夫（１９３７）は「舞姫崔承喜論」で、崔の公演を「半島の民族的特色を持つ舞踊家」とし、「近代舞踊の技法で朝鮮舞踊を芸術に昇華させ、日本の評壇と観客にも喜びを与えた」[80]と書いている。

このように、戦前の日本の文人[81]は、崔の舞踊芸術を高く評価した。そこには、川端の言葉にあるように、当時の日本の芸術界の西洋志向への批判、「近代日本から失われたもの」を懐かしむ「ノスタルジー」、そして、「民族の匂いを感じる」などの「エキゾチズム」、つまり、日本を「西洋」

の側に置き、植民地朝鮮に「民族的なもの／東洋的なもの」を求める「日本的オリエンタリズム」を見てとることができる。

このような視線は、一方では崔の舞踊を「朝鮮民族的なるもの」として他者化しながら、もう一方で「東洋」を前面に出すことで、崔の舞踊の世界的な評価を「日本（帝国）」の文化として横領したともいえる。さらに崔自身も、「朝鮮民族舞踊」を特徴としながら、「日本」での人気と支援を梃に、欧米での成功を収めた。鈴木貞美（２００５）は、こうした状態を「日本の近代ナショナリズムは、当初からアジア主義をうちにはらんだ『ambiguous（あいまいな二義性）』なものとして創られたのだった」[82]と述べ、尹海東《ユンヘドン》（２００３）は、「民族主義とは抵抗民族主義として進歩性とともに帝国主義的かつ侵略主義的な反動性までも一つの分身とする両面性あるいは二重性をもったイデオロギーだ」[83]と述べている。いずれにせよ、崔の舞踊が、植民地支配された朝鮮の「伝統性（東洋性）」と、日本経由で身につけた「近代性（西洋性）」が緊密に交錯する中で生み出された、「二重の植民地経験に根差す文化」であったことは確かである。

四　崔承喜の舞踊芸術の特徴

ここでは、崔の舞踊芸術の特徴について、時代背景を念頭に置きながら、彼女の舞踊および作品がどのように形成され、また変容したのか、どのような作品が「高く評価」されたのかを考察する。

崔が石井に入門したのは一九二六年、翌二七年には、石井の第二回京城公演で、ソロデビューを果たす。三年間、東京の石井の元で「新舞踊」を学んだ後、ソウルに戻り、「崔承喜舞踊研究所」

を設立した。それから一九三三年まで、崔は朝鮮各地で巡回公演を行い、また韓に師事して『仏教の踊り』、『巫女の踊り』、『農民の踊り』などの「伝統舞踊」、「民俗舞踊」を身につけて、多くの作品を創作した。その中には「解放を求める人」「放浪者の悲しみ」といった、反日感情と抵抗を示すような作品と、『農村少女の踊り』『霊山舞』といった、民俗的な踊りを元にしたものという二つの傾向があったという[84]。

しかし、朝鮮での崔の活動は、一九三三年に終わる。経済的に研究所を維持できなくなったのが理由のひとつとされる。また、当時の朝鮮に、民俗舞踊の公演を楽しむ経済的余裕や、受容するための知識が十分でなかったという指摘もある[85]。

一九三三年に再び日本に来た崔は、翌年に、先述した舞踊発表会で、大きな注目を集めた。このとき踊られたのは、『에헤라 노아라：エヘラ・ノアラ』であった。これは、韓の「伝統舞踊」の作品[86]をアレンジして崔が振り付けた作品であった。平林久枝（1977）はこのときの崔の踊りを、「朝鮮古典の管弦編曲に合わせて、朝鮮固有の冠をかぶり、巻物を腰ひもで結び、笑いながら身体の中心を左右に振りながら踊る」[87]と描写している。また、高嶋雄三郎は「郷土舞踊の素材を自己の芸術の坩堝の中で鎔かし、新しく鋳造した愛賞すべき創作である」「哀愁を漂わせながら、飄々として踊る、即興舞的な踊り」と表現している。この踊りが、川端康成をはじめとする文人たちに高く評価されたのだった[88]。

これ以降、崔はますます、朝鮮の「民族伝統舞踊」の技法に西洋舞踊の技法を取り入れた、新しい踊りを創作し、踊るようになった。同時期の作品である『僧舞』（一三二頁参照）は、既存の民俗舞踊を新たな「新舞踊」の技法で創作したものである。その他、後に様々な作品の源となった『巫女舞』（二三三頁参照）[89]も、この時期創られた作品である。

これらの舞踊は人々を魅了し、さらに欧米各国でも高い評価を受けるに至った（崔の欧米公演は、東京で崔の舞台を観た、駐日アメリカ大使の誘いをきっかけとしたものであったという）[90]。また、各地で絶賛された西洋公演から戻った後、崔はそれ以前よりもいっそう朝鮮的なもの、さらには「東洋的」なものを作品に取り入れるようになったという。例えば日本的な色彩、中国的な色彩、朝鮮的な線や色彩などを表す特徴を持つ作品など、西洋舞踊の中心主義から脱する、あるいは対抗する新しい創作活動を実践しようとしたといわれている[91]。

最後に、崔の舞踊と、近現代の「伝統舞踊」の違いについて確認しておきたい。

次頁に挙げた舞踊作品『僧舞』の写真を比べて見る。これらはすべて、韓成俊流の『僧舞』である。［舞踊写真1］は、韓の孫である韓英淑《ハンヨンスク》によるもので、現在韓国の「国家無形文化財第27号」とされている。［舞踊写真2］は、崔が韓成俊流『僧舞』をもとに、それをアレンジした『僧舞』である。［舞踊写真1］と、［舞踊写真2］では、身体の使い方、特に上半身や目線に違いがある（見られる）。

韓国の「伝統舞踊」は、基本的に、「天」・「地」・「人」という三つの思想から表現される。その法則には、まず、「天」としての手法は、腕の動きで表現され、次に、「地」としての手法は足の動きで表現し、さらに、「人」としての手法は、呼吸の動きで表現される。この法則は「陰陽」の調和によって流動的、曲線的に表現される。上半身や目線は決して上を向かず、伏し目がちに踊るの

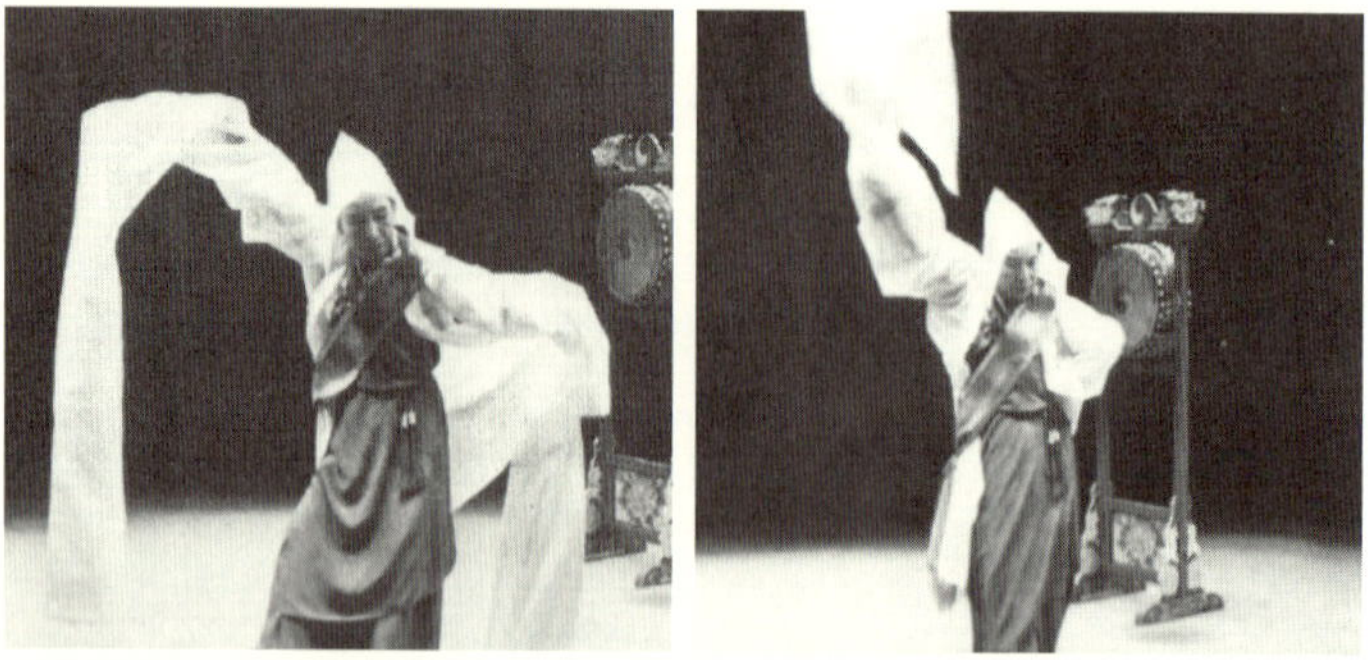

［舞踊写真１］　韓成俊から伝承された韓英淑の『僧舞』[92]

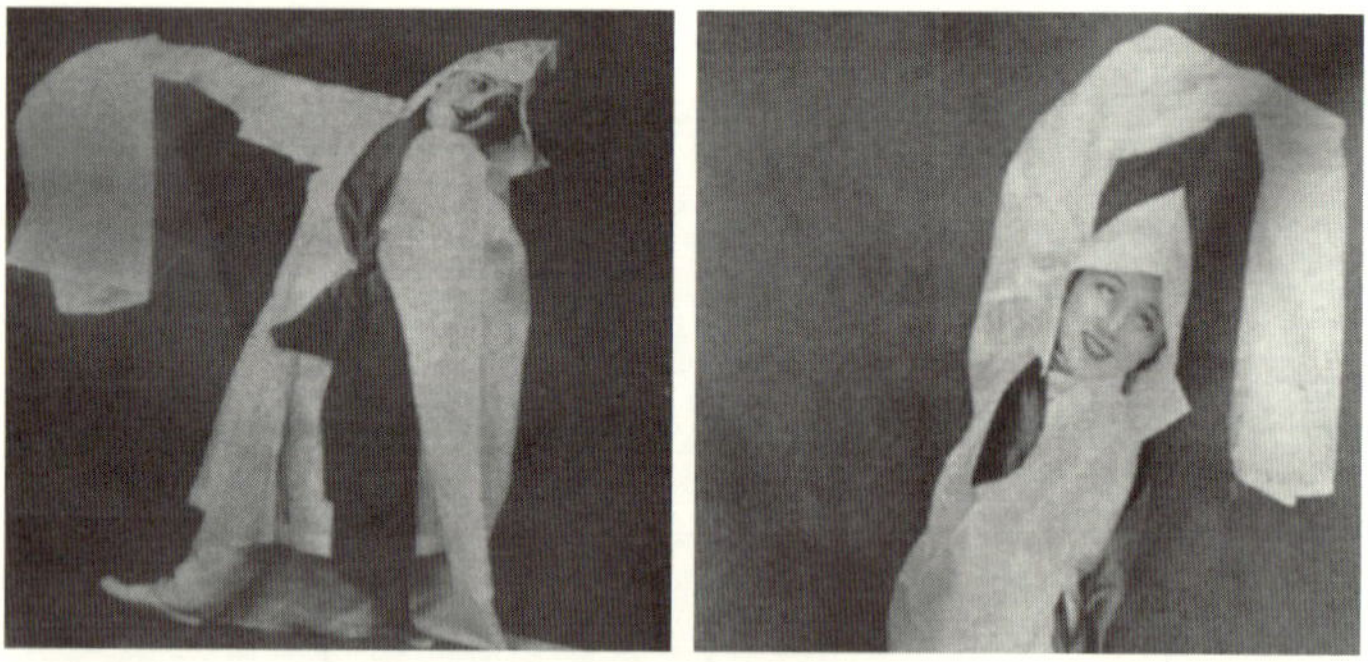

［舞踊写真２］　韓成俊流の崔承喜の『僧舞』[93]

が基本である。「舞踊写真1」は、視線が下向きであり、韓成俊から受け継がれた「伝統舞踊」の特徴を見出すことができる。それに対して「舞踊写真2」は、視線が上向きであり、西洋舞踊の影響が顕著である[94]。

　このように、崔の舞踊は、近代朝鮮の「民族舞踊」に現代舞踊（モダンダンス）の要素を多く加えており、その積み重ねと工夫こそが、崔の『朝鮮民族舞踊基本』や作品を、多くの人々に受け入れられる、世界に開かれた舞踊にしていったと考えられる。

第五節　小括

本章では、日本統治下の植民地朝鮮において、「近代朝鮮舞踊（民族伝統舞踊）」がどのように継承・発展・変容してきたかを、韓・石井・崔という三人の舞踊家の活動を通して見てきた。その目的は、日本による植民地支配が、近代朝鮮の「民族舞踊」にどのような影響を与えたのかについて再考すること、そして崔の舞踊芸術がどのように形成されていったのかを明らかにすることであった。

韓については、彼の活動を通して朝鮮民族としての「アイデンティティ」を有する「民族伝統舞踊」の再構成を検証した。韓による伝統舞踊の集成、再編成は、衰退した「民族伝統舞踊」を復活させ、日本の植民地統治の下で、朝鮮の「民族伝統舞踊」を再構成し、その保持に尽くしたと評価できるであろう。

石井については、彼の朝鮮での活動が、朝鮮伝統舞踊に与えた影響を検証した。彼によって西洋の近代新舞踊が朝鮮に紹介され、朝鮮近代舞踊の形成の道が開かれた。また、崔についての彼の言説からは、彼が朝鮮の舞踊および崔の舞踊に「日本的オリエンタリズム」的視点を注いでいたことも指摘できる。

崔については、「日本（石井）を介した西洋舞踊（現代舞踊）」と朝鮮の「（韓に学んだ）民族伝統舞踊」の融合が、彼女の活動の中で、どのように行われたかについて検討した。特に日本を中心に活動した崔の動きに注目し、当時の日本の文人らの視点、つまり「日本的オリエンタリズム」を浴びる中で、彼女独特の舞踊が形成され、日本のみならず世界を魅了し、「半島の舞姫」、さらに「東洋の舞姫」と評されるに至ったことがわかった。

日本統治下において、石井は、朝鮮に現代舞踊を紹介することで「民族伝統舞踊」に刺激を与え、韓国朝鮮における「民族伝統舞踊」の新たな展開の可能性を示唆した。石井の弟子となった崔は朝鮮民族固有の文化・伝統に、日本（石井）を介して伝わった西洋の現代舞踊（モダンダンス）の要素を取り入れることで、「民族伝統舞踊」を朝鮮民族のみが理解できる舞踊ではなく、人類的価値を有する世界性・普遍性を持つ舞踊へと昇華させることに成功したといえるだろう。

崔が創り出した舞踊は芸術としての朝鮮「民族舞踊」の発展に大きく寄与し、その朝鮮的・民族的な芸術活動は当時の朝鮮人に民族的矜持を持たせた。彼女はこのような活動を通して、優れた舞踊家であったと評価されている。その反面、崔の舞踊芸術活動は親日行為であり、哲学を欠いているという批判もある。たしかに戦前の崔の活動は、日本の文化政策と日本の文人や政治家たちの協力の下に行われた面が大きい。崔の活動の拠点はおもに日本であって、親日的作品も発表し、慰問公演も行っている[95]。彼女は、政治的環境の中で、芸術的属性を利用され、さらに、皇国臣民化政策に利用されたとする評価は今も韓国舞踊界に存在し、今後も決して消えることはないであろう。

崔の「民族舞踊－新舞踊」が「植民地経験」の中で、彼女自身の才能と、「民族意識」に鼓舞され、民族の特徴的な要素（伝統舞踊＋モダンダンス）を取り入れた結果、誕生したものであるといえる。

しかし、崔が朝鮮民族としての意識を持って、石井に学んだ現代舞踊の技法に拠って創り上げた新しい朝鮮「民族舞踊」は、今日の韓国や、北朝鮮と在日社会（民族舞踊教育や芸術団舞踊家）の舞踊文化に大きな痕跡を残したことは明らかである。

次の第二章では、日本帝国主義の時代に近代化した朝鮮「民族舞踊」が、その後、どのような形で受け継がれ、また「分断と離散」の中でどのような形に変容していったのか、北朝鮮と韓国における朝鮮「民族舞踊」の展開と現在から考察していく。

第二章——解放後の朝鮮半島における民族舞踊の展開と崔承喜

前章では、植民地時代における朝鮮「民族舞踊」[96]の近代的形成過程と変容について、韓成俊、石井漠、そして崔承喜の活動に焦点を当て、特に崔が確立した新しい朝鮮「民族舞踊」がどのように形成されてきたのかを検討した。本章では、この近代化した朝鮮「民族舞踊」が、その後、どのような形で受け継がれたのか、また朝鮮半島の分断と離散の中でどのような形に変容していったのかを考察する。

前章で見たように、一九一〇年の韓日併合以降、日本経由で西洋舞踊（新舞踊）が流入したことから、それまでの舞踊は「伝統舞踊」[97]と呼ばれるようになった。そして「伝統舞踊」は「新舞踊」の勢いに押され、根本が揺らぐ混乱時期を迎える。日本統治の三六年を経る間に、「伝統舞踊」は萎縮し、韓成俊などの民族舞踊家の活動と努力によって、かろうじて命脈を保ち続けていた。

そして一九四五年の解放以降、朝鮮「民族舞踊」はさらに大きく変化する。朝鮮戦争の結果、南北に分かれた朝鮮半島では、それぞれ違う形で「民族舞踊」[98]が発展することになった。

本章ではこうした経緯を踏まえ、今日の北朝鮮、韓国において、「民族舞踊」がどのような形になり、演じられているのかについて確認する。まず第一節では、北朝鮮での「民族舞踊」がどのように確立されてきたのか、また、前章で見た崔の舞踊芸術が、北朝鮮の舞踊にどのような影響を与えたのかについて見ていく。次に第二節では、今日の韓国の「韓国舞踊」の変遷と「伝統舞踊」の保護、継承の現状、そしてその中で崔の舞踊芸術がどのように位置づけられてきたのかについて見ていく。近代朝鮮で芽生えた「民族舞踊」が、「植民地支配後」に、どのような変容をとげることになったのか、そしてその背景にはどのような文化政策が存在したのかを明らかにしたい。

第一節　北朝鮮における「朝鮮民族舞踊」の確立と崔承喜の位置づけ

今日、北朝鮮のセレモニーやイベントを伝えるニュース映像の中で、広場を埋め尽くすほど多くの舞踊家たちが朝鮮「民族舞踊（민족무용）」[99]を披露している姿が映し出されることがある。北朝鮮は建国以来、「人民大衆」を革命的に教育するための強力な手段として、多様な舞踊政策を展開してきた。その舞踊の形は、二〇世紀前半までの朝鮮「民族舞踊」とは大きく異なるものとなっている。

北朝鮮の「民族舞踊」については、参照できる資料は限られている。本節では韓国の「国立国楽院」[100]が、韓民族芸術を分野別に集めて編纂・刊行した『韓民族音楽叢書』[101]シリーズの中から、『北朝鮮の芸術教育（２０１３）』『北朝鮮の民族舞踊（２０１８）』『在外同胞元老芸術家口述採録（日本編、２０１９）』を使って、北朝鮮の「民族舞踊」の展開と現状について考察する。それに加えて、一九九二年に出された金正日《キムジョンイル》の『舞踊芸術論』や、北朝鮮の「民族舞踊」に関する韓国および在日コリアンの研究者の研究成果も参照する。

一　一九四五年～一九六〇年代：崔承喜による朝鮮「民族舞踊」の形成

金日成《キムイルソン》政権初期の一九五〇年代、北朝鮮の「民族舞踊」は、一九四六年に「北」へ渡った崔の「民族舞踊－新舞踊」[102]を中心に発展した。崔は一九四六年に「崔承喜舞踊研究所」[103]を設立したが、朝鮮戦争が休戦となった一九五三年以降、この研究所は国立となり、崔は政府高官に任命され[104]、弟子たちと共にソ連公演も行った。また彼女は「民族舞踊」の理論化に貢献した。その例が、一九五八年に出された『朝鮮民族舞踊基本』であり、崔は出版に際して「ここに発表する舞踊基本は私が三〇余年間舞踊生活をする間に、『우리（ウリ：わが）』舞踊から失われたものである」と述べている[105]。崔の『朝鮮民族舞踊基本』動作の特徴は、「基本動作」の構成を体系的に分類していること、動作の完成度が高く、芸術的形式も整っていて、伴奏曲や音楽リズム（장단：チャンダン／長短・調子）の楽譜（舞踊表記法）も添えられていることなどである。

一九六〇年代に入ると、北朝鮮の舞踊はソ連や中国などの影響を受けて、「民族舞踊」とバレエ的要素の融合を試みはじめた。この時期の北朝鮮は、経済的にもこれら社会主義国家の支援を受け、経済的にも発展していた。しかし六〇年代後半、金日成の独裁体制[106]が強化されると、舞踊も他の芸術と同様に党の統制と検閲を受けるようになった。この時期、多くの芸術家が粛清され、崔も一九六九年に粛清されたといわれている[107]。

二　一九七〇年から一九八〇年代の変化

この時期、北朝鮮の「民族舞踊」は、舞台舞踊として劇的効果を強くアピールする作品が大半を占めるようになった。その例が、舞踊を革命歌劇化した「ピバダ（피바다：血の海）」[108]である。また、同じくこの時期に制作された「4大名作舞踊」[109]と呼ばれる作品群[110]も、革命的イメージを強く浮き彫りにした点が特徴である。また、作品のテーマだけでなく、これらの作品には、バレエ、中国舞踊のテクニック、ピアノ伴奏と杖鼓、旋律音楽などが取り入れられた[111]。このように一九七〇年代、北朝鮮の「民族舞踊」は、合唱、オーケストラとともに総合的芸術として、力を誇示する「共産主義革命歌劇」に変化した（チュ・ムンコルほか、1995）[112]。一九八二年は金日成誕生70周年であり、それを記念した、革命的な『三色の踊り（삼색춤）』『赤い心を一途に大事にします（일편단심 붉은 마음 간직합니다）』が創られている。

その一方で、一九八〇年、金正日の指示により、崔の弟子たち[113]が民族的な動作を時代に合わせて科学的に整理し、新たな「基本動作」を提示した。一九八二年にはピョンヤン音楽舞踊大学の『舞踊の基礎理論』が発刊された。これらは、一九六〇年代に崔承喜が発表した「朝鮮舞踊動作とその技法の優秀性および民族的特徴」と類似しているという[114]。また、一九八〇年代前半に創られた作品は「革命性」が少し弱まり、娯楽的な要素を取り入れ、現実の生活や民族文化を強調する傾向があったと指摘されている[115]。この時期北朝鮮では、経済的な停滞、農業政策の失敗や天候不順による飢饉が起こっていて、人々の苦しみや不満を逸らす必要があったからではないかと推測される。

そのような状況の中、一九八五年九月、「南北文化芸術相互訪問交流」[116]が実施された。九月二一日、二二日に、ピョンヤンではソウル国立舞踊団が、ソウルではピョンヤン芸術団が、それぞれの「民族舞踊」を披露した。「非政治的な民俗、伝統、歌舞を中心とする」という合意のもとでの交流公演であった。北朝鮮の演目は、『金剛仙女（伝説舞踊）』『ソンブクチュム（손북춤：民俗の踊り、小太鼓舞）』『タルマジ（달맞이：民俗の踊り、月見の踊り）』『セムムルトエソ（샘물터에서：泉の水場で）』『コンム（검무：剣舞）』『チャンガンチュム（쟁강춤：元『巫女舞（무녀춤）』』などであった。七〇年代の革命歌劇に比べると、政治的な主張の少ない、民俗的な作品である[117]。

しかし翌年、一九八六年の朝鮮文学芸術総同盟第6次大会の後、北朝鮮の舞踊政策は、再び革命理念を強化する方向に向かった[118]。翌八七年には、主体思想を強調した、大集団芸術舞踊の形式で、五〇〇〇名の大公演が行われ、一九八九年の「ピョンヤンフェスティバル」[119]では、七万一〇〇〇人の大公演「祝典の歌」が披露された。それまでの北朝鮮での舞踊形式を基にした、独特の舞踊形式の誕生である。この作品は「主体芸術」を世界中に誇示する上で最も成功した作品の一つとされている[120]。また一九八七年には、「子母結合式舞踊表記法」[121]が完成、映画化され、フランスのユネスコ本部で鑑賞会が開かれた[122]。このように八〇年代後半に、北朝鮮独自の舞踊スタイルが確立されたといえる。

三　一九九〇年代以降

一九九〇年代に入ってから、北朝鮮の「民族舞踊」は、舞踊の小道具（手に持って踊る小物）[123]の重要性を強調し始めた[124]。特に前半期は、小道具を使った民俗的な踊りの創作が奨励された[125]。金正日の『舞踊芸術論』（1992）には、「小道具を使用した舞踊は、芸術的な律動で人間生活を形象するのに適していて、人民性と普遍性を帯びるため、舞踊の基本形式になる」と書いてある。この時期の代表作には、『계절의 노래（季節の歌）』[126]が挙げられる。一九九〇年代の北朝鮮では、「朝鮮民族第一主義」を標榜して金日成の存在を強調した。さらに、民族と伝統を強調することで「民族的内容」を強化する傾向があった[127]。一九九四年の金日成の死後は、革命性と理念性がより一層強調され、舞踊においても保守化の傾向が強まった。

二〇〇〇年代の北朝鮮では、集団体操と芸術公演を組み合わせた新しい公演芸術ジャンルが誕生した（一〇万名出演など）。これは九九年、金正日の指示により既存の集団体操に芸術的公演を融合して生み出された（パク・ヨンジョンほか、2002）[128]舞踊、音楽、曲芸[129]などを組み合わせた総合芸術である[130]。その代表作である『アリラン（아리랑：阿里郎）』[131]は世界最大規模のマスゲームとして認定され、二〇〇七年ギネスに登録された[132]。二〇一一年から始まった金正恩《キムジョンウン》政権の下では、経済発展を通じた大国建設というモットーのもと、労働者の社会主義建設に向けた勤労努力を奨励する思想舞踊が発展しているという[133]。

四　「朝鮮民族舞踊」における「古典舞踊」

ここまで北朝鮮の「民族舞踊」の展開と変容について見てきた。これらの、一九四八年以降の舞踊を、北朝鮮では「社会主義舞踊」と分類する。そしてそれ以前の舞踊、特に一九二〇年以前の舞踊は、「古典的舞踊」として、無形文化遺産の対象に指定され、継承されているという。無形文化遺産は、『剣舞（검무）』、『農楽舞（농악무）』、『八目舞（팔목춤）』『北青獅子舞（북청사자 놀음）』、『康翎タルチュム（강령탈춤）』、『鳳山タルチュム（봉산탈춤）』、『法鼓舞（법고무）』、『四人の僧舞（사승무）』、『海州タルチュム（해주탈춤）』、『慇栗タルチュム（은율탈춤）』、『トンドラリ（돈돌라리：ぐるぐる回る）』であり、各地方の「タルチュム（仮面舞）」の十一作品が指定されている。韓国のように無形文化保存会は存在せず、農楽、剣舞、鳳山の「仮面舞」は、中央と地方の芸術団で多様な構成で踊られているが、『北青獅子舞』、『康翎タルチュム』、『鳳山タルチュム』、『法鼓舞』、『四人の僧舞』は文献記録のみ存在しているという。ただ北朝鮮では、原形そのままではなく党派性、労働階級性、人民性を原則とした社会主義的体制に合わせて整えられ継承されていて、「原形維持」を基本とする韓国の文化伝承とは異なり、政策的意図と目的によって、古典文化遺産を選別し、時代に合わせて意図的に伝統文化を変形させているという[134]。

五　北朝鮮における舞踊教育と専門芸術団

ここまで、北朝鮮における「民族舞踊」の作品の演目や形態の変遷について述べてきた。次に、北朝鮮における民族舞踊教育[135]について述べていく。

北朝鮮では人民学校で「舞踊教育（舞踊小組活動：課外活動）」[136]を行っており、才能のある「女子」

を選抜している。舞踊小組活動は七歳から始まり、十一歳ごろまでは、身体の柔軟性（バレエの要素を取り入れる）や、体力強化（瞬発力、走る）などを中心に訓練させるという。その上でさらに選抜を行い、選ばれた子どもたちは、「万寿台学生少年宮殿」[137]に集められ、専門化された舞踊の基礎テクニックを身体部位別に学習する。おもに、バレエ、朝鮮舞踊基礎・基本、体操などを習う。彼女らは、引き続き専門舞踊大学に進学、専門芸術団などに入団するため、体系的舞踊教育を受ける。これらの舞踊教育は無料であり、そのため指導に忠実に従うという[138]。これらの教育を受けた子どもたちが入団する芸術団としては、血の海（ピバダ：피바다）芸術団、万寿台芸術団、ピョンヤン芸術団、朝鮮人民軍協演奏団、ピョンヤン曲芸団などがある。

「ピョンヤン学生少年芸術団」は、「万寿台学生少年宮殿」をはじめ、ピョンヤン市内の各宮殿[139]から選ばれた子どもたちによる芸術団体である。この芸術団は、北朝鮮全国から選抜された芸術エリートの少年少女たちが朝鮮舞の歌や踊り、民族楽器演奏、さらには、日本の歌やアニメソングまで披露する。一九七八年の初来日以来、日本各地で大人気を博し、多くの会場は満員盛況に沸いたという[140]。

また、森類臣によると、北朝鮮の代表的な芸術団である「万寿台芸術団」[141]は、一九七三年八月から九月にかけて、国交が樹立されていない日本に約四〇日間滞在し、全国各地を巡回公演した。北朝鮮の大規模芸術団が日本で公演を行うのは同国建国後初めてであり、公演は日本で注目を集めたという[142]。

このように北朝鮮では、専門の舞踊家になるには、幼い頃から徹底的に、舞踊小組活動を出発点として、舞踊教育を受けるというシステムになっている。また、振付家や演出家には男性もいるが、踊り手はほとんどが女性である。かつての「朝鮮民族舞踊」では、旅芸人など男性の踊り手も多く存在したが、北朝鮮では「民族舞踊」は女性が踊るものとなっているのだろうか。

六　北朝鮮における崔承喜の位置づけ

最後に、北朝鮮における崔の活動と、それが今日の北朝鮮の「民族舞踊」に与える影響について見ていく。

まず、崔の越北の動機について見ていく。一九四五年八月一五日に彼女は中国の慰問公演先で解放（終戦）を迎えた。帝国日本から解放された後、一九四六年五月に、ソウルへ戻るが、そこで彼女は「親日派芸術家」と見なされ、糾弾されることになる。

同年七月に、崔はピョンヤンから来た人から金日成主席の手紙（委嘱状）を渡された。その内容は、「日帝の民族文化抹殺政策にも屈せず、民族の魂と節目を守り、我が民族固有の踊りのリズムで朝鮮民族舞踊発展の基礎を築き〔中略〕一日も早く共和国に来て民主主義民族文化建設に参加し、民族舞踊を我が人民の志向と要求に合わせて発展させていくことを期待する」と書かれていた[143]。その結果、崔は同年七月二〇日に「北」へ渡った。崔の夫、安漠承[144]はすでに「北」へ渡っており、その後、金日成政権下で二人とも政治と文化の両方の分野で要職について活躍した。崔はピョンヤンに舞踊研究所を設立し、朝鮮人民委員会の代議員としても活動した[145]。また、一九五〇年から五七年の間は、ソ連で巡回公演を行った[146]。この時期、崔は最高人民会議代議員、朝鮮舞踊家同盟中央委員会委員長、舞踊学校校長、国立舞踊劇場総長を歴任し、功勲俳優、人民俳優の名誉称号を受けた〔147〕。

崔の舞踊研究所は、一九五三年国立に昇格し、その三年後には国立ピョンヤン舞踊学校に改編された〔148〕。同年、崔は、師匠である「石井漠先生への手紙」を日本の雑誌『世界』に発表した。その手紙には、次のように書かれている。

私は一九四五年八月朝鮮の解放とともに、北京から帰国致し、人民政権と金日成主席の特別な御配慮と全人民的支援のもとに、ピョンヤンに国立崔承喜舞踊研究所を開設しました。なぜ私が京城に研究所を置かず、ピョンヤンに置いたかは次のような理由からでした。私が汽船で中国から京城に着いて見ると、すでにその時、南朝鮮人民は、米国と民族反逆者の暴圧と搾取に苦しめられており、あらゆる発展の道をうばわれているばかりでなく腐敗したアメリカ式の『文学と芸術』が強要されて〔中略〕私も、娘も、北朝鮮の芸術家達は、思う存分自分の才能と知慧を発揮できる幸福を持っています。私は長年日本に滞在中、朝鮮の舞踊家である私に対し、〔中略〕心からの理解と声援を下さった日本の皆様に対し、深い感謝の気持を持っております。極少数の軍国主義者をのぞいて、広大な日本の人民が、如何に自由を愛し、正義を貴び、芸術を愛していたかを私は記憶しております。〔149〕

その後彼女は、舞踊の創作よりも理論家として活動し、一九五八年に『朝鮮民族舞踊基本』、『舞踊劇台本集』の二冊を出版した。さらに一九六三年には『朝鮮児童舞踊基本』を出版し、一九六六年には『文学新聞』[150]に「朝鮮舞踊動作と技法の優秀性および民族的特性」について論文を発表した。しかし先述したように、金日成の独裁化と芸術への統制が激化した一九六〇年代後半（六九年、あるいは六八年）に粛清され、北朝鮮の歴史から姿を消した。粛清の理由は今なお不明である[151]。

このように彼女は、北朝鮮において「民族舞踊」を体系化し、民族的形式に社会主義的な内容の舞踊を融合した。その動作は「民族舞踊」の技法が中心であり、民族伝統楽器、リズムや音楽、衣装も「치마저고리（チマ・チョゴリ：朝鮮の伝統着物）」「버선（ポソン：伝統靴下）」の着用など、今日の「韓国舞踊」の「基本動作」と共通点が多い。しかし足元の形の違い（かかとを上げる、バレエのポジション採用）は大きく、曲のテンポや動作がとても速いという特徴がある。

一九六九年に崔が粛清された後の北朝鮮の「民族舞踊」は、彼女の弟子たちが担った。先述したように一九七〇年代以降、北朝鮮の「民族舞踊」は、バレエや中国舞踊の技法の導入、巨大な人数での集団舞踊など、変容していったが、崔の「基本動作」は今でも維持されている。崔の作品や、それを（主体思想に合わせて）アレンジしたものは、今日でもよく上演されている。二〇〇三年に、崔は名誉が回復されて、「愛国烈士陵」に再葬されたが、その理由は不明である。ただ、彼女の舞踊「新舞踊」が、北朝鮮の「民族舞踊」の基礎を作ったことは、紛れもない事実である。

韓国の研究者、金恩漢《キムウンハン》は、崔の『朝鮮民族舞踊基本』は、北朝鮮の三次にわたる改訂方針により変化したと論じている。一回目は一九六〇年代末（崔が粛清された時期）で、「主体芸術」の確立と、舞踊の大人数化やバレエなどとの融合がなされた。一九八五年（同年、南北芸術団公演）には第二次改訂が行われ、それまで疎かにされてきた民俗舞踊の復元に積極的に取り組み、数多くの作品が創作された。舞踊基本動作は、七〇年代に比べてアクロバティックな動作は少なくなり、バレエ的な動きを残しながらも、彼女の舞踊を復元する作業が始まったという。一九九六年には第三次改訂が行われ、崔承喜舞踊を忠実に復元[152]しながらも多様な動きが駆使されるものに整理されたという[153]。

最後に、北朝鮮の「民族舞踊」の在り方について、まとめておきたい。先述したように金正日(1992)は、『舞踊芸術論』で、「小道具を使用した舞踊は、芸術的な律動で人間生活を形象するのに適していて、人民性と普遍性を帯びるため、舞踊の基本形式になる」と書いている。これについて、韓国の研究者たちは、北朝鮮の芸術は「政治から切り離されて存在することはできず、階級を離れた純粋な芸術はありえない」[154]と結論づけている。戦後北朝鮮での「民族舞踊」の展開は、北朝鮮独特の動きであると同時に、東西冷戦下の社会主義国家において共通して行われた、いわゆる「社会主義リアリズム」[155]の一例という側面も併せ持つ。つまり内容面では革命性を強調し、形式面では民族的特性を基にした「舞踊創作」に力を注ぎ、これを人民の思想教養手段として利用してきた。このように北朝鮮において、「民族舞踊」は、政治、思想、国際情勢などに大きく影響されて、演目、技法、規模などが変化し、何よりも「社会主義国家の形成と維持」のために存在してきたのである。

第二節　韓国における「韓国伝統舞踊」の確立と崔承喜の位置づけ

前節で見たように一九四六年、「北」[156]は崔を招聘し、彼女を中心に朝鮮「民族舞踊」が体系的に整備され、やがて「革命思想」「主体思想」を体現するような舞踊が盛んに創られ、踊られるようになった。一方、崔を「親日」として拒絶した「南」でも解放以後、「民族舞踊」の継承および保全を進めようとする動きが起こった。韓国における「民族舞踊」は、「韓国舞踊」[157]と呼ばれている。以下、韓国における近代朝鮮「民族舞踊」の変遷について概観する。

一　解放から一九六〇年代まで

一九四五年の解放後、ソウルでは、「朝鮮文化建設中央協議会」[158]傘下の「朝鮮舞踊建設本部」[159]や、「朝鮮文化団体総連盟」傘下の「朝鮮舞踊芸術協会」[160]など、「民族舞踊」の振興を目指す組織が舞踊家たちによって設立された。これらの組織のメンバーは、戦前日本やアメリカ、ドイツなどに留学し、現代舞踊やバレエを学んだ者、日本で「新舞踊」を学んだ後、朝鮮半島に戻って活動していた若い舞踊家たちであった[161]。しかし、「朝鮮文化建設中央協議会」から排除された崔は、「北」へ渡ることを選んだ。崔の名は「親日派」として、韓国の舞踊界ではタブーとなっていた。しかし、この後、韓国の「民族舞踊」を支えていった舞踊家の中には、崔に師事して「新舞踊」を習得していた者が多く含まれていた。

一九四五年に梨花女子専門学校体育学科が創設されてから、体育学科と連携した「創作舞踊」の授業が始まった。授業を受け持ったのは、戦前に日本で「新舞踊」[162]を学んだ舞踊家、金敏子《キムミンジャ》[163]だった。一九四七年一二月には「朝鮮学生舞踊研究会」が創立され、以後、大学に舞踊（学）科を開設する土台となったという[164]。一九五〇年には、文化体育観光部の主導で、国立国樂院が設立された。これは、「大韓民国の伝統音楽・民族舞踊の継承と発展」を目的とした施設であり、今日でも活動を続けている。

しかし、解放以降の様々な舞踊家たちの活動は、朝鮮半島における南北対立、そして朝鮮戦争の勃発により、中断されてしまった。

休戦後の一九五三年には、梨花女子大学体育科に舞踊専攻が設置され、金千興《キムチョンフン》（一九〇九～二〇〇七、宮廷舞踊の名人）と、金寶男《キムボナム》（一九一二～一九六四、民俗舞踊家）が「伝統舞踊」を教えた。また同じ一九五三年、金白峰《キムベクボン》が、ソウルに「金白峰舞踊研究所」を設立した。彼女は崔に学んだ新舞踊家であり、崔と共に北に渡っていたが、朝鮮戦争中にソウルに避難した。その後、「伝統舞踊」を学び、「韓国舞踊」の発展に尽力した。

このように、韓国での「民族舞踊」の継承は、「崔承喜」の名と功績を封印するところから始まったが、実際には彼女の教えを受けた舞踊家が多く、韓国の舞踊界にはその影響力は存在していたのである。

二　一九六〇～一九七〇年代：「文化財保護法」制定による変化

一九六〇年代から、韓国の「民族舞踊」をめぐる状況は大きく変化した。一九六一年、韓国では朴正熙《パクチョンヒ》が軍事クーデターで実権を握った。その翌年に、「文化財保護法」[165]が制定され、ここから、国家による「民族舞踊」の保護と継承が本格的に始まった[166]。この「文化財保護法」は、「伝統舞踊」を含む「伝統的な公演・芸術（演劇、音楽、舞踊など）」を「国家無形文化財」[167]遺産として位置づけた。その目的は「文化財を保存して民族文化を継承し、これを活用することで国民の文化的向上を図るとともに、人類文化の発展に寄与すること」とされていた[168]。

「文化財保護法」が施行された後の一九六三年には梨花女子大学校に国内初の舞踊科が開設され、大学を中心とした専門舞踊の時代が始まった[169]。続いて慶熙大学校、漢陽大学校、首都女子師範大学校などに舞踊科が開設された[170]。この時期、大学の舞踊科の中心となったのは、西洋から導入された現代舞踊やバレエの専門家、そして日本で新舞踊を学んだ舞踊家たちであった[171]。大学の舞踊科は基本的に、韓国舞踊、現代舞踊、バレエの三つのコースで構成されたが、「韓国舞踊」の中に「伝統舞踊」を教える専門家やカリキュラムは置かれなかった[172]。

なぜこの時、「伝統舞踊」の科目が置かれなかったのだろうか。この時期の舞踊専攻設置の中心となったのは、国外（戦前の日本やアメリカ、ドイツなど）で舞踊を学んできた「西洋舞踊（現代舞踊、バレエ）」や「新舞踊」の専門家たちであり、「伝統舞踊」の継承者たちは、こうした状況にあまり関わっていなかった。もともと朝鮮の「民俗芸能」「伝統舞踊」は巫俗（巫堂：巫女）[173]を母体としている。特に、民俗芸能の専門家は、巫堂（무당：ムーダン）の家系で世襲巫という存在が多いので、当初は、大学で学生に教えることは想定されていなかったのではないかと思われる。伝統舞踊家は、個人研究所（自宅兼のことが多かった）で弟子を取って「伝統舞踊」を伝え続けていた。

この時期、「伝統舞踊」に関しては、次のような政策が採られた。一九七〇年に「国家無形遺産保有者」の認定制度が設けられ、この時期から、「伝統舞踊」の踊り手や伝承・継承者（芸能保有者）を「人間文化財（人間国宝）」と呼ぶようになった。また無形文化財を伝承・保存するための空間の必要性が認識され、伝承者（継承者）が、安定的に伝承活動ができる「国立文化財伝授教育館」[174]が、一九七四年から建設され始めた。この伝授教育館では、伝統無形文化の継承と発展のため、芸能保有者および団体の継承教育が行われた（一九八二年には人間文化財に対して、国家の支援を受けて、「国立文化財伝授教育館」での伝授義務を課すようになった）[175]。

一方、大学の舞踊学科では、舞踊家や振付家などの専門家養成のためのエリート教育が行われた。これにより、一九七〇年代には大学出身の舞踊家たちが多く登場し始め、その出身大学の同門舞踊団を結成した。こうして七〇年代に韓国の「創作舞踊」[176]が活発に披露されるようになった。

韓国の舞踊団についても見てみよう。一九六二年、ソウルに国立舞踊団が設立された。総合芸術監督は宋范《ソンボム》（一九二六〜二〇〇七）[177]であり、団員は舞踊科出身の韓国舞踊家たちで、韓国舞踊、現代舞踊などを上演した。七四年にはソウル市立舞踊団が設立された。伝統舞踊家の人間国宝姜善泳《カンソンヨン》（一九二五〜二〇一六）[178]、創作舞踊を中心とする高名な舞踊家金文淑《キムムンスク》（一九二八〜二〇二三）[179]らは、大学ではなく、これらの舞踊団で、「伝統舞踊」や「創作舞踊」を指導した。

三　一九八〇年代：韓国舞踊のルネサンス

一九七九年に朴正熙大統領が暗殺され、一九八〇年には光州事件が起き、民主化を求める民間人が数多く殺害された。一九八〇年代の韓国は軍事独裁下で民主化を求める運動が活発化した時期であるが、韓国の舞踊界もこの時期、大きく躍進した。この時期から、大学での舞踊教育は、体育大学系列のみならず、芸術系、人文科学系の大学など、多様な学部に設置されるようになった。八〇年代後半には大きな国際的イベントが開かれ、そこで「韓国舞踊（民族舞踊）」が次々に披露されたのである。この時期は、「韓国舞踊ルネサンス」と呼ばれる。

一九七九年から、ソウル市では「大韓民国舞踊祭（一九九〇年からはソウル舞踊祭）」[180]が開催されるようになり、舞踊家たちの創作意欲を高めていた。さらにソウル市は、多様な舞踊フェスティバルを開催し、「創作舞踊」の披露を奨励した。一九八四年には、企業（LGグループ）がバックアップした「ラッキー創作舞踊団」[181]が設立された。

そして一九八五年、前節でも触れたように「南北芸術団交換訪問公演」が実現して、ソウルとピョンヤンで「民族舞踊」の交流が行われ、その後の交流の土台が築かれた[182]。国立舞踊団、ソウル市立舞踊団、ラッキー創作舞踊団などのソウルの芸術団がピョンヤン大劇場で『太平聖代（태평성대）』『僧舞（승무）』『仮面舞（가면무）』『プチェチュム（부채춤／扇の舞）』『農楽舞（농악무）』などの「伝統舞踊」、「民俗舞踊」、「創作舞踊」を披露した。この時、ソウルの芸術団の振付担当は金白峰、宋范などが中心であった。各大学の舞踊専攻者たちも訪北芸術団に含まれていた。

この南北相互交流の後、韓国では大きな国家的行事が続き、そこでも韓国舞踊（民族舞踊）が大きな役割を果たした。八六年アジア大会と八八年オリンピックでは、開会式などで、韓国舞踊が披露され、韓国舞踊を国際的にアピールした。こうして「韓国舞踊ルネサンス」[183]というブームが起こった。金白峰は「南北芸術団交換訪問公演」に続き、アジア大会や、オリンピックの開幕式の振付と指導を担当した。開幕式で踊られたのは、『プチェチュム（扇の舞）』[184]と、『花冠舞（화관무）』[185]であった。

この一九八〇年代後半は、北朝鮮が大人数での舞踊形式や、先に紹介した子母結合式舞踊表記法（註「一二一」参照）を確立した時期である。朝鮮半島の南北で、それぞれ「民族舞踊」に国家の力が注がれていたことがわかる。

最後に、一九八〇年代の民族舞踊に関する出来事として、八八年に崔についての研究が発表され、彼女に関する韓国のタブーが破られ始めたことが挙げられる（これについては後で詳しく述べる）。

四　一九九〇年代：「伝統舞踊」の活性化

一九九〇年代は創作舞踊の活性化とともに、「伝統舞踊」の現代化を試みた時期といえる。国立国樂院や国立文化伝授教育館だけでなく、大学でも「伝統舞踊」の教育が始まり、また伝統舞踊家による伝統舞踊の復元と再構成がされた時期であった。

一九九〇年代に入ると、「伝統舞踊」をめぐる動きが活発化する。この頃になると、「伝統舞踊」を民間で受け継いでいた踊り手（旅芸人なども含む）から、「人間国宝」になる舞踊家も出てきた。このような流れの中で、一九九〇年代から、文化遺産としての「伝統舞踊」を継承している舞踊家たちが、大学の舞踊教育に参加するようになった。大学が外部の人間国宝を特別に招き、「伝統舞踊」の授業を行うようになったのである[186]。伝統舞踊家から学んだ学生が、「伝統舞踊」の舞踊家になり、また大学で「伝統舞踊」を研究する研究者になるという流れができた。韓国の「伝統舞踊」は、一九九〇年代になって「復活」し、「韓国舞踊の中に加わった」といえるだろう。例えば、国家無形文化財の『승무（僧舞）』『살풀이춤（サルプリチュム）』の芸能保有者で人間国宝の李梅芳《イメバン》（一九二

七〜二〇一五）は、一九九三年から人間文化財執行会の副会長を務め、一九九六年には大学で文化財の演目を教えた（その傍ら、個人舞踊研究所で弟子を取って、「伝統舞踊」を伝え続けていた）[187]。一九九八年には彼女から舞踊を学んだ者には、人間文化財の履修証が発給されるようになった。

また一九九〇年代後半以降は、国家の教育改革動向に応じて学科制施行大学が増加し、大学の舞踊専攻系列は学科制および学部制施行大学と共存するようになった。舞踊人口も急激に増え、大学舞踊教育が絶頂に達した二〇〇〇年代半ばには、全国四五校の四年制大学と六校の二年制の専門大学に舞踊学科が開設された[188]。

五　現代の「韓国舞踊」とその活動

二〇〇〇年代に入ると、さらに「伝統舞踊」の再創作や振付家による「創作舞踊」が披露された。また、無形文化財をもとに、多様な「韓国舞踊」が創作され、公演も行われるようになった。「伝統舞踊」は様々な流派があるため、新たな「創作」も多様なものであった。

無形遺産の継承・普及のための公演・展示、文化遺産を通じた国際交流および協力など、韓国伝統文化の普及と創造的実践のための多様かつ持続的な活動が繰り広げられている。韓国の「伝統舞踊」は、大学の他、各地の「伝授教育館」で保存・継承されている。

二〇一八年に開催された平昌《ピョンチャン》オリンピックの開会式でも、「韓国舞踊」が披露された。開会式に参加した学校と大学は、ソウル総合芸術実用学校、世宗大学校の実用舞踊学科、ソウル芸術大学校の公演学部などであった。開幕式公演では、長い歴史と伝統文化の中での「平和の地」というテーマ

で、高句麗古墳にある「舞踊塚（무용총）」と、江西大墓に描かれる舞踊図などをモチーフとした舞踊が披露された。

今日、韓国の芸術舞踊団の活動、特徴は次のようになっている。一九六二年に創立された「国立舞踊団」は、当代最高の舞踊芸術家宋范の指導下で、豊富なレパートリーと多様な舞台経験をもとにした最高技量の団員（全五〇人の内、二〇人が男性）を保有する韓国を代表する舞踊団体である。また、地方ごとに舞踊団体があり、個人舞踊団の活動も活発である。それぞれの舞踊団体は韓国舞踊を国内外で披露し、普及に努めている。

また、一九七四年に創立された「ソウル市立舞踊団」は、芸術団体の社会的機能と役割のために、約四〇年間の国内外公演とともに創作作業を行ってきた。「84ＬＡオリンピック閉幕式」、「90北京アジア大会芸術祝典」などの国際行事において、韓国を代表する舞踊団としての役割を十分に果たし、「ＷＤＡ（世界舞踊連盟）フィラデルフィア公演」、「南米巡回公演」など、数多くの海外公演を行っている。団員全三一人のうち、一三人が男性である。

その他にも韓国には多くの舞踊団が存在し、それぞれが自由に芸術公演を行う。オープニング演目として『プチェチュム（扇の舞）』は人気のある作品でよく上演されている。また、古典文学をもとに創作した演目や、『仮面舞（가면무）』、宮廷舞踊から民俗舞踊になった『太平舞（태평무）』も演じられている。また、国立舞踊団は、おもに宮廷音楽に合わせて宮廷舞踊を演じている。例えば、『宗廟祭礼楽（종묘제례악）』[189]などもよく演じられている。新作も創作されているが、おもに古典から韓国の歴史文化をもとに創作された作品が演じられる。海外公演では、韓国の代表作として『ア

リラン』[190]などが上演される。記念式典、セレモニーなどでも国立舞踊団、国立国楽院舞踊団などが上演するが、個人舞踊団が演じるケースもある。先述したように、オリンピックの開会式、閉会式などでも披露している。

舞踊家や指導者、演出家についても見ていく。一九六〇年代の大学での教育システムの形成期には、韓国バレエのパイオニアの韓東人《ハントンイン》（一九二二〜？）、韓国舞踊家の宋范、バレエ舞踊家の林聖男《リムソンナム》（一九二九〜二〇〇二）の三人の男性[191]が参加していた。今日でも評論家や理論専門家には男性が多く存在している。「舞踊家（踊り手）」は圧倒的に女性が多く、男性は二割以下と推察される。近代以前や植民地時代、民間での旅芸人には、多くの男性が存在していた。「民族舞踊」の踊り手（担い手）は、二〇世紀半ば以降、北朝鮮でも韓国でも、「女性」が中心になったという、共通の大きな変化があるといえるが、北朝鮮に比べると、韓国では男性の踊り手も残っている。

六　韓国における舞踊教育

韓国には、北朝鮮のような、国家主導の無料の舞踊家養成システムはない。舞踊家になるためには、子どものころから、民間の舞踊教室に通うなどして自発的に始め、舞踊専門芸術学校（おもに高校）から大学の舞踊学科までの課程を履修する必要がある。どの芸術も同じだが、専門家になるためのコースには、高額の費用が発生する。

芸術舞踊団に入る（舞踊団体の団員になる）ためには、大学在学時（四回生頃）に、所属したい舞踊団体の実技試験・面接などを受けるルートがあり、さらに、舞踊研究者になるためには、大学院へ進学するケースもある。また、同門舞踊団や個人舞踊団、個人舞踊研究所などを設立して活動するケースもある。舞踊団が演じるのは、伝統舞踊・創作舞踊・民俗芸能・民族楽器の演奏などが中心であるが、それぞれの舞踊団が目指す舞踊芸術のジャンルに沿って、現代舞踊やバレエも上演している。舞台にあがる人数は、その時々で異なるが、約三〇名から五〇名の間が多い。また北朝鮮と違い、様々な流派があり、独自性を保って芸術活動を続けている。先述したように、男性の舞踊家も一定数いる。

七　韓国における崔承喜の位置づけ

ここまで見てきたように、韓国では、「創作舞踊」や現代舞踊は一九六〇年代から、「伝統舞踊」も九〇年代から、国家の支援のもと、教育機関を整える形で発展してきた。しかし一九八〇年代末まで、これらの「韓国舞踊」から、崔の名前は消されていた。

韓国では解放後、崔の「新舞踊」の影響を受けた舞踊家たちが「創作舞踊」を展開してきた。「伝統舞踊」と「創作舞踊」を融合し、活動している舞踊家を「韓国舞踊家」と呼ぶ。一方、「伝統舞踊」の伝授・継承システムの中で指定演目を中心に活動している舞踊家を、「伝統舞踊家」、あるいは「民俗舞踊家（宮廷舞踊家）」と呼ぶ。韓国に残った崔の弟子の舞踊家たち（先述した金白峰、金敏子など）は、今日では「新舞踊家」として知られている。

繰り返しになるが、韓国舞踊界は、崔を「親日派」として一九八八年までタブー視してきた。一九九〇年代までの大学での舞踊教育の場では、「崔承喜」の名前は一切出されることはなかった[192]。一今日でも、崔の名前は『親日人名辞典』に掲載されている。

しかし韓国の舞踊研究の第一人者鄭昞浩（一九二七〜二〇一一）が、一九八八年の「越北芸術人の解禁措置」[193]以降、崔の資料調査と収集や取材を進め、その結果、崔の業績は、韓国舞踊史や舞踊学界と社会との関わりの側面から再認識されるようになってきたことは、すでに述べたとおりである。

こうして韓国での崔に関する研究は、一九九〇年代に入ってから、鄭昞浩らの研究者によって本格的に始まった。朴明淑《パクミョンスク》（1993）は、崔承喜の芸術が現在の舞踊に及ぼした影響について、彼女が西洋舞踊と朝鮮舞踊を融合させた点を高く評価し、それが現代舞踊の創作や舞台衣装に影響を与えたと論じた[194]。成基淑《ソンギスク》（2002）は、崔の舞踊芸術に現れた伝統受容を通した舞踊の様式化が成功したと評価した[195]。韓《ハン》キョンジャ（2012）[196]は、崔の研究動向を通して、越北以前の活動や作品などを舞踊史的側面から考察した[197]。このように、崔に関して、様々な研究が行われるようになり、舞踊界における崔のタブー視はかなり払拭されている。

また韓国では二〇〇八年に、「舞踊家崔承喜舞踊記念事業会」という非営利法人が設立された。その目的は、「崔承喜舞踊の研究や継承発展・普及、崔の舞踊の情報やインフラ構築活動」[198]と書かれている。二〇一一年には「崔承喜生誕一〇〇周年」の学術大会や国際シンポジウムなどが開かれ、崔の舞踊芸術に対して多角的な研究の必要性が喚起された。二〇一八年には「越北芸術人解禁三〇周年」を記念して崔の評価や、韓国と北朝鮮との間で学問的、文化的交流が行われている。

今日、崔が生まれた洪川郡[199]には、「舞踊家崔承喜記念事業会」の支援に関する条例（施行二〇〇八年三月二〇日、江原特別自治道洪川郡条例第2012号制定）が存在している[200]。その支援事業の中身は、崔に関する調査、研究活動および育成事業、「崔承喜舞踊」のフェスティバル（二〇〇六年に第一回開催）やセミナー、フォーラムの開催、図書の刊行、展示会、公演（コンクール）やイベントなどの開催、国際交流事業などである。

このように、現在の韓国で崔は、舞踊研究の面において再評価され、故郷で顕彰されている。また彼女の「朝鮮民族舞踊」の影響は、現代韓国の「新舞踊」や「創作舞踊（現代舞踊）」[201]の中に生き続けている。しかし、崔の名前は今も「親日リスト」に載っており、「新舞踊」の中にある崔の影響については詳しく触れられていない。植民地時代の日本での芸術活動と、戦後の北朝鮮における舞踊活躍は、韓国において、今もなお忘れられていないのである[202]。

第三節　小括

ここまで、北朝鮮、韓国において、「民族舞踊」がどのように継承および変容してきたのかを確認し、その中で崔の舞踊芸術がどのように位置づけられているのかを論じた。その結果、本章では以下のことが明らかになった。

第一に、北朝鮮では、崔の舞踊を「主体思想」に基づいて、内容面では革命性を強調し、形式面では民族的特性に則った「舞踊創作：再創造」に力を注ぎ、人民の思想教育や国威発揚の手段として利用してきたことが確認できる。特に、一九五〇年代から六〇年代にかけて、ソ連や中国との関係の上からも舞踊の変容が見られ、その例が、足元にバレエの要素を取り入れる（つま先で立つ）、テンポが速くなる、大集団で踊ることなどであった。そして何よりも、「政治と芸術」を一体化させた作品が数多く創作されていることが特徴である。北朝鮮は舞踊を「人民を教育し、人民の心を団結させるツール」として位置づけ、革命的な内容、金日成の抗日運動を描いた演目などを数多く創作し、「人民を革命的に教育する」ために披露してきた。北朝鮮では、「民族舞踊」と政治は強く結びついている。このような「民族舞踊」、そして芸術のあり方は、旧ソ連や社会主義国家の「社会主義リアリズム」（社会主義や革命を称賛し、革命国家が勝利に向かって進んでいる状況をわかりやすく描いて、人民の革命意識や団結心を高めることを目的とする芸術）の一環であるといえるだろう。

第二に、韓国では、一九四五年以降に「民族舞踊」の保護と継承を進めようとする動きが始まり、六二年の「文化財保護法」制定後は、大学での舞踊教育などを中心に、保護と継承の動きが本格化した。しかしこの「韓国舞踊（民族伝統舞踊）」は、崔の舞踊を排除して成立したものだった。現在でも崔の「新舞踊」はかつて世界中で人気を博したにもかかわらず、韓国でそれほど知られていない。また、植民地化以前の舞踊の姿を伝える「伝統舞踊」が再評価されるようになったのは、九〇年代に入ってからである。

韓国政府の主導で行われた、「民族舞踊」をはじめとする民族文化の保護、育成は、北朝鮮のように国家による統制やナショナリズムの強化を目的とするものではないゆえに、「政治」と「民族舞踊」の関係にはあまり注目が払われていない。とはいっても、大学で「民族舞踊－伝統舞踊」の履修に多くの力を入れていること（国の予算を使っていること）や、オリンピックの開幕式などで世界に向けて民族伝統舞踊を披露すること、国際交流の場で「民族舞踊－韓国舞踊」を活用していることなどを見ると、韓国でも「政治」と「民族舞踊」の距離は、かなり近いといえるだろう[203]。その意味で、韓国においても「民族舞踊」は、国家の「文化装置」として機能していると思われる[204]。

第三に、朝鮮半島において、崔の舞踊芸術は、現在も生き続けている。彼女の残した舞踊芸術は、韓国では「新舞踊」として、北朝鮮では「民族舞踊（主体芸術の北朝鮮舞踊）」として継承されていることは間違いない。しかし韓国ではその存在は長い間無視されてきたのである。

ここまで北朝鮮、韓国の二つの国家の中での「民族舞踊」の展開と、その中での崔承喜の位置づけについて考察してきた。続く章では、在日社会という、この二つの国家に属していない場所で、朝鮮「民族舞踊」がどのように継承されているのか、そこでは崔はどのように位置づけられているのかについて考察し、「国家とは離れた場で展開される朝鮮民族舞踊」の現状について見ていきたい。

第三章

在日コリアン社会における民族舞踊の継承と崔承喜

前章では、北朝鮮と韓国における朝鮮「民族舞踊」の展開と、それぞれの国家での崔の位置づけについて検討した。本章では、在日社会という、この二つの国家に属していない場所で、「民族舞踊」がどのように継承されているのか、そこで崔はどのように位置づけられているのかについて考察する。そのため、在日本朝鮮人総聯合会（以下、総連）[205]のもとで継承されている「民族舞踊教育」、特に朝鮮学校で行われてきた「民族舞踊」の「舞踊小組活動（舞踊を習う課外活動・クラブ活動、以下、舞踊小組）」に焦点を当てながら、在日社会における「民族舞踊」継承の仕組みと実態、そして崔の位置づけについて考察する。

まず、在日コリアンの来歴について概観する。「大日本帝国」は、一九一〇年に朝鮮を併合、国権を収奪し、植民地支配を開始した。日本と朝鮮は地理的に往来しやすい距離だったため、植民地期には、およそ二一〇万人が朝鮮半島から日本の内地へ渡った。さらに、これらの人々の中には、一九四五年八月の日本の敗戦後も、様々な事情から日本に残らざるをえなかった人たちがいた。しかし日本政府は、戦前には付与していた「日本国籍」を彼ら彼女らから剝奪した。

また、一九四八年に済州島で起こった島民の蜂起に伴い、李承晩《イスンマン》支持者などが一九五四年まで島民虐殺事件を起こしたいわゆる、「済州島4・3事件」によって、済州島から新たに逃れてきた人々が日本に定住するようになった。その結果、戦後日本にはおよそ六〇万人の「在日コリアン」が居住し続けることになった。

植民地時代は「日本臣民」とされ、日本の敗戦後、「日本国籍」を剝奪されながらも、しかし様々な事情から日本に生活基盤を求めた「在日コリアン」は、その後、在留資格、社会保障（年金、健康保険）などに関する権利獲得運動を押し進めた。

今日の在日コリアンの人数は、二〇二二年度出入国管理庁の統計によれば、「韓国」および「朝鮮」の特別永住者の総数が二八万五四五九人、その中で韓国籍は二六万六〇五人、朝鮮籍は二万四八五四人となっている[206]。

このように、朝鮮半島から日本に渡った人々の子孫たちは、彼ら彼女らの望むと望まざるとにかかわらず、在日社会の中においても南北に「分断」[207]されてきたという歴史があり、その影響を今でも受けている。「在日コリアン」は、かつて、韓国、いわゆる「民団系」[208]と、北朝鮮、いわゆる「総連系」の二つのグループに分かれていたが、今ではそのどちらにも属さない人々が大半であり、「在日コリアン」の「民族アイデンティティ」は多様化している。

本章では、このような状況を踏まえながら、在日社会における民族教育の一環としての舞踊教育と芸術活動に注目し、在日社会で朝鮮の「民族舞踊」がどのように継承・発展しているのかについて考察していく。

第一節 「朝鮮民族舞踊」継承の仕組み

植民地支配が終わった後も、様々な理由から日本で生きることになった朝鮮半島出身者は、先述したように、半島の南北分断の影響を受けて、韓国を支持する民団系と、北朝鮮を支持する総連系に分断された。そして朝鮮「民族舞踊」は、主として総連系の組織を通じて継承された。本節では、在日社会の中で「民族舞踊」を継承するためのシステムが、どのように確立されているのかについて見ていく。

戦後日本に居住し続けることになった朝鮮半島出身者は、民族性の回復や権利獲得、差別反対の活動を起こしたが、その中にも、朝鮮半島と同様に南北分断と対立が生じた。総連は、北朝鮮を支持する人々によって一九五五年に結成された組織である。北朝鮮(朝鮮民主主義人民共和国)を「祖国」と呼び、全国で約一〇〇校に上る[209]民族学校を建設し、強力な民族教育を行ってきた[210]。また民族文化の継承にも積極的であり、総連のホームページには、「民族文化芸術を代を継いで開花させる」「金剛山歌劇団と地方歌舞団など常設的な専門芸術団があり(中略)芸術活動を活発に繰り広げている」[211]といった言葉が見られる。

民族文化芸術に関わる、総連の組織について見ていく。総連傘下には、青年同盟・女性同盟・教職員同盟・科学者同盟・商工連合会の団体や金融組織に加えて、教育、芸術団体が設置されている。

教育機関としては、朝鮮学校の初級・中級・高級および朝鮮大学校があり、その中に、「民族舞踊」を習う舞踊小組活動がある[212]。芸術団体としては、音楽と舞踊を中心とする公演活動を行う「金剛山《クムガンサン》歌劇団（以下、歌劇団）」[213]を頂点として、各地方の「歌舞団」、「在日本朝鮮文学芸術家同盟（以下、文芸同）」の各地分会が組織されている[214]。これらの組織の中で、朝鮮「民族舞踊」の継承が行われている。

それぞれの組織について、詳しく見ていく。歌劇団は、一九五五年六月六日に創立された在日朝鮮中央芸術団を母体に一九七四年八月二九日に設立され、北朝鮮の芸術教育系教育機関と連携して、革命歌劇をはじめとする音楽、舞踊を中心とした公演活動を行っている。おもな団員は、朝鮮学校の舞踊小組の出身者である。各地方の歌舞団は、一九六五年九月五日に地方単位で結成されており、総連傘下の朝鮮学校で民族文化を学び、「民族舞踊」や民族楽器などの伝承を受けた在日コリアン（現在は三、四世が中心）がメンバーである。一九五九年六月七日に結成された文芸同（全国一〇か所）は、各界各層の在日コリアンたちを網羅する大衆的な文芸組織である、文学、舞踊（一九九九年の第一回から、二年に一度のコンクール）、音楽、美術、映画などの部門があり、活発な活動が行われている。これらの組織が全て、朝鮮「民族舞踊（以下、朝鮮舞踊）」[215]の継承に関わっている。

「朝鮮舞踊」継承の仕組みは、以下の通りである。朝鮮学校の舞踊小組で「朝鮮舞踊」を学んだ女子の中から、高校卒業後、入団試験に受かった者が、歌劇団や歌舞団の舞踊家になり、大学校に進んで朝鮮学校の教員になった者が、舞踊小組の指導者となる。歌劇団・歌舞団の舞踊家（や元舞踊家）の中には、学校外で朝鮮舞踊教室を開き、「朝鮮舞踊」を教える者もいる[216]。朝鮮学校に通わない在日コリアンの子どもも、ここで踊りを習うことができる。

朝鮮学校で舞踊小組を指導する教員や、舞踊教室を運営する舞踊家たちは、歌舞団や文芸同に必ず所属し、定期的に練習に参加する。練習を指導するのは、歌劇団や歌舞団の舞踊家たちである。このように歌劇団、歌舞団、文芸同、学校小組（舞踊小組をはじめとした部活動）が、ピラミッド型の「朝鮮舞踊」継承の仕組みを構築している[217]。そして、そこで踊られ、また教えられている「朝鮮舞踊」は、総連を通して、北朝鮮とつながっている。

朝鮮学校での「朝鮮舞踊」の指導は、学校の設立直後から始まっていたが、北朝鮮の「民族舞踊」が在日社会に導入されたのは、一九六〇年初めごろであった。解放後、在日一世の舞踊家によって「民族舞踊」の普及が行われてきたが、一九六〇年代初期にはそのほとんどが帰国するなど、継承が困難になっていた時期であり、総連傘下の歌劇団の舞踊指導員・舞踊部長であった在日二世の任秋子[218]が、北朝鮮の「朝鮮舞踊」指導者に習ったことがきっかけだったという。その後、朝鮮学校の初・中級用として、崔承喜著『朝鮮児童舞踊基本』（朝鮮文芸芸術総同盟出版社、一九六三年）、『学生少年舞踊基本』（社労青出版社、一九七一年）が日本に送られてきた[219]。また、北朝鮮で一九五八年に発刊された崔の『朝鮮民族舞踊基本』を一九六〇年と一九六二年に映像化したものが在日社会へ届けられた。それが歌劇団、歌舞団、文芸同、朝鮮学校と大学校の舞踊小組で、今日まで受け継がれている[220]。

さらに、一九七三年に行われた北朝鮮の芸術団による日本巡回公演は、在日社会の「朝鮮舞踊」に大きな影響を与えた。主体思想が高まった一九七〇年代の北朝鮮は、前章で述べたように、革命的な文芸作品の創作に力を注ぎ、新しい形式の「革命舞踊」〔221〕が創られた。在日社会の歌劇団も、この巡回公演以降、こうした歌劇舞踊を演じるようになったという。その一方で、一九八〇年代前半、北朝鮮で「民俗的」な作品が多く制作されるようになると、在日社会の「朝鮮舞踊」もその影響を受けて変化した。このように総連傘下の在日社会では、舞踊教育、芸術団活動は北朝鮮からの影響を受けながら行われてきた。そのため、在日社会で継承されている「朝鮮舞踊」は、北朝鮮と同じく、崔が創った『朝鮮民族舞踊基本』を基としていて、韓国の「伝統舞踊」とは、演目や踊り方などが大きく異なる。北朝鮮のような「大規模な舞踊」は行われないが、例えば、北朝鮮での大きな行事（民族的な祝祭日や記念日）などでは、在日舞踊家や朝鮮学校の舞踊小組部員たちは、招待されて、参加するようになっているという。

このように、在日社会においては、北朝鮮の影響を受けながら、総連系の組織が体系的に「朝鮮舞踊」の継承を行っている。その中でも特に重要なのは、朝鮮学校を通した舞踊教育である。朝鮮学校の舞踊小組活動で「朝鮮舞踊」を学んだ女子の中で、特に優秀な生徒は、先述した歌劇団や歌舞団などの芸術団に入団する。朝鮮大学校に進んで教師になった者は、朝鮮学校の舞踊小組で教えると同時に、各地の文芸同での「朝鮮舞踊」の練習に参加し続ける。舞踊小組の指導者と、歌劇団・歌舞団の舞踊家たちは、日本社会の様々な状況の中においても、自分たちのルーツにつながる民族文化である朝鮮「民族舞踊」を保護・継承してきたという誇りをもっている。以下、朝鮮学校と、そこで行われている舞踊小組に焦点を当てて、在日社会での「朝鮮舞踊」の継承と変容について論じていく。

第二節　在日コリアンの民族教育の位置づけ

前節で見たように、総連下の在日社会では、組織的な「朝鮮舞踊」の継承を行っている。朝鮮舞踊の継承を根底の部分で支えているのは、舞踊小組が行われている朝鮮学校[222]である。筆者は京都朝鮮学校でフィールドワークを行い、舞踊小組の実態を調査した。その結果を述べる前に、本節では、朝鮮学校自体の来歴と現状を確認しておく。

一九四五年九月、日本に居住していた朝鮮半島出身者たちは、日本各地で「国語講習所」を立ち上げた。それが、朝鮮学校の出発点である。一九四五年一〇月に「在日本朝鮮人連盟（以下、朝連）」が結成されると、子どもたちが朝鮮人としての「アイデンティティ」を獲得・維持するために、朝鮮語や歴史、民族文化教育をカリキュラムの特徴とする民族教育を行い始めた[223]。しかし一九四七年、ＧＨＱによる閉鎖措置が取られ、朝鮮学校の多くが閉鎖されると、「阪神教育闘争」に代表される、激しい抵抗運動が展開された。その結果、一九五三年に京都府が「各種学校」として認可して以降、朝鮮学校は日本各地で認可されるようになった。

一九五五年に総連が結成されると、朝鮮学校は急速に発展するようになった。朝鮮学校の運営母体は総連が担っていたが、一九五七年からは教育援助費と奨学金が北朝鮮から送られてくるようになった。

総連は、朝鮮学校の教育を「民主主義的民族教育」と呼び、母国語である「朝鮮語」を学ぶことで、子どもたちが「独立国家公民としての民族的な自覚と誇りを持つようになる」ことを目的とした。その一方で、日本での民族教育という条件を考慮して、日本語、英語を必修科目とした。その他、芸術、体育教育にも力を入れており、朝鮮民族が長い間にわたって創造発展させてきた、優れた民族音楽、民族舞踊などを教えることによって豊かな民族的情緒と民族文化を受け継ぐことができるよう心がけているという[224]。現在、朝鮮学校における民族教育の目的とその体系について、総連のホームページ[225]では以下のように示されている。

二一世紀の朝鮮学校の目的は、日本で生まれ育つ同胞子女に朝鮮人としての民族自主意識と民族的素養、正しい歴史認識と現代的な科学知識を身に付けさせ、真の人間性と健康な肉体を育むことにある。朝鮮総聯と在日同胞は、幼稚班から初級、中級、高級学校、大学校にいたるまで、じつに一二〇余の各級学校を日本各地に設立し、在日同胞子女たちにたいし、民主主義的民族教育を実施している。[226]

次に、朝鮮学校の仕組みについて概観する。日本の学校での「小学校／中学校／高等学校」という呼称が、朝鮮学校では「初級学校／中級学校／高級学校」とされており、呼称の違いがあるものの、年齢的には対応している。

朝鮮学校で教えられる教科は、国語、朝鮮語文法、社会、朝鮮地理・歴史、理科、日本語、英語、保健・体育、美術、家庭・情報などである。「国語（＝朝鮮語）」の授業は、ほぼ毎日ある。英語や日

本語の授業を除く、全ての授業や授業外の課外授業において、朝鮮語が使用されている。土曜日にも通常授業が行われているため、授業時間が多い。徹底的に民族教育を実践し、「ウリハッキョ（우리학교：私たちの学校）」として民族教育実践の場となっている。校内での日常会話は朝鮮語を使用しており、特に校内の掲示物のほとんどは、生徒たちの手書きのスローガンで、全て朝鮮語で書かれている（ウリマル〔朝鮮語〕一〇〇％運動）。さらに、学生に「民族アイデンティティ」を日頃から意識、強化させるために、女子生徒の制服は民族衣装「チマ・チョゴリ」である。かつては通学時も着用していたが、一九九九年に登校時の着用の廃止を決定、通学時には日本の学校のような制服を着用し、校内でのみ民族衣装を着用している[227]。

朝鮮学校における民族教育に関しては、多くの研究がなされている。在日コリアン自身の研究としては、次のようなものがある。まず『朝鮮学校の戦後史』（２００４）で、民族教育の歴史的な形成と発展過程を検証した金徳龍は、敗戦直後の様々な困難な状況にあっても、植民地期に余儀なくされた「非朝鮮人化」を克服する必要性がコミュニティ内で提起され、「在日朝鮮人」たちは、各自の力量を発揮しながら民族学校を作り、維持してきた、と述べている[228]。次に呉永鎬は、『朝鮮学校の教育史』（２０１９）において、朝鮮学校を民族教育の一形態とし、植民地支配による人間形成の矛盾を、教育方法を通して改善し、解決に向けて立ち向かおうとする在日朝鮮人が自発的に行ってきた教育機関であると評価している。そして『チマ・チョゴリ制服の民族誌』（２００６）を著した韓東賢は、女子生徒の「チマ・チョゴリ」制服に焦点を当てながら、朝鮮学校の歴史を辿っている。これらの研究者はみな、朝鮮学校出身者である。

一方、韓国出身の人類学研究者宋基燦《ソンギチャン》は、『「語られないもの」としての朝鮮学校』（２０１２）において、在日コリアンの民族教育と「アイデンティティ」は、「植民地主義」に深く根差した日本社会の暴力性が構造的に継続している中で行われてきた、と論じる。また宋は、朝鮮学校内での「朝鮮語」一〇〇％運動や、女子生徒の制服である「チマ・チョゴリ」には、生徒たち自身がこだわりを持っているという。また朝鮮学校内の「指導者」の肖像画は、「北朝鮮への支持という政治的な意味あいよりも、朝鮮学校を朝鮮学校として機能させる舞台の実在性を保証する機能的意味のほうが強い」とし、それが日本社会での批判の対象となることについても、「朝鮮学校を教育の空間ではなく政治の空間として見ている」と指摘している。また、様々な学校行事については、「朝鮮学校の生徒たちが『民族』を身体化していく民族教育の実践過程である」[229]と述べている。また宋は、朝鮮学校を卒業後、韓国に渡り、舞台活動を行っている在日コリアン（帰還ディアスポラ）へのインタビューから、朝鮮学校での舞踊教育を通して身体化されていく「民族アイデンティティ」について考察している[230]。

日本人研究者による朝鮮学校の研究には、板垣竜太らによる、京都朝鮮学校に関する一連の研究がある[231]。板垣は、「地域社会にとっての朝鮮学校」、「朝鮮学校にとっての地域社会」という観点から、日本の地理的な〈空間〉に建つ朝鮮学校が地域社会の中で持つ重要性を指摘している。松下佳弘は『朝鮮人学校の子どもたち』（２０２０）で、朝鮮学校が認可されるまでの様々な動きを、各地の学校を丁寧にたどりながら検証している。山本かほりは、『在日朝鮮人を生きる』（２０２２）において、戦後日本社会が、「朝鮮学校と朝鮮との強い関係を無化（希薄化）し、他者理解の姿勢を手放した」と批判的に述べている[232]。また山本は、今日の朝鮮学校が政治的な立場から脱却し、開かれた学校になりつつある中で、生徒たちは「自分は朝鮮人なのだ」という肯定的なアイデンティティを培い、朝鮮学校への就学を通じて「朝鮮人」として「民族意識」を獲得していると述べている[233]。

このように、朝鮮学校については、様々な研究があるが、朝鮮学校で行われている舞踊小組活動を通しての「民族舞踊・朝鮮舞踊」の継承や仕組みについて論じた研究は少ない。朝鮮大学校で朝鮮「民族舞踊」を研究する朴貞順は、「在日朝鮮人学生たちが民族的な教養を得るため、朝鮮学校での民族舞踊教育が重要である」、またその舞踊動作は「新しい時代とともに常に改善して普及していくことが重要である」と論じている[234]。

また先述した宋基燦（２０２０）は、朝鮮学校の舞踊小組を通して「身体化されるアイデンティティ」について考察し、さらに、「韓国舞踊」、北朝鮮の「朝鮮舞踊」とは別の「在日朝鮮舞踊」の存在を指摘している[235]。この「在日朝鮮舞踊」の実態を検証するためにも、実際に朝鮮学校で、どのような舞踊教育が実践されているのか、また、指導する教員、指導を受ける生徒たちの意識にまで踏み込んだ研究が必要と考えられる[236]。

朝鮮学校では、設立以来、課外活動として「朝鮮舞踊」の指導が行われている。「朝鮮舞踊」には音楽や言語など様々な要素が含まれている。そのため、「朝鮮舞踊」を学ぶことが民族教育の重要な部分となっていると考えられる。また、先述したように、この民族舞踊教育は、北朝鮮の「民族舞踊」の影響を強く受けている。そのため、朝鮮学校における民族舞踊教育、ひいては歌劇団、歌舞団が披露する「朝鮮舞踊」は、「北朝鮮（の民族舞踊）」に直結したものと見なされてきた。特に韓国では、在日社会における朝鮮「民族舞踊」の継承や歌舞団、歌劇団による公演を、「北朝鮮の宣伝活動」と見なす傾向が強かった。しかし宋が、在日社会における朝鮮「民族舞踊」は、ディアスポラである在日コリアンの経験に即したものであると指摘しているように、在日社会における朝鮮「民族舞踊」は、より複雑な問題を孕んでいる。

このように、朝鮮学校における「朝鮮舞踊」についての研究は、「アイデンティティ」の問題や、北朝鮮との関係性など、いくつもの意味で、重要だと思われる。次節では、筆者のフィールドワークをもとに、在日社会における朝鮮「民族舞踊」教育の仕組みと実態を明らかにし、今日の在日社会における朝鮮「民族舞踊」の特徴とその役割、さらに北朝鮮の「朝鮮舞踊」との相違点を明らかにしていく。そして「国家」とは離れた場にいる在日コリアンたちが、何のために「民族舞踊」を継承しているのか、そして「民族舞踊」が在日コリアンの経験の中で、どのような変化を見せているのかについて、考察していきたい。

第三節　京都朝鮮学校での民族舞踊教育と舞踊部の小組活動

本節では、フィールドワークをもとに、朝鮮学校における朝鮮「民族舞踊」継承の実践の場としての舞踊小組活動[237]について考察する。

筆者は二〇一九年九月から二〇二〇年三月まで、京都朝鮮学校の舞踊小組活動を調査現場とし、フィールドワークを実施した[238]。現場では一週間に一回程度、舞踊小組活動の練習を見学し、校内の試演会や行事などを参与観察した。さらに、二〇一九年一〇月三一日から十一月一日にかけて大阪朝鮮文化会館（大阪朝鮮高級学校内）で行われた「第五二回在日朝鮮学生中央芸術競演大会」と、同年一二月二六日に京都府立文化芸術会館で行われた京都朝鮮中高級学校の舞踊発表会において、参与観察を行った。その間に、舞踊小組の指導者へのインタビューも行った。

京都朝鮮学校では、学校設立当初（一九五三年に各種学校として日本で初めて認可）から舞踊小組活動を行ってきた。『解放新聞』[239]には、一九五四年度の入学式で舞踊部が式を盛り上げている様子を伝える記事が掲載されている[240]。放課後の学校小組活動[241]では、スポーツに加えて、民族の文化である民族舞踊、楽器演奏、歌唱などに、力が入られている。

筆者が参与観察に行った時（二〇一九年）の部員の数は、中級部は一五人（中学三年生が三人、中学二年生が六人、中学一年生が六人）、高級部は十一人（高校一年生が四人、高校二年生が二人、高校三年生が五人）で合わせて、二六人だったが、この年が一番多く、その翌年から段々と減っていったという[242]。筆者は、おもに高級部の練習を見学したが、発表会や競演大会の前には、プログラム順に講堂で合同練習が行われたため、その練習も観察した。

舞踊小組の部員たちの日頃の練習着は、バレエのレオタードにスカートを着け[243]、白色のカチューシャをして練習する。足元はバレエシューズである。発表会や競演大会などの前は、民族衣装（その作品ごとの舞台衣装）を着て練習する。指導者は、授業と同様に朝鮮語で教える。舞踊小組活動は週五回ほど実施されるが、発表会前は土・日、祝日関係なく終日練習する場合が多い。舞踊小組の練習は、正課授業が終わって（午後三時終了）、三時三〇分からスタートし、午後七時頃まで、約三時間半の練習を行う。その中で一時間半程度は予備動作と、「朝鮮舞踊」の基礎と基本の動作[244]を練習し、その後一時間三〇分程度は「既成舞」[245]と「創作舞」[246]の練習を行っていた（基本と作品の練習は、その日によって、若干の入れ替えと変更があった）。

舞踊小組で行われている基礎と基本動作について、もう少し詳しく説明する。まず、「立舞（립춤／입춤）」の基本動作は、身体の各部位別の動作である予備動作（下半身10動作・上半身8動作）と基本動作で構成[247]されているが、難易度が高いので、全ての基本は教えていないということであった。予備動作は、おもに、バレエの動作のようなバーレッスンを行い、基本動作は第一節でも触れた崔の『朝鮮民族舞踊基本』に依拠しているが、北朝鮮で崔の基本動作を基に創られた、朝鮮学校の初・中級用の舞踊教材[248]も並行して教えているという。

基本動作は、センターレッスンに相当し、正しい姿勢を立てるという意味で「立舞」と解釈されている。素手で踊る基本動作と、舞具（小道具）を持って踊る作品としての『立舞』の二つの種類がある。基本訓練は、伝統的な動作技法を体系的に習得できるように構成されており、朝鮮民族の伝統的な舞踊の芸術的技量と力量の強化を目的としていると考えられる。この崔の「基本動作」の動きは、今日の韓国舞踊の基本的な動作と共通するものである。

三時間半の練習の間に休憩は一回だけであり、かなり厳しい練習という印象を受けた。部員たちは、非常に熱心に練習していた。フィールドワークを始めてしばらくたったある日、その一回だけの休憩時間に、筆者は笑顔で部員たちに声をかけた。「さっきのこの動作は、私も昔習ったことがある、一緒に踊りたくなった」と言いながら、その動作を私がして見せると、部員たちはニコッと笑った。筆者がフィールドワークに入った最初の頃には、あまりに緊張していて、ずっと椅子に座って見学していた。座った場所の上の壁には金日成と金正日の肖像画が飾られていた。そのうち、見学に段々と慣れてきて、一緒に踊りたい、と言ってみた頃から、部員たちと距離が縮まった。ただ、一緒に踊りたいという希望は残念ながら、指導者の許可が得られず、叶えられなかった。このように、韓国人である筆者が舞踊小組を参観することには、常に緊張感が存在したが、生徒たちは少しずつ打ち解けて、短い時間だが会話をすることも可能になっていった。「韓国語（朝鮮語）」という共通性に加え、かなり形が違っているとはいえ、朝鮮の「民族舞踊」体験の共有が、筆者と生徒たちの距離を縮めたことは確かである。

またある日、筆者は、部員に練習着、衣装、小道具などはどこから入手するのか聞いてみた。部員たちは「北朝鮮（祖国）」からの支援だと答えた。また、指導者に舞踊音楽や舞踊映像（既成舞）について、音源や映像資料はどこから入手するのかと聞いたところ、これも祖国からだという返事だった。このように、朝鮮学校の「朝鮮舞踊」は、今日でも北朝鮮とつながり、その援助と影響を受けていること、生徒たちもそれを承知していることが改めて確認できた。

先述したように、筆者はおもに高級舞踊部を見学した。指導者の先生は二〇代後半でかなり実力もあり、またその指導も部員たちに十分に届いているように見えた。その指導者に、「部員たちに韓国の足袋を履かせての練習はしないのですか」と聞いたところ、「私たちはバレエシューズを履いて練習するのです」とのことだった。韓国の場合、「伝統舞踊」を踊る時は、韓国固有の足袋（ポソン、つま先が上を向いている）を履いて踊ると筆者は指導者に伝えた。バレエシューズを履いて練習するスタイルは、ソ連の影響を受けて北朝鮮で取り入れられたもので、それが朝鮮学校の舞踊小組にも導入されている。このように、舞踊小組活動で教えている「朝鮮舞踊」は、崔承喜の舞踊（西洋舞踊と朝鮮民族舞踊との融合）と、北朝鮮の「民族舞踊」（ソ連経由のバレエや中国経由の技法などが取り込まれたもの）の影響を受けていて、韓国で継承されている「伝統舞踊」とは大きく違う形になっていることが、改めて確認できた[249]。また、部員のレベルに合わせて工夫し、「創作舞」の振りを、部員たちが踊りやすくするといった傾向も見られた。崔の基本動作が韓国の「伝統舞踊」の動作と共通する部分があるため、底辺には同じものが流れていることもまた、確かであった。

朝鮮学校では、小学四年生になったら必ず小組活動を行うことが義務付けられているが、舞踊部に入るかどうかは、今日では自由選択である。ただし、練習はハードなものであった。部員たちにとっては厳しい練習に見えたが、楽しそうにやっている時もあり、好きで踊っている様子を感じることもあった[250]。才能（と希望）がある者は、初級学校から高級学校まで小組活動を続け、高校を卒業すると、入団試験を受けて、歌劇団や歌舞団に入団する。また、高級学校から朝鮮大学校に進学して、大学の舞踊小組で活動を続ける者は、大学三年生の夏休み期間に、ピョンヤンでの舞踊短期訓練に参加するという。筆者がフィールドワークに行った時、高校三年生が五人いた。その内、四人が朝鮮大学校に進学する予定であった[251]。その内の二人は、「大学の中にも舞踊小組がある。朝鮮舞踊は好きなので、続けて踊りたい、卒業後に朝鮮学校の教員になって、舞踊小組で、私たちの朝鮮舞踊を教えたい」と言っていた。踊りを続けたいというその気持ちが十分に伝わってきた。これらのことから、朝鮮学校の教員および小組活動の指導者が再生産されていること、ただし、全員がその道を選ぼうとしているわけではなく、将来性を考え、日本の大学に進むという進路を選択しつつ、「朝鮮舞踊」を継承している生徒もいることがわかった。

またフィールドワーク時に特に筆者に親しく接してくれた三人（当時高校三年生）は、韓国に行ったことがあると話してくれた。韓国の食べ物やファッションなどに興味を持っていて、話している時は目がキラキラして嬉しそうな表情だった。その時、学校内の韓国籍の割合はどうなのかと聞くと、在学生の半分以上は韓国籍ですと答えてくれた（その後、筆者は、朝鮮学校無償化を求めるオンライン学習会に参加したが、その学習会での発表によれば、「いま、朝鮮学校に通う生徒やその保護者たちの国籍は、七割程度が韓国国籍を有している」ということであった）[252]。このことから、若い世代（四世、五世）の多くが、韓国との交流を行っていること、北朝鮮の支援と影響を受ける「民族舞踊」を学びながらも、「思想」面での影響はかなり薄れていることが推察される。

本節では、朝鮮学校における民族舞踊教育（舞踊小組活動）でのフィールドワークをもとに、どのような「朝鮮舞踊」が、どのような形で継承されているかについて見てきた。「京都朝鮮学校」は、七〇年を超える民族教育の歴史的背景を有している。部員たちは、舞踊小組活動を通して、舞踊をさらに好きになり、自らの民族文化に対する認識や同胞との共同体意識を培っているように、筆者の眼には写った。

舞踊小組の部員たちは、同じ形に揃い踊ってはいても、各部員たちの目の瞳は生き生きとしていた。また、笑顔が溢れる「明るい印象」[253]を受けた。筆者が踊った経験からいうと、本当に好きで踊る時は、顔の表情から身体にまでそのことが表れてくるものである。さらに、舞踊音楽は明るくてテンポが速く、「創作舞」は気持ちが前向きになるような意味合いが込められた作品が多く見られた。

指導者たちは二世(や三世)から教えられた「民族を愛する心」「民族的情緒」「民族の誇り」「民族芸術の素晴らしさ」という言葉を使い、この民族意識が踊りを通して育つように、「ウリムヨン‥我が舞踊」を次世代に伝えようとしている。指導者にとっても、部員たちにとっても、朝鮮「民族舞踊」は「民族」を表現する手段となっている。ただ、その「民族」が何を指すのかについては、検討が必要と思われる。朝鮮学校舞踊小組は、組織的には総連傘下に置かれているが、若い世代(四世)は北朝鮮(祖国)に行ったことがない(むしろ韓国に行ったことのある生徒が多い)。

「朝鮮舞踊」を通して表現される民族意識は、「朝鮮半島にルーツを持つ」「在日である」「ウリハッキョの誇り(自負心)」などであり、「日本という場に生きる在日コリアン」としてのアイデンティティといえる。生徒たちの踊りは、北朝鮮から届けられる「既成舞」を踊る時よりも、「創作舞」を踊る時のほうが、表情や踊り方が明るくなっていることが見てとれた。朴貞順は「在日コリアンの民族舞踊に対する愛着心は、祖国に住む同胞よりも強い」と述べている[254]。それに対して、韓国での「民族舞踊」は、第二章で見たように、国際的なイベントで披露されることもあるが、第一に「芸術(舞台)」であり、「民族」を意識することは少なくなっている。

最後に、舞踊小組の指導者の先生について書き加えたい。四世である彼女は、正課の時間は英語を教えながら、毎日三時間半の舞踊小組を指導していた。基本動作を丁寧に教えながら、現代風表現もしっかりと身につけ、既成舞と創作舞を区分して教えていた。どちらも重視している様子だった。自分たちのルーツである文化を堂々と日本社会で表現し、民族教育を通して「朝鮮舞踊」を継承する責任を強く感じているように見えた（指導者の意識については、次の第四章で詳しく見ていく）。朝鮮半島の民族文化の中でも、舞踊は身体に身に付けるものであり、練習を積み重ねることで、一度身に付けた動作は自分の身体に染み込む。指導者の身体には、「朝鮮舞踊」の動作が染み込んでいた。また、厳しい練習を通して、舞踊小組の部員たちの身体に、「朝鮮舞踊」の動作を染み込ませることに、力を尽くしていることが見てとれた。

次の第四節では、舞踊小組活動の日頃の成果としての発表会や競演大会での生徒たちの活動と、そこで踊られている作品について見ていく。

第四節　舞踊小組活動の成果――発表会と在日朝鮮学生中央芸術競演大会から見えるもの

舞踊小組活動は、日頃の練習の成果を発表するために、様々なイベントに参加し、舞踊を披露し続けている。そのおもな発表の場は、校内の試演会、毎年行われる成果発表会、在日朝鮮学生中央芸術競演大会（地方別大会もある）などである。舞踊発表会では、京都朝鮮学校の中級部、高級部の民族舞踊部が集まり、日頃の活動の成果を披露する（京都地域所在の初級舞踊部の賛助出演もある）。本節では、「試演会」「発表会」「第五二回在日朝鮮学生中央芸術競演大会」（以下、競演大会）において、どのような「朝鮮舞踊」が、どのような形で披露されているのかについて述べていく。

一　校内の試演会（二〇一九年一〇月六日）

京都朝鮮中高級学校の小組活動では日頃の練習を披露する試演会が毎年行われている。筆者が二〇一九年のフィールドワークに行った時の試演会の演目を紹介する。試演会で披露した小組は、声楽部、民族楽器部、吹奏楽部、舞踊部の四つの小組で、日頃の練習を父母家族や一般向けに講堂で披露した。この日は全部で一四の演目で構成されており、その中で、舞踊小組が四つの作品を発表した。作品は「既成舞」と「創作舞」の演目がそれぞれ二つであった。既成舞の一つ目は重舞（二人〜六人の舞）の『パンウルチュム（방울춤）』[255]で、六人の演者が「鈴」を小道具にして踊った。もう一つは独舞（ソロの舞）の『ナエチョソ（나의 초소：少女の思い）』[256]で、演者は北朝鮮の軍服を着て七分間踊った。創作舞の一つ目は重舞の『パクピョンの舞（박편무）』で、五人が四分間踊った。二つ目の群舞（七人以上の舞）の『オンゼナプルリー 松の木のように（언제나 푸르리 소나무 처럼）』は、高級部員十一人全員が七分間踊った。「オンゼナプルリー（언제나 푸르리）」とは「いつも青い松の木のように（소나무 처럼）」という意味で、どんな困難が立ちはだかろうと、松のように強く生きていこうとする、在日コリアンの次世代への姿勢を描いた作品である[257]。緑一色の衣装で、松の枝（小道具）を持って踊るが、部員たちは未来への明るい世界を身体とともに素敵な笑顔で踊ったのが印象的であった。なかでも『パクピョンの舞』は小道具を巧みに使いながら、軽快に踊る作品だが（註「二六四」参照）、この作品は、崔の『巫女舞』をモチーフとしていて、振付などに工夫を凝らし、元気よく速いテンポで踊るという印象であった。

この日は、多くの人々が講堂を埋め尽くし、作品一つひとつに熱い拍手を送った。この朝鮮学校の小組部員たちは、韓国の舞踊専門高校の生徒たちと比べても、遜色のないレベルであった。

二　舞踊小組活動の発表会

京都朝鮮学校の舞踊部は、活動の成果を発表するために、毎年発表会を行う。その中では、「既成舞」と「創作舞」の両方が披露される。

先述したように、舞踊発表会では、京都朝鮮学校の中級部、高級部の舞踊部が集まり（京都地域所在の初級舞踊部の賛助出演もある）、日頃の活動の成果を披露する。筆者は、この京都朝鮮学校舞踊発表会に行き、午前中のリハーサルから本番の公演までを参観した[258]。発表会のパンフレットには、「異国での風当たりが強い中、生徒たちは民族と『朝鮮舞踊』を愛する心を養い、練習に励んでまいりました。舞踊を思いきり踊れる環境を作って下さった皆様への感謝の気持ちを胸に、これからも一生懸命活動してまいります」と書かれてあった。この言葉からも、発表会が「民族的アイデンティティ」を育成し、自らのルーツを確認するとともに、自負心を持つという趣旨のもとに行われていることがわかった。

この発表会では、『牙拍舞（아박춤）』[259]、『寺堂の舞（사당춤）』[260]、『舞姫（무희）』[261]、『バラの舞（바라춤）』[262]、『チェバンウルの舞（채방울춤）』[263]、『パクピョンの舞』[264]、『挨拶にみんなの想いを込めて（오가는 인사에 나의 마음을 담아）』[265]、『農作の喜び（풍년의 기쁨）』[266]、『ペレンイの舞（패랭이춤）』[267]、『オンゼナプルリー　松の木のように』などの作品が披露された。「創作舞」の『ペレンイの舞』は、崔が一九三七年に初演した『草笠童（초립동）』[268]から、衣装や動作を取り入れ、アレン

ジしたものであった。「既成舞」の『チェガンチュム（쟁강춤）』[269]は、一九三六年に崔が初演した『巫女舞（무녀춤）』[270]を北朝鮮でアレンジした作品である。「既成舞」と「創作舞」の数は、必ず同じに揃えられているようだった。

部員たちは、「既成舞」も「創作舞」も、見事に踊っていた。そして発表会の最後には、部員たち一人ひとりが、「朝鮮舞踊」に対する思いを語る映像が映し出された。その中では、次のような言葉が披露された。

「私たちは朝鮮舞踊を愛しています」

「朝鮮舞踊がなければ自分たちのアイデンティティの確立はありません」

「日本社会の中で生き残るために朝鮮舞踊はなくてはならないです」

「朝鮮舞踊は自分たちの民族意識を維持するために絶対に必要です」

「どんなことがあっても、朝鮮民族舞踊が私自身のアイデンティティであり、これが日本で生きる力になるんです」

これらの言葉からは、「朝鮮舞踊」は部員たちにとって「居場所」を確保することなのだということが伝わってくる。また「民族舞踊なしに自分たちのアイデンティティの確立はない」「日本社会の中で生き残る」といった言葉からは、彼女たちの「民族意識」が、「朝鮮舞踊」という「ツール」によって形成され、維持されているものであることや、「日本社会で生きるために朝鮮舞踊を必要としている」ことが見てとれた。舞踊に対するこうした思いは、韓国や北朝鮮における「民族意識」の在り様や、「民族舞踊」の位置づけとは異なる。

この発表会での舞踊作品は一九演目とかなり多かった。またその中で、崔の原作とともに、北朝鮮の既成舞が一三演目披露された。部員たちにとっては、習得がより難しい既成舞の数が多かった理由は、この年の部員たちのレベルが高く、指導者が熱心に教えていたためと考えられるが、北朝鮮由来の舞踊を、創作舞より上位に置くという傾向も観察された。

指導者たちは発表会の場で、衣装の手配から部員たちの舞台化粧に至るまで、大忙しであった。また踊りに関しても、スキルを高める指導に工夫をこらし、踊りへの愛着心を持って指導していた。崔の作品を取り入れつつ、技法だけでなく呼吸法までを指導するその姿を通して、朝鮮舞踊に対する指導者の強い愛着心を次世代へ継承しようとする気持ちが感じられる発表会であった。

三　第五二回在日朝鮮学生中央芸術競演大会

全国の朝鮮学校内の芸術に関する小組活動は、毎年開催される「在日朝鮮学生中央芸術競演大会（一九六三年に第一回大会開催）」に参加して、声楽、民族楽器、洋楽器、舞踊の各部門に分かれて競演する。舞踊部門には特に大勢の部員たちが参加し、日頃の活動の成果を競う。

在日朝鮮人の芸術競演は、一九五〇年代から始まった。当初から全国文化部長会議や中央芸術院などを通して、文化宣伝隊の育成や芸術部門の教員養成を強化し、文化サークルなどを経て同胞たちに対する啓蒙文化運動を推し進めていた。「在日朝鮮学生中央芸術競演大会」が正式にカウントされ始めたのは一九六三年からである。

学生時代の情操教育の重要性についての金日成の教えに沿って、民族教育においても情操教育を強化し、特に民族的情緒と芸術的要素を高めることを競演大会の目的としたという[271]。

競演大会では、一九八〇年代までは、在日コリアンの舞踊家や舞踊小組の指導者が創った「創作舞」が競演されていた。その一方で、一九六〇年代に崔承喜の『朝鮮民族舞踊基本』や『朝鮮児童舞踊基本』が導入され、崔の基本動作が広められていった。一九九〇年には基本動作部門が設けられ、崔の「朝鮮民族基本動作」の一部が課題として出されるようになり、これによって全国的に統一された朝鮮舞踊の基本を競い合うようになった。また一九九一年には、祖国の名作を基本とする「既成舞」部門が新設された。

この大会に京都朝鮮学校も毎年参加し、各部門にエントリーして競演している。筆者が見学した第五二回大会（二〇一九年一〇月三一日から十一月一日）[272]の様子を、ここで紹介する。

舞踊部門では、一日目は「基本動作」[273]と独舞、二日目は重舞、群舞が競演された。競演された作品の中で約二割程度が崔の作品や北朝鮮の作品（「既成舞」）であった[274]。この大会の一日目は全ての学校舞踊小組の高級部が崔の「基本動作」を競い、京都朝鮮学校が銀賞を受賞した[275]。二日目の演目では、重舞部門と群舞部門に分けられ、各学校が「既成舞」と「創作舞」を競った[276]。ここでも京都朝鮮学校は、「既成舞」の独舞（発表会でも披露したもの）で銀賞を受賞した。「既成舞」と「創作舞」の割合は、「既成舞」が約二割、小組活動の指導者の「創作舞」が約八割であった。さらに、「創作舞」のテーマとしては、「政治性や思想性の強いもの」が一割程度、朝鮮の古い民俗や伝統生活を描いたものが約四割、在日の人々の生活や経験がテーマとなっている作品が約四割、その他が一割程度であった。

この競演大会二日目に踊られた「既成舞」と「創作舞」について、さらに詳しく見ていく。既成舞は北朝鮮で撮った映像資料をもとに練習されており、皆が「一糸乱れず」揃って踊ることが重要視されているように見える[277]。一方、「創作舞」では、在日の生徒の学校生活やマイノリティとしての体験をテーマとした作品、朝鮮古来の民俗・風習を盛り込んだ「民俗舞踊」、朝鮮半島の童話などをテーマとした作品が創られている[278]。例えば、在日同胞の生活上の経験を反映した『民族の魂』は、「4・24教育闘争」[279]をもとに創作されており、在日社会で高い評価を受けた作品である[280]。

当日踊られた「既成舞」と「創作舞」の数は、以下のようになる。「既成舞」の群舞(一〇人以上で踊る)は、中級部は二つ、高級部は六つであり、「創作舞」の群舞は、中級部は一五、高級部は八つであった。「既成舞」の重舞(二人～六人で踊る)は、中級部は二つ、高級部は四つであり、創作舞の重舞は、中級部は一五、高級部は九つであった。「既成舞」の独舞(一人で踊る)は、中級部は八つ、高級部は一二であり、「創作舞」の独舞は、中級部は四つ、高級部は三つであった。このように、演目の数としては「既成舞」三四に対し、「創作舞」が五四と多いが、中等部、高等部に分けてみると、高等部では「既成舞」のほうがやや多い(既成舞二二に対し、創作舞二〇)ということがわかる。また「独舞」に限ってみると、高等部では「既成舞」が一二に対し、「創作舞」は三と、「既成舞」のほうが圧倒的に多い。ここからは、「既成舞」のほうが「創作舞」よりも高い技術を必要とするため、中等部では「創作舞」を選ぶことが多い、また高等部でも、全員が「既成舞」を揃えて踊ることは難しく、技術に優れた個人が「既成舞」を踊る傾向が高い、ということがわかる。

また、受賞したチームの特徴は呼吸の深さとともに、足元と膝の屈伸が優れていた。つまり、呼吸や足元を大事にしているチームが金賞、銀賞、銅賞をもらったように見えた。北朝鮮で発展した「民族舞踊」は、韓国の「伝統舞踊」を修めた筆者から見ると、リズム、スピートが速く、またバレエの影響から、つま先ではなく踵をあげる、飛ぶ、という動作が加わったため、「呼吸の深さ」「地面との近さ」が失われているように感じられる。しかしこの日、受賞したチームの特徴として、朝鮮「民族舞踊」の基本である「呼吸」と「地についた動き」を実践している傾向が見てとれた。

また、この競演大会で披露された各種の舞踊からは、①揃って、同じ「基本動作」を踊ること、②北朝鮮で創られた「既成舞」を踊る（踊れるようになる）こと、③「在日コリアンの生活上の経験を主題とした舞踊」を踊ること、この三つが共存していることが確認できた。

このように、今日の競演大会で披露される演目は、一日目に全出場団体が基本動作の同じ部分を踊って競い、二日目の自由演目でも、北朝鮮に由来する「既成舞」が一定数踊られていることが確認できた。その一方で、数的には「創作舞」のほうが多く踊られていることから、在日社会において、舞踊小組の指導者たちは、「既成舞」を基としながら、独自の「創作舞」を多数創作し、それが浸透していることもわかった。このように、在日社会では、北朝鮮の影響を多く受けつつも、それだけでなく、「在日」の「アイデンティティ」を表すような、独自の「朝鮮舞踊」を生み出しているといえるだろう。

当日は全国、約一〇〇校の朝鮮学校からの参加者は数えきれないほどの多人数[281]で、大規模なイベントであり、「朝鮮舞踊」が在日コリアンの人々の中で重要視され、継承されていることが伝わってきた。

ただこの日、参加者はほとんどが、在日コリアンの人々であり、日本人の参加者は、おそらくいなかったと思われる。韓国人である筆者もまた、自分が「外部者」であるという意識を感じながら、披露される「朝鮮舞踊」を見ていた。

朴貞順は、「舞踊小組は組織的で積極的な舞踊活動を通して、様々な行事（公演）に成果として貢献するだけでなく、日本の学校との親善交流を担い民族舞踊を広く紹介宣伝し、総連の民族教育の優越性に寄与し、これらは舞踊小組が在日朝鮮人学生たちの民族性涵養のための、民族舞踊教育と活動において非常に重要な位置にあり、大きな役割を果たしていることを示している」[282]と述べている。しかし、筆者が参加した発表会や競演大会は、必ずしもそのように開かれた場とはなっていなかった。この在日コリアンの朝鮮「民族舞踊」の日本社会における位置づけについては、次章でもう一度考えたい。

第五節　在日コリアン社会と崔承喜の『朝鮮民族舞踊基本』

ここまで、前章と本章において何度も登場した、「朝鮮舞踊」の特性と技法を体系的に集大成した崔承喜の『朝鮮民族舞踊基本』[283]は、朝鮮民主主義人民共和国民族遺産保護指導課によって、二〇一七年一〇月二三日、「国家非物質文化遺産第72号」として登録された[284]。

先述したように、崔承喜『朝鮮民族舞踊基本』は、一九五七年一〇月二九日に完成、一九五八年に出版された。当時の『朝鮮民報』（『朝鮮新報』の前身、一九五八年六月二六日）は、その知らせを『正しい舞踊法解説』入荷と報じている。さらに、一九六〇年三月十一日からは四回にわたり、「民族舞踊基本練習法」を挿絵入りで紹介した。その後、書籍と映画フィルムが北朝鮮から送られてきた。「帰国船内で祖国の舞踊家から直接的な伝授も行われた」という記事もある[285]。在日舞踊家と学生たちに、祖国で初めて作られた「朝鮮舞踊教本」がもたらされたことは、とても意義深く幸運なことであったという[286]。

また、『朝鮮新報』の「朝鮮民族舞踊特集」(二〇二一年)に載せられた朴貞順の論考は、以下のことを明らかにしている。崔承喜の『朝鮮民族舞踊基本』は、「まさに朝鮮『民族舞踊』の基礎から豊富な民族固有の舞踊律動と技法、小道具を用いた動作にいたるまで、朝鮮舞踊の特徴と表現の豊かさを体系的で分かりやすく整理、叙述した教本」であり[287]、この基本動作が完成・出版されたことによって、「祖国(北朝鮮)では速いスピードで舞踊の人材育成がなされ、海を越えて日本にいる在日同胞舞踊家や愛好家、学生たちまでもが朝鮮民族の感情情緒と『멋/モッ(風流、風雅、趣、粋)』、興趣が込められた『民族』の舞踊を習い、踊れる道が開けた」[288]。そして「(祖国は)機会あるごとに、海外にいる私たちのために資料や動画などを送り、直接伝授もしてくれた」、「一九八〇年代からはピョンヤン音楽舞踊大学の基本動作を金剛山歌劇団や文芸同舞踊部、音楽舞踊通信生たちにも伝習できるように配慮してくれた」。ここからは、北朝鮮および在日社会の「朝鮮舞踊」にとって、崔の『朝鮮民族舞踊基本』がどれだけ大切な存在であり、「朝鮮舞踊」の基本であり続けているかが、見てとれた。朝鮮舞踊の特性と技法が体系的に集大成され、民族の心と息づかいまで感じられる基本動作を踊れなければ、どのような朝鮮舞踊作品も決して踊ることはできない。そのため民族教育

の舞踊教育では、基本中の基本である「朝鮮舞踊基本動作」を重要視し、「在日朝鮮学生芸術競演大会」の舞踊部門でも「基本動作」の審査をするのである[289]。

在日朝鮮学校生たちは、一九八六年以降、国家主席も参列する北朝鮮の「迎春（ソルマジ：설맞이）公演」に参加している[290]。筆者がフィールドワークを行っていた時も、新年に、舞踊小組の部員の何人か（三、四人）が練習に参加していないことがわかり、練習室にいる部員たちに聞いたところ、「ソルマジ公演に参加するため祖国に行った」と答えてくれた。全国にある朝鮮学校の舞踊小組から、何人かを公演のため、義務的に派遣することになっているという。北朝鮮における様々なイベント（特に公演）に参加する「在日舞踊家（同胞舞踊家）」や学校の舞踊教員、舞踊小組部員たちの、北朝鮮（祖国）との関係性が明確に見てとれる[291]。そしてそのことが、学校小組での民族舞踊教育が、「既成舞」に力を入れていること、「朝鮮舞踊」の基本動作を競演大会の種目とし、「正しく揃って踊ること」を重視していることの理由があると推察される。

このように、在日社会や北朝鮮での公演、発表会、競演大会で演じられる「既成舞」では、崔の原作をもとに、アレンジされた作品や、民俗舞踊などが好まれている。また、民族衣装や民族的な小道具を持って演じられる作品が多数を占め、「創作舞」も、生徒たちの生活などをテーマとして創られるものが多いが、舞台の衣装や小道具などは、「既成舞」とあまり変わらないものと見てとれた。

「創作舞」が創られるときは、「既成舞」の映像や崔の基本動作を基に、工夫を凝らして創作されるので、崔の『朝鮮民族舞踊基本』動作や作品の影響は相当あると思われる。その一方で、「崔承喜」の名前や活動内容、経歴については、四世以降の在日コリアンの生徒たちにはあまり知られていないようだった。ただ、朝鮮大学校へ進学すると、夏休み期間に、北朝鮮で舞踊・音楽などの講習会があり、そこで崔の弟子たちによる「朝鮮舞踊」に対する歴史学習や実習を行っているという。

崔の「基本動作」について、もう一点、付け加えたい。今日の朝鮮学校高級部舞踊小組の中でも、崔の作品や基本動作は「難しすぎる」という。例えば、生徒たちが習得しにくく、消化しきれないなどの理由から、舞踊基本動作をもとに、生徒たちの経験や学校生活からのテーマを多く取り入れながら、「創作舞」を創っている。朝鮮学校の舞踊部では、崔の基本動作をもとに構成された在日朝鮮学生（初、中、高）たちのための基本動作で教育を行っている。筆者がフィールドワークの際に見た「基本動作」は、これを基にしていたと推察される[292]。「崔の舞踊基本は難しいので、全部は教えていない」「工夫して教えている」という声も複数聞いた。このような背景から、競演会でも「創作舞」の演目を選ぶ団体が多く、生徒たちに好まれているテーマに沿って（ニーズ・水準に応じて）、競演されているという現状であるといえる。ただ、「創作舞」のテーマは独自性が高いが、舞踊の「動き」としては、崔の作品や「既成舞」を受け継ぎ、「現代化（アレンジ）」しているため、「動き」自体は崔および北朝鮮の舞踊を継承しているといえる。

ただ、この「動き」に関して、朴貞順は、「在日朝鮮人学生たちの民族舞踊教育に、南朝鮮（韓国）の伝統舞踊の中に残る、かつての宮廷舞踊や宗教舞踊の動きやリズムを学ばせることが必要だ」と論じている[293]。朴は、在日社会における朝鮮「民族舞踊」研究の第一人者である。その朴が、韓国の「伝統舞踊」から、植民地時代以前の朝鮮「民族舞踊」の動作を学び、在日コリアンの「朝鮮舞踊」の中に取り入れようと主張していることは、非常に興味深い。この在日コリアンの「民族舞踊―朝鮮舞踊」の独自の方向性については、続く第四章でさらに考察したい。

第六節　小括

本章では、在日コリアンが民族教育の実践の中で「朝鮮舞踊」をどのように継承しているのかについて、京都朝鮮学校での舞踊小組活動を通して論じた。その中で、崔の『朝鮮民族舞踊基本』動作や作品が多く取り入れられ、民族性や民族文化の継承に影響を与えていることがわかった。

在日社会では、特に総連系の組織の中で、民族舞踊教育が行われてきた。本章では、芸術団（舞踊家）を頂点とし、朝鮮学校の舞踊部（の指導者と所属する女子生徒たち）を底辺とするピラミッド形で「朝鮮舞踊」が継承されていることを見てきた。総連傘下の在日社会では、舞踊教育、芸術団活動は北朝鮮からの影響を受けながら行われてきた。そのため、在日社会で継承されている「朝鮮舞踊」は、北朝鮮と同じく、崔が創った朝鮮「民族舞踊」を基本としている。その一方で、在日コリアンの人々の生活、マイノリティとしての体験をテーマとした作品や、朝鮮古来の民俗・風習を盛り込んだ「民俗舞踊」、朝鮮半島の童話などをテーマとした作品が新しく創られていることも確認できた。

舞踊は、民族文化継承の中で人々の生活を通して次世代へと受け継がれるものである。指導者にとっての朝鮮「民族舞踊」の保存・継承の礎となっているものは、朝鮮学校における舞踊小組活動であり、指導者自らが民族性を「必死」に守りながら高揚させる場ともなっている。このような意味において、朝鮮「民族舞踊」は、朝鮮半島からの古来の文化を受け継ぎながらも、在日コリアンが独自で創り上げてきた「民族文化」であるともいえよう。その「民族舞踊」は、自らのルーツを意識し、民族文化の正統性を守りながらも継承していく重要なツールとなっている。

学校舞踊小組で指導するのは、かつて朝鮮学校の舞踊小組で「朝鮮舞踊」を習った教員たちであるが、この教員たちは、総連傘下の文芸同に所属し、朝鮮舞踊の「お手本」となる『朝鮮民族舞踊基本』動作を軸にした基礎や作品を定期的に習い、練習を行っている。「朝鮮舞踊」を指導する舞踊家たちは、「民族意識」の維持に「使命感」を持ち、活動している。その中で、崔の作品も継承され、踊り続けられている。

その一方で、朝鮮学校の舞踊小組活動や発表会、競技大会の観察からは、「既成舞」と「創作舞」の並存という状況や、「創作舞」に「在日コリアン」としての経験が込められていることなども明らかになった。「在日コリアン独自の朝鮮舞踊」の在り方が見えてきたともいえる。

またその一方で、「在日コリアン」の朝鮮「民族舞踊」は、在日社会に止まっている。「朝鮮舞踊」が日本社会の中で受け入れられ、認められることこそが、次世代の「在日コリアン」たちの「居場所=空間」を拡げ、また日本社会の「多文化共生」の促進につながると考えられるが、現在の日本社会で朝鮮学校が置かれている厳しい状況から見れば、それは決して簡単なことではないだろう。

例えば、チマ・チョゴリ制服への嫌がらせ、高等学校無償化の対象から外される、コロナ下でのマスク無償配布からも一時外されるなど、朝鮮学校を取り囲む状況は非常に厳しい。二一世紀の始めには、韓流ブームやサッカーワールドカップの共同開催などを背景に、「朝鮮舞踊」が日本の学校などと交流を持っていた時期があった。それが現在のように閉ざされた背景には、（拉致問題をきっかけとする）「在日コリアン」や朝鮮学校への誹謗、中傷、二〇一〇年代のヘイトスピーチ、ヘイトデモなどの、日本社会からの「攻撃」があると推察される。先述したように、筆者は「朝鮮舞踊」の発表会と競演大会などで、観客として鑑賞したが、客席の周りの雰囲気は、一つの共同体の空間として生き生きとした雰囲気に溢れていた。この生き生きとした喜びが舞台公演と一体となっているような印象を強く受けた。筆者も同じく舞踊世界にいた一人でもあるが、その共同体にとっては部外者であることを強く感じた。この空間が日本社会に開かれるためには何が必要なのか、引き続き考えたい。

ここまで在日社会での「民族舞踊－朝鮮舞踊」の継承と、その中での『朝鮮民族舞踊基本』動作をはじめとした崔承喜の位置づけについて考察してきた。続く章では、在日社会における「朝鮮舞踊」継承者（指導者と舞踊家）の意識（思い）と、その活動を、当事者へのインタビューを通して考察していく。

第四章——
在日コリアン社会における民族舞踊の継承とその活動

前章では、在日社会という、韓国にも北朝鮮にも属していない場所で、朝鮮「民族舞踊」がどのように継承されているのか、そこでは崔承喜はどのように位置づけられているのかについて考察した。本章では「民族舞踊－朝鮮舞踊」の継承者の意識と、世代ごとのその変化を、指導者・舞踊家たちへのインタビューを通して明らかにする。インタビューでは、崔の舞踊とその「踊り」の形や作品にも注目しながら、在日社会独自の「朝鮮舞踊」と、それを支える舞踊家たちの「思い」を明らかにしたい。その上で、在日コリアンの「朝鮮舞踊」を、分断されている朝鮮「民族舞踊」の中に位置づけていく。

第一節　調査の概要と対象

筆者は、前章で見たように、在日コリアンの「朝鮮舞踊」継承の仕組みと活動を調査するため、京都朝鮮学校（舞踊部）で二〇一九年九月から二〇二〇年四月までの週に一回、平均三時間程度（一日中もあり）フィールドワークを行った[294]。その時に、高級部、中級部を教えていたAさん、Bさんにインタビューを行った。また、他のルートを通して、元指導者三人にもインタビューを行った[295]。また、歌劇団で活動していた元舞踊家と知り合い、そこからさらに五人の舞踊家、元舞踊家とインタビューを行うことができた[296]。さらに、民間で舞踊教室を開いている舞踊家を通して、その教室の生徒（高校生）とのメールインタビューを行った。

本章では、上記の舞踊小組の指導者と元指導者、元歌劇団、歌舞団所属の舞踊家へのインタビューを通して、「朝鮮舞踊」継承の実状について検証していく。また、舞踊家たちの指導を受ける若い世代の声も踏まえた上で、在日社会における「民族舞踊－朝鮮舞踊」の意味を、改めて考察したい。

指導者・元指導者五人へのインタビューと、舞踊家五人へのインタビュー、さらに高校生たちへのメールインタビューは、二〇二一年から二〇二三年にかけて一人三回から五回程度、実施した[297]。インタビューの調査（方式）は、半構造化式かつ深層面接法（註「一七」参照）を採用して、一時間半から三時間行い、できるだけインタビューイーの自由な発言を心がけた。また、インタビューは、韓国・朝鮮語で進め、インタビューの際には了承を得た上でレコーディングを行った。

舞踊小組の指導者の世代は、三世が四人と四世が一人（一一〇頁［表1］参照）、舞踊家の世代は、二世が二人、三世が一人、四世が二人となっている（一一二頁［表2］参照）。高校生は、四世が二人、三世が一人、二世（四世）[298]が一人である（一三〇頁［表3］参照）。なお、インタビューの文中にある

「ウリハッキョ」は私たちの学校（＝朝鮮学校）」、「ウリマル」は私たちの言葉（＝朝鮮語）、「ウリチュム」は「私たちの踊り」、小組は舞踊部（クラブ活動）という意味である。また本章では、「同胞社会」は在日社会を指し、朝鮮民族舞踊、朝鮮舞踊、民族芸術などは、本人が使用した名称をそのままに引用する。インタビューの日本語訳については、訳後に舞踊家たちに確認を行った。

第二節　舞踊小組の指導者へのインタビュー

本節では、京都朝鮮学校舞踊部でのフィールドワークや発表会・競演大会の現場やその映像を踏まえた上で、舞踊小組の指導者五人へのインタビューから、「民族舞踊の継承」について、指導者たちがどのように考えているのかを分析・考察する。インタビューした指導者、元指導者は全員女性であり、指導者の名はアルファベットで表示し、年齢はインタビュー当時のものである。指導歴（個別教室での指導も含む）および背景は次頁の［表1］のようになる。

指導者・元指導者五人のうち、四人は四〇代の三世であり、一人が二〇代の四世である。五人とも民族名を名乗っている。現役の指導者であるAさん、Bさんは、学内では「チマ・チョゴリ」を着ており、舞踊部の指導時には、生徒たちと同様、「バレエのレオタード」を着ている。Cさん、Dさん、Eさんは、朝鮮学校を退職しているが、Cさん、Dさんは、個別の教室で舞踊を指導しながら京都で活動を続けている。

インタビューでは、朝鮮舞踊を始めたきっかけや民族舞踊への思い、指導方法、そして崔の作品

［表1］　舞踊小組の指導者・元指導者の背景および経歴

指導者	小組活動	世代	年齢層(当時)	指導舞踊部	舞踊指導歴
Aさん	10歳	4世	20代後半	高級部	約３年
Bさん	10歳	3世	40代前半	中級部	約６年
Cさん(元指導者)	10歳	3世	40代前半	中級部・高級部	約19年
Dさん(元指導者)	10歳	3世	40代前半	初級部	約15年
Eさん(元指導者)	10歳	3世	40代後半	初級部	約３年

について思うことなどについて、質問項目[299]を作成し、その上で、できるだけ自由に話してもらった。本節ではそこで得た回答から、彼女たちにとっての「民族舞踊」とは何なのか、そして「民族舞踊」を継承していく意味についてどのように考えているのかを見ていく。

一　指導者たちにとっての民族舞踊

まず、舞踊小組指導者にとっての民族舞踊ついて、検討していく。

Aさん（四世、二〇代後半、現役の指導者）

民族舞踊や音楽を継承することはとても大事なことです。民族舞踊を踊る場所は「朝鮮人（조선사람）としての空間」なのです。その踊りの場の一つが朝鮮学校であり、私たちのアイデンティティを維持できる場でもあるので、朝鮮学校で民族舞踊教育が継承され、発展していくことが大事であると思います。

Bさん（三世、四〇代前半、現役の指導者）

朝鮮学校で「ウリ」（私たち）の言葉で話したり、朝鮮舞踊を踊ったりすることは、朝鮮人として生きている証拠だと思います。骨と肉で感じながら、我が言葉と舞踊を続けていこうという気持ちで踊り続けています。私たちの言葉と文化、特に踊りは、心を表現する、朝鮮舞踊の優秀性を誇り、自負心をより確固たるものにするための武器となります。朝鮮舞踊は民族の魂だと部員自身も言っています。代々、受け継がねばならないと思います。

ウリマルもとても重要ですが、ウリチュムも自分の心を表現する手段として大切です。私は、後輩の養成に力を注ぎたくて、朝鮮大学校に進みました。私は、中、高、大学、朝鮮青年同盟、そして「オモニ（어머니：母親）」になった今も踊り、指導にも熱を入れています。朝鮮舞踊を通して民族の情緒、自負心、魂を学び、自分自身の心と身体でそれを芸術的に表現する創造的能力を身に付けました。もちろん、芸術的感覚や忍耐力、団結力もです。

世代交代しても習い続けてきたことは、そのままに受け継がれていきます。受け継ぐことによる舞踊教育の意義と役割の重要性は、益々高まっていると私は思います。日本で生まれ育った三世の私。祖国と民族を愛し、新しい時代の要求に応えながら、この場所で、民族の芸術の素晴らしさと、民族的情緒、そして誇りを持っている私達の生き様を、朝鮮舞踊によって表現し伝えて行ければと、心からそう思います。

Cさん（三世、四〇代前半、元指導者）

小組で朝鮮舞踊の基礎や基本動作、祖国の舞踊や楽器演奏などを習いました。私にとって民族舞踊とは朝鮮舞踊のことです。朝鮮舞踊を教えてくれたのは、学校の二世、三世の小組の先生。二世のGさん（一二二頁［表2］参照）と、他の二世の先生にも教わりました。今は、京都地域の文芸同で十一年間活動を続けながら朝鮮舞踊教室で後輩を育成しています。おもに日本の学校や同胞社会と交流をしながら、多文化の集いなどでの文化交流で活動しています。

Dさん（三世、四〇代前半、元指導者）

母が舞踊家なので自然に舞踊を習い始めて、私の娘も小組で習っています。私が踊ってきた踊りは、児童舞踊基本から、それをもとにした創作作品、高級部に入ってからは崔の『朝鮮民族舞踊基本を習い、その後、二世から既成舞と創作舞を習いました。京都地域文芸同で一五年間活動しています。朝鮮舞踊教室を開いて、後輩を育成していますが、最近、朝鮮学校に入学する子どもが少ないのが心配です。

Eさん（三世、四〇代後半、元指導者）

学生の時には、おもに朝鮮舞踊の基本を学びから、その作品の練習をして芸術競演大会、学芸会に出演しました。私が教えたのは初級部で、その時は創作舞を中心に指導しました。なぜなら、民族性と自負心を育成するのに創作舞は有効だからです。

インタビューからは、指導者たちが、「民族舞踊（を習うこと）」は「朝鮮人として生きること」

「アイデンティティを維持すること」につながる、という意識を強く持っていることが明らかになった。また、民族舞踊を習うことは、生活すべてに関わることであり、そこから民族意識を深め、また誇りや自負心を持つことができる、と考えていることが見てとれた。彼女たちの舞踊に対する愛着心は、「骨と肉」「踊りこそ生きること」などの言葉に表れている。民族文化の中でも、舞踊は身体に刻み込まれるものであり、一度身に付けた動作は自分の身体に染み込む。そのために、インタビューを行った指導者たちのように、幼少期から身体に舞踊を取り込むことこそが大切であり、それが「舞踊の魂」、「骨と肉」という言葉につながっていると思われた[300]。

そして彼女たちは、自身が継承した「民族舞踊」を、次世代に継承することに使命感を持っていた。それは、「民族舞踊」が、彼女らの自負心を維持し、日本で生きていく力になる、と意識しているからであろう。Bさんの「日本で生まれ育った三世の私。（中略）この場所で、民族の芸術の素晴らしさと、民族的情緒、そして誇りを持っている私達の生き様を、朝鮮舞踊によって表現し伝えて行ければと、心からそう思います」という言葉に、その思いが込められていると推察される。ここでも、指導者のいう「民族意識」が、「日本で生きていく在日コリアン」であるからこそ「民族舞踊」（それに加えて民族音楽、楽器なども含む）への愛着が強く、それが「民族」そのものともなっている。前章でも紹介したように、「在日コリアンの民族舞踊に対する愛着心は、祖国に住む同胞よりも強い」（朴貞順）のである（九〇頁参照）。

また朴貞順は、『朝鮮新報』において、「舞踊教育は、祖国と民族の発展に寄与し、日本をはじめ国際社会でも活躍できる、知徳体を兼備した有能な人材、真の朝鮮人を育てるための役割を担っている」と述べている[301]。今回のインタビューでは、指導者たちがこのことを強く意識していることが確認できた。

Cさんと D さんは、朝鮮学校を退職後、朝鮮舞踊教室を開いている。ただ、Dさんの教室には、現在生徒がいないという。Cさんの教室の生徒も、受験とともに、コロナウイルス感染の緊急事態などで休んでいるという。彼女たちからは、自分が受けた朝鮮舞踊を伝える生徒が少ないことを、やるせなく思っている様子がうかがえた。朝鮮学校に通う生徒の減少の問題については、後の節で改めて考えたい。

二　民族舞踊継承の課題

次に、民族舞踊を指導する上での課題や、指導の中での崔承喜の位置づけについて、検討していく。

Aさん

自分が学んだ時期もそうですが、伝統的な民謡だけではなく、現代的な曲調の音楽も普及してきたという感じがします。私も現代的な曲に振付をするようになりました。代々受け継がれてきた朝鮮舞踊を生かしながら、今後も踊り続けていきたいと思います。

植民地時代から戦後にわたり、祖国から受け継がれた崔承喜の基本動作は、高級部の部員（四世、五世）が踊るには難易度が高いので、部員が習得しやすくするため、崔の基本動作をもとにしながら、工夫を凝らし、新たに再構成して、指導しています。

毎年の発表会と競演大会で披露している作品は、既成舞と創作舞に分類されます。特に競演大会での既成舞は、最高の作品として評価されている作品であり、テクニックは私たちから見て、とても高いレベルにあります。創作舞は各地の朝鮮学校の舞踊小組の指導者が振付をするケースが多いです。

Bさん

テクニックだけではなく、心の底から表現し、民族情緒を込めて踊らなければならないという大切さを、中心に指導しています。祖国（北朝鮮）の作品には、動作やリズムなどに優れた作品がたくさんあります。

朝鮮学校での民族舞踊は、崔承喜の舞踊をもとに、さらに新しい時代にそって洗練され創作されています。創作舞の振付は本当に難しいのですが、というのは部員の水準がそれぞれ違うからです。朝鮮の基本的な伝統舞踊に近づけて、指導者が振付を行う場合が多いです。動作が難しいと消化できない部員がいるからです。発表会では創作舞が多いですが、競演大会では、崔承喜の原作と共和国の既成舞を演じることも多いようです。

Cさん

朝鮮舞踊を踊る楽しさと喜びを感じるということには、ヌキム（느낌：フィーリング）、ウリムヨン

（우리무용：我が舞踊）を体で表現するだけにとらわれず、練習を重ね、思ったことを思ったように表現できる心と体の一致が大切ではないかと思います。そのためには日々の努力、意識、練習が大切。若い世代が今も朝鮮舞踊を踊っていること自体が本当に素晴らしいと思うので、自分たちが舞踊を通して感じた想いや感情をストレートに伝えていけたらと思います。朝鮮舞踊は、どんなことも動作で表現できます。学生たちは、踊りで学生生活も表現できますし、動作から動作への流れ、カラク（가락：チャンダン／リズム）、マッとモッ（맛과 멋：味と趣）、全てに「ウリ民族性（우리 민족성）」が深く滲んでいることは素晴らしいと思うんです。

　朝鮮舞踊を通しての後輩の育成は、民族意識を守っていく上で継承していきたいのですが、現在、日本で「ウリハッキョ」の学生数が減っています。時代の流れの中で、学生が四世、五世になりつつある今、自分の国に対する民族の心が希薄化していると思います。

　崔承喜先生の「生誕一〇〇周年記念」に制作された基本動作は難易度が高いので、それを基にしながら、部員が習得しやすい動作にして教えています。指導時は、言葉よりも身体で感じてもらいながら、民族的情緒を表現するようにと話します。崔の名作である『牧童と乙女（목동과 처녀）』（二四〇頁参照）は、民族意識、つまり朝鮮民族の感情、情緒、特性、民俗生活を表現する「チュム（춤：踊り）」なので好んで指導します。部員もこの踊りに民族意識を感じています。また、振付には、朝鮮半島の統一や平和の願いを込めて情熱を注ぎながら取り組んでいます。

　日本の中学校との交流の中で、日本の子どもたちに朝鮮舞踊を教えました。その当時は、朝鮮舞踊を知らない人が多かったけれど、文化祭で日本の子どもたちが朝鮮舞踊を披露したことがあり、保護者からの評判がとても良かったです。同胞社会や日本の方々の前で朝鮮舞踊を披露し、その素晴らしさを広めていく活動は、地域交流としての役割を果たし、朝鮮舞踊を通して民族の心を守り育んでいけると思うんです。日本と朝鮮＝北朝鮮の関係の中で、メディアや政治からのバッシングを受け、日本の学校に進学したり、日本国籍を取得したりして、朝鮮学校に入学・進学する子どもたちが減る現象が見られ、将来的な朝鮮学校の存続が危ぶまれています。そのため、子どもたちの民族的意識が薄れることで、民族的アイデンティティの継承について不安に思っています。

Dさん

私が通った当時の京都地域初級部の児童数は一〇〇名以上でしたが、今は約二〇名です。舞踊部の部員は一人もいません。今は、日本学校に通う児童たちが多いので、民族舞踊の継承があやふやな感じで心配しています。今まで私たちが踊ってきた朝鮮舞踊の歴史的な背景や変遷について、理論的に勉強をしたいです。また、韓国舞踊とどう違うのかも知りたいです。民族舞踊は、小組なしでは継承できません。民族の心を愛し、その心を育て、世代を超えて引き継ぐようにするのが「ウリハッキョ」の役割だと思います。

Eさん

昔は、朝鮮舞踊だけを教えていましたが、指導者になってからバレエの基本を取り入れるようになりました。舞踊も昔と現在とでは変わってきているようですが、舞踊は継続・継承しなければならないと思います。好きで踊る、楽しく踊るという心が大事です。

これらの言葉からは、指導者たちが、朝鮮舞踊を、「新しい時代の要求」(＝若い世代のレベルや希望)に応じて変化させながら、次世代に継承しようとしていることがわかる。「変化」には、生徒のレベルに合わせて難易度を下げることや、音楽に現代的なアレンジを加えること、現代的な音楽を使うといったことも含まれている(Aさんは四世で、インタビュー当時は二〇代後半であった。彼女自身が指導を受けていた時に、すでに音楽に現代的なアレンジが施されていたと語っている)。

また指導者たちの言葉からは、崔承喜の「基本動作」を尊重して、自分もそれを教わってきたし、今の生徒たちにもそれを教えていること、しかし「基本動作」のテクニックが高難度のため、生徒が受け入れやすいよう、「基本動作」や崔の作品を基にしながら、難易度を下げ、部員が習得しやすいように、「既成舞」の振付を工夫していることが確認された。指導者たちの熱意が伝わってくる一方で、生徒たちが、相当難しい舞踊に取り組んでいることがわかる。前章でも見たように、朝鮮学校の舞踊教育はこのように、北朝鮮からの指導そのままではなく、自分たちの環境に合わせて、教える内容を変えたり、創作舞に工夫をこらしたりしている。つまり独自性と自立性をもって実践されているのである。

舞踊は、自らが望んで取り組むことによって、より一層上達するものである。その意味で、Eさんの「好きで踊る、楽しく踊るという心が大事」という言葉は重要である。またEさんは、「自分が習っていた頃は、思想的な作品も多く、習わなくてはいけない感じもあったが、今はそれが少なくなっていて、自発的に踊ることを大事にするように変わってきている」と言った。これもまた、在日社会での「民族舞踊」が、「在日コリアンの私たち」のために継承され、踊られていることを示していると考えられる。さらに、第三章でも指摘したように、「民族舞踊」を踊ることが、「自発的な行為」に変わってきていることも確認できた。

崔の作品については、「基本動作」を大事にして教えていること、崔の作品にも、高級部では積極的に取り組んでいるが、難易度が高いこと、そのため、崔の作品を参考にしながら、難易度を下げた「創作舞」が創られていることなどがわかった。これも、より多くの生徒に崔の舞踊のエッセンスを伝えようとする、在日コリアンの民族舞踊教育に特有の試みであると考えられる。

CさんとDさんは、朝鮮舞踊教室を開いているが、先述したように、現在生徒が少ない状態である。それもあって、朝鮮学校の生徒数が減っていて、それに伴って舞踊小組の部員も減っていることを心配する発言が見受けられた。さらにCさんは、以前は日本の学校との交流もあって、日本の生徒に朝鮮舞踊を教えることもあった。評判も良くて、もっと交流をしたかったが、その後、政治的な問題や北朝鮮バッシングなどがあって、交流がなくなっていることが残念だと語った。また同じ理由で、朝鮮学校に進む生徒が減少していることや、朝鮮舞踊を習う子どもが減っていることに、危機感を持っていた。

ここまで見てきたように、指導者たちは、「朝鮮舞踊」の指導に力を注いでいる。彼女たちは、若い世代のレベルや希望に合わせて、教える内容の工夫や創作舞の制作などを日々、行っている。その一方で、朝鮮学校の生徒数や学校の数自体も明らかに減少していることから、「民族意識が薄れてしまうのでは」と心配する声が上がってもいた。この問題に関しては、後の節で改めて考えたい。

第三節　舞踊家へのインタビュー

本節では、五人の舞踊家へのインタビューからわかったことについて述べていく。先述したように、舞踊家全員が学校小組の出身である。舞踊家たちの世代は、二世が二人、三世が一人、四世が二人となっている。年齢はインタビュー当時のものであり、背景および経歴は［表2］のようになる。

FさんとGさんが歌劇団の同期生、FさんとHさんは歌劇団の先輩後輩関係、HさんとIさんは師弟関係、HさんとJさんも師弟関係で、さらに親戚関係である。

インタビューでは、朝鮮舞踊を始めたきっかけ、どのような活動を行ってきたのか、継承していきたい作品は何かなどについて質問項目[302]を作成し、その上で、できるだけ自由に話してもらった。本節では、そこで得た回答から、彼女たちの活動がそれぞれどのようなものであったのか、民族舞踊継承に関してどのような問題があると考えているのかなどについて紹介し、考察する。

一　舞踊家たちの活動

Fさん（二世・五〇代後半、元歌劇団団員、大阪や全地域の指導者）

私は高級卒業後に「民族舞踊＝民族芸術」活動を通して少しでも同胞社会に貢献したいという志

［表2］　元芸術団舞踊家・舞踊家の背景および経歴

舞踊家	世代・年齢層	所属・活動地域	小組活動	経歴
Fさん	2世・50代後半	元金剛山歌劇団・大阪および全地域指導者	10歳	約30年
Gさん	2世・50代後半	元金剛山歌劇団・元京都地域指導者	10歳	約29年
Hさん	3世・50代後半	元金剛山歌劇団・大阪地域指導者	10歳	約16年
Iさん	4世・20代前半	大阪歌劇団団員	10歳	約3年
Jさん	4世・20代前半	京都歌劇団団員	10歳	約3年

を持って歌劇団に入団しました。歌劇団では舞踊理念をはじめ、北朝鮮から送られたフィルムで崔承喜の『朝鮮民族舞踊基本』動作や民族舞踊の基礎の習得に励みました。また、毎年祖国で崔先生の愛弟子であった優秀な先生方からのご指導を受けたし、先生の甥御さんにも教わる機会を得て、崔の作品のほか数多くの既成作品、創作作品を習得して、舞台での公演活動を行ってきました。日本各地での公演およびピョンヤンや中国などで公演活動をしてきて、韓国政府からも招聘されて、二〇〇〇年、二〇〇六年、二〇〇七年の三回、韓国各地で巡回公演を行いました。「在日本済州4・3犠牲者慰霊祭」での公演にも出演しました。

Gさん（二世・五〇代後半、元歌劇団団員、元舞踊教室経営）

小学校二年の夏まで日本学校に通っていましたが、夏休みに「ウリマル」を習ったことがきかっけで、「ウリハッキョ」に転校しました。小・中・高の学校舞踊小組で朝鮮舞踊を習い、卒業後は歌劇団に入団。毎年祖国では崔承喜の弟子であった先生方や、祖国の著名な振付家から多くの作品を習い、朝鮮の音楽舞踊大学（平壌音楽舞踊大学）では朝鮮民族舞踊の基礎と、民族舞踊基本動作やバレエの基礎を習いました。日本全国を回る歌劇団の公演では、学生（日本の学校）を対象とした公演もありました。たった一度の歌劇団の公演を見たことがきっかけとなり、後にチマ・チョゴリを着て朝鮮人であることをカミングアウトして卒業する、日本の学校に通う学生もいたんです。歌劇団公演をはじめディナーショーや、小公演、交流会など数多くの舞台を経験する中で、私達の活動の大切さを痛感しました。

Hさん（三世・五〇代前半、元歌劇団団員、大阪で朝鮮舞踊教室経営）

学校小組の先生方、祖国の有名な先生方に民俗舞、生活舞、既成・創作舞（崔の作品）などを教わりました。また歌劇団で八年間活動した後、大阪の朝鮮舞踊教室で後輩を育成しながら、同胞社会や日朝友好親善交流の場で公演をしてきました。

Iさん（四世・二〇代前半、大阪歌舞団所属）

学生の時は、小組活動、同胞社会で活動をして、現在は大阪地域歌舞団で公演活動をしながら日朝友好親善公演、在日コミュニティ（同胞の催しなど）や北朝鮮での公演をときどき行っています。

Jさん（四世・二〇代前半、京都歌舞団所属）

在日コミュニティで公演しています。同胞社会では伝統的な集まりが多く、特に親族や先輩後輩の関係の絆がとても強いです。同胞社会は絆が凄い（特に大阪、兵庫の地域）。私は三年間の歌舞団活動の中で、その間に日本人のアーティストとコラボレーション公演を行い、韓国出身（ニューカマー）のアーティストとのコラボレーション公演も行いました。南本土（韓国）の伝統楽器の演奏者（「ナムサダン＝男寺党：芸人集団」）とです。日本人や韓国人のアーティストとのコラボレーション公演は、出演依頼をもらって共演したのですが、とても勉強になりました。

二世であるFさんは、二九年間歌劇団に在籍し、日本各地での公演に加えて、ピョンヤンや北京でも公演を行い、さらに韓国政府からも三度招聘され、韓国各地での公演活動も行ってきた。彼女は先述した競演大会での審査委員でもあり、在日の舞踊家たち全体の指導者としても活躍している。また彼女は「在日本済州4・3犠牲者慰霊祭」の七一周年（二〇一九年）の公演に出演した際、一九四九年に崔が創作した作品『荒波を越えて』（二四一頁参照）[303]や崔の原作をモチーフに平壌芸術団の振付家と合同で創作した『菩薩の舞』（二三七頁参照）[304]を披露したという[305]。北朝鮮の舞踊家から直接指導を受け、崔の舞踊を受け継ぎ、それを日本、さらには韓国でも披露している、「在日社会における崔承喜の舞踊の継承」を体現している舞踊家といえる。

同じく二世であるGさんは、Fさんと同期で、歌劇団に九年間在籍し、歌劇団公演に加え、ディナーショーや小公演、交流会など、多くの舞台に立ってきたという。在日社会や日本社会の様々な場で活動する中で、交流で訪問した日本の学校に在籍していた朝鮮人の生徒が、朝鮮舞踊の舞台を見ることで、自らのルーツを取り戻したというエピソードを紹介した。朝鮮舞踊が、民族意識や自負心を回復させる役割を果たしていると確信していることがわかる。

三世で、八年間歌劇団に在籍したHさんも、同胞社会や日朝友好親善交流の場で公演をしてきたと述べている。彼女は退団後、大阪で朝鮮舞踊教室を開き、現在三〇人ほどの生徒を教えているという。前節で見た、京都地域の教室の生徒減に比べて、大阪では舞踊教室が活発であることがわかる[306]。Hさんの教室の生徒たちが、どのような思いで舞踊教室に通っているのかについては、後述する。

Iさんと Jさんは、年代と四世であること、歌舞団の団員として活動していることが共通している。ただIさんは、小組活動や芸術団で学んだ踊りを中心に、在日コミュニティや北朝鮮での公演活動をしているが、舞踊を通した日本社会との関わりは全くないと語った。その一方でJさんは、総連系の芸術団の活動もしているが、日本人や韓国人のアーティストとコラボレーション公演も行っていて、幅広く、また柔軟な姿勢で活動を行っている[307]。

このように、舞踊家たちは日本の内外で積極的な活動を行っているが、「民族舞踊」を通した日本社会との関わりは少ないことも、このインタビューからは読みとれた。各種の公演は、基本的に在日コリアンの人々を対象に開催される。第三章で見た、筆者が参加した舞踊小組の発表会や競演大会がまさにそうである。

ただ、二世のFさんは、日本社会との関わりは少ないが、韓国で三度の公演活動を行っており、南北の文化芸術交流にも尽力し、韓国とのつながりを築いている。一方、四世のJさんは韓国のアーティストとのコラボレーション公演を行い、韓国の伝統的な民族舞踊に触れて、在日の民族舞踊にそれを取り入れたい、と語った。彼女は同時に、日本人アーティストとの共演も行っている。

Fさんと J さんの活動は、北朝鮮との強いつながりばかり強調されてきた在日コリアンの「民族舞踊」が、実は「越境」していることを示している。さらに言うと、二世のFさんの活動は、「北朝鮮の指導者から学んだ民族舞踊の披露」を「韓国」で行っているのに対し、四世のJさんは、「在日コリアンの指導者から学んだ民族舞踊を、韓国や日本のアーティストとコラボレーションする」という、より越境性の高い活動になっている。

二 「民族舞踊」の継承についての思い

ここでは、舞踊家たちがそれぞれ、「民族舞踊」の継承について考えていることや懸念していることについて、まとめていく。

Fさん

私は時代の流れとともに生活環境が変化する中で、民族の魂が宿る民族文化や民族的精神を受け継いでいくこと、民族舞踊を普及させながら、継承・発展させていくことがとても大切だと実感しています。一世たちの揺らぎない信念、強い民族精神によって守られて来た大切な生活風習や貴重な民族文化を私たちがその精神とともに、しっかりと受け継いで守って行かなければならない使命があると思います。

Gさん

私は歌劇団での経験を通して感じて学んだことや、祖国の先生方から直接学んだ大切なことをできる限り次世代へ伝えていく使命があると思っています。四世、五世の若い世代の民族的情緒は生活意識や風習の現代化の中で希薄化の傾向にありますが、それでも二世たちの志を継承していこうと頑張っている三世たちに上手に繋げていけたらと思っています[308]。

Hさん

私の時は、日本の学校に通う「동무（トンム：友達）」は少なかったです。今の若い世代は、多くが日本の学校に通い、朝鮮学校の学生数がすごく減っています。でも、彼女たちの多くは、舞踊教室に通って「ウリムヨン（わが朝鮮舞踊）」を習っている、だから自分は指導者として舞踊を教えていることの重要性を意識して、継承への役割を果たしているのです。

私は、民族の魂が宿るといってもよい朝鮮舞踊を教えることは、同胞社会で民族性を守り続けていく聖なる仕事であるという自負心を抱いています。朝鮮人として民族の魂やアイデンティティを確固たるものにする重要な役割を果たして次世代の育成に力を注ぎたいのです。

Iさん

「ウリハッキョ」で学んで育ち、その中で朝鮮舞踊と出会うことになり、学校と同胞社会に対する感謝の気持ちを大事にしているので、自分が朝鮮舞踊を続けていくことに重要性を感じます。自分が学んできた朝鮮舞踊の魅力と踊りの意味を後代にも継承させなければならないと思います。

Jさん

私は、朝鮮学校卒業後に韓国で伝統舞踊を学んだ先輩に、韓国の伝統舞踊を習っています。習う理由は、朝鮮舞踊を維持・発展させたいからです。その場では、「これが伝統なんだ！」と新しい発見があり、その感情は今までに味わったことがなかったものでした。特に、韓国の伝統舞踊や楽器のリズムを習っている時は、自然に身体が踊りたくなり、リズムから感じるフィーリングがしっくりきます。とても良い経験でした。

在日の朝鮮舞踊をもっとスキルアップさせたいです。なぜなら、共和国の朝鮮舞踊は現代化しているからです。朝鮮舞踊を、もともとの伝統性を回復させながら次世代へ継承していきたいのです。伝統は本当に重要です。伝統舞踊を学び続けることによって、在日同胞のコミュニティの中で、伝統的な風習を維持し、民族性を守りたい。同胞たちが元気が出るように勇気づける役割をしたいのです。

Fさんも G さんも、同じように「使命」という言葉を使って、「民族舞踊‐朝鮮舞踊」の継承の意義を語っている。ただGさんは、（第二章でも見た北朝鮮の民族舞踊の変化に伴って）在日社会の民族舞踊も変化してきたことに対して、「元々の崔の民族舞踊と変わってしまっている」という思いを抱いているようでもある。

二人の後輩である三世のHさんも、民族の魂、アイデンティティを守るために、「民族舞踊」継承の役目を果たしていく、と述べている。四世のIさんも、朝鮮舞踊の魅力と踊りの意味を、次世代に伝えたい、と述べている。

その一方で四世のJさんは、韓国の「伝統舞踊の一つである『立舞（입춤／イプチュム）』」[309]を習って、在日の「朝鮮舞踊」に導入して、かつての朝鮮民族舞踊を取り戻したいとの意見を述べた。筆者が、彼女に韓国の「伝統舞踊」を学ぶ理由を聞いたところ、彼女は韓国の「伝統舞踊」の「呼吸」に伴う動きの深さと、表現の奥深さ、特に音楽リズム（民族楽器）、膝の使い方の重要さを感じているという。自分たちが踊ってきた「朝鮮舞踊」はリズムが速くなっていて、韓国の「伝統舞踊」のような、ゆったりとした表現が少ないので、それを導入したい、ということだった。

第一章で紹介したように、韓国の「伝統舞踊」は「天」・「地」・「人」という三つの思想からなり、また、動作の基本単位である「静」・「中」・「動」という三つ要素は、それぞれに腕の動き、足の動き、そして呼吸で表現される。第三章でも述べたように、朝鮮学校の舞踊小組の発表会や競演大会で披露された朝鮮「民族舞踊」には、この三つの要素、特に呼吸（息を吸う、止める、吐くという一連の動作）がうまくつながっていないように見えた（リズムが速くなっていたためかもしれない）。

Jさんが新たに学び、在日の「朝鮮舞踊」に導入したいと考えているのが、韓国伝統舞踊のゆっくりとした表現の要素であることは、とてもよく理解できる。彼女は朝鮮大学校出身で、朴貞順にも習った経験を持つ。第三章で紹介したように、朴貞順は、在日の「民族舞踊」に、韓国の「伝統舞踊」の中に残る「宮廷舞踊」などの要素を取り入れることを提唱している（一〇二頁参照）。

このようなJさんの活動は、在日社会の「民族舞踊」の新しい方向性、北と南に分かれた朝鮮「民族舞踊」の「再会」、そして「融合」の可能性を示しているといえるだろう。これは「在日コリアン」というポジションだからこそ可能な動きだといえる[310]。この「可能性を感じさせる動き」は三世以降から始まった動きだと推察される。二世と三世は年代も経験も異なり、三世からは韓国国籍を有する舞踊家もいる。さらに若い世代は、日本で生まれ、この場所に生活の土台（居場所）があり、「朝鮮舞踊」を通して連帯感を育てながら、さらにその朝鮮「民族舞踊」を発展させていこうとしている。

第四節　生徒へのメールインタビュー

本節では、前節で紹介した舞踊家Hさんが運営する「朝鮮舞踊教室」に通う生徒四人に対するメールインタビューからわかったことを述べる。四人は、四世が二人、三世が一人、二世（四世）が一人である。彼女たちへのインタビューは、Hさんを通したメールでのやり取りのみであるが、今日の若い世代の意見として、参考にしたい。生徒たちの背景および部活歴は次頁の［表3］のようになる。

Hさんの朝鮮舞踊教室は大阪地域にあり、約三〇人の学生が習いに来ている。この教室に通う生徒四人へのインタビューを、Hさんを通してのメールや電話などで行った[311]。全員高校生女子である。彼女たちに、「踊りを通して感じていること」「民族の踊りが自分に与えている影響」「自分

［表3］ 朝鮮舞踊教室に通う生徒の背景および部活歴

高校生	世代	所属	入部時期	部活歴
Kさん	3世	大阪朝鮮学校・学校小組舞踊部	13歳（中級部）	約5年
Lさん	4世	日本の学校（高校）・個人舞踊教室	10歳（初級部）	約8年
Mさん	4世	日本の学校（高校）・個人舞踊教室	10歳（初級部）	約8年
Nさん	2世（4）世	大阪朝鮮学校・学校小組舞踊部	10歳（初級部）	約8年

にとって民族舞踊＝朝鮮舞踊とは」「小組活動の継承」について質問した。

三世のKさんは、大阪地域の朝鮮学校に通っている。舞踊部に入ったのは中級部に進んだ一三歳の時で、活動歴は五年程度である。彼女にとって「踊り」は、「友達と一緒に踊る喜びと楽しさを感じるもの、祖国（北朝鮮）に住んでいなくても、日本にいても自国の文化を知ることができるもの、民族性を育てることができるもの」という位置づけであった。同じ四世であるLさんは、朝鮮学校初級部で一〇歳の時に舞踊部に入門した。現在は日本の高校に通う。彼女は、「朝鮮舞踊は、民族であることを大事にしてくれる、ありのままの自分を表現できる」と述べた。同様に四世のMさんも現在は日本の高校に通う。彼女は、「踊りは思う存分感情を表現できる、日本の学校に通っていても踊っている限りは在日の友達とつながることができる、将来は舞踊家になり、舞踊を通じて学んだことをもとにして生きていきたい」と書いて送ってきた。

最後に、父親がニューカマーの韓国人、母親が在日三世（朝鮮学校卒業生）で、朝鮮学校に通っている二世（四世）のNさんは、「踊りを踊ることは私の誇りであり幸せです。朝鮮舞踊は、自分が朝鮮人であることを悟らせてくれるし、朝鮮人という自覚を抱かせてくれます。小組活動の継承は、私たちの朝鮮舞踊の優越性と民族教育を守っていくために大事です」と述べた。

このように、日本で生まれ育った若い世代が、朝鮮半島の固有文化の一つである朝鮮舞踊を習いながら、「思い存分、自分を表現できる」「在日の友達とつながれる」「朝鮮人であることを自覚できる」「誇らしく感じている」など、自分のルーツを確認していることがわかる。さらに彼女たちの言葉から民族舞踊の継承は、生徒たちの民族意識を育むのみならず、日本社会の中で、在日として生きていく自負や、日本の学校に通っていても、舞踊を通して在日の仲間とつながれるという安心感を生み、彼女たちが日本社会で未来志向的に生きる力を与えていると考えられる。これが、在日の若い世代にとっての、「民族舞踊－朝鮮舞踊」継承の大きな意義といえるだろう。

第五節　「継承したい舞踊作品」から見えてくること

本節では、インタビューからわかった、「次世代に継承したいと思う作品」や、実際に教えられている作品について考察する。舞踊家、朝鮮舞踊教室の生徒たちに加えて、第二節で見た舞踊小組の元指導者Cさん、Dさんからも、インタビューの中で、「継承したい作品」について答えを得たので、彼女たちの回答もここで紹介する。

まず、舞踊家たちの回答を紹介していく。二世の舞踊家Fさんは一九七〇年代に北朝鮮で創られ

た、「4大名作舞踊」と呼ばれる金日成主席の抗日パルチザンを描いた歌劇をはじめ、革命的なイメージを強く浮き彫りにした演目を継承すべき作品として挙げた。彼女は「これらの古典的な名作は、朝鮮民族舞踊の美しい律動美と造形美が調和した動きや感情世界を、より豊かな民族情緒と多様な表現力をもって体現している。その高い芸術性は世界的に高い評価を得ていて、まさに継承していくべき貴重な作品だと思う」と語った。同じく二世の舞踊家Gさんも「4大名作舞踊」を挙げ、それに加えて崔の「基本動作」や『무녀춤：巫女舞』[312]は是非継承していきたい作品だと語った。Hさんは「4大名作舞踊」に加えて『장고춤：チャンゴチュム』（二三九頁参照）[313]、『북춤：プクチュム（太鼓舞）』[314]を挙げた。特に彼女は『チャンゴチュム』と『プクチュム』ついて、「一九八〇年代の変化[315]を反映した芸術性が高い作品で、私たちの音楽のリズム、趣と味の興趣があり、舞踊の財産である」と述べている。

四世であるIさんは、『쟁강춤：チェンガンチュム』[316]、『사당춤：サダンチュム（寺堂舞）』[317]、『太鼓舞』『두레놀이 북춤：トゥレノリプクチュム』（北朝鮮で創られた民俗的な作品）[318]などを挙げたが、「4大名作舞踊」の一つである『사과풍년：リンゴ豊年』（註「一〇九」参照）も挙げた。「時代の流れによって新しい形式の踊りも増えているが、『サダンチュム』のように民族的な興趣があり、昔の時代背景を感じさせるような踊りは重みがある」とIさんは語った。また彼女は、『サダンチュム』以外に挙げた作品については「北朝鮮で崔の弟子たちによって新たにアレンジされ、リズムが速くなっていき、とても楽しく踊る作品なので、継承していきたい」と言った。同じく四世のJさんは、Iさんと同じ『チェンガンチュム』、『サダンチュム』、それに加えて『손북춤：ソンブクチュム（小

鼓舞）』を挙げ、最後に「共和国の革命舞踊も（継承していくべき）」と付け加えた。

次に、第二節で紹介した、舞踊小組の元指導者であるCさん、Dさん（ともに三世）の回答を紹介する（一一〇頁［表1］参照）。Cさんは、一九四七年に崔の娘・安聖姫が創作した『목동과 처녀：牧童と乙女』[319]を継承すべき作品として挙げ、この作品は民族的色彩とともに「民俗舞」としての特徴があり、「民族意識、民族の感情、情緒、特性、民俗生活の『춤：チュム（踊り）』なので好んで四、五世に指導している」と語った。Dさん（三世）は「4大名作舞踊」を挙げた。

一方、生徒たち（一三〇頁［表3］参照）が挙げた作品は、以下のとおりであった。朝鮮学校に通う三世のKさんは『チェンガンチュム』『농악무：農楽舞』[320]などを継承作品として挙げた。同じく朝鮮学校に通うNさんも、『チャンゴチュム』『チェンガンチュム』など、Kさんが挙げたものと同様の作品を継承すべきものであるとした。彼女はそれに加えて「ウリハッキョ」をモチーフにした創作舞を挙げた。日本の学校に通う四世のLさんとMさんは、「在日社会の生活を反映し、在日社会を率直に表現した現実感のあるテーマの創作舞を好んで踊っていて、それを継承したい」と答えた（創作舞『푸른숲 펼쳐가요：青い森を広げていこう』、『꼭꼭 숨어라：しっかり隠れろ）』などが挙げられた）。

ここまで挙がった作品について、特徴をまとめて見る。まず、いちばん多く挙がったのは、舞踊家のFさん（二世）、Gさん（二世）、Hさん（三世）と、元舞踊小組指導者のDさん（三世）が挙げた「4大名作舞踊」である。これは、第三章で見たように、一九七〇年代に北朝鮮で創られた、政治性および思想性の高い歌劇作品である[321]。それは彼女たちが公演活動を通して、芸術的に優越した作品であり、高い完成度、優れた音楽性・舞台構成を持ち、そして優雅で繊細な感情表現など、総合芸術として最高峰の作品であるがゆえに継承すべき作品だと思ったということからも、当然のことといえる。

舞踊家のIさん（四世）も「4大名作舞踊」の中の「リンゴ豊年」を挙げたが、これは「4大名作舞踊」の中では、思想性が薄めで「民俗的」な作品である。

その次に多く挙がったのは、崔原作の『チャンゴチュム』、崔の弟子が作った『サダンチュム』『トゥレノリブクチュム』であった。これらの作品は、崔の舞踊をよく伝えるものであり、政治色、思想性は薄い。Gさんは崔原作の『巫女舞』を挙げた。Hさん、Iさんは、崔の原作や北朝鮮で創作された作品を挙げ、元舞踊小組指導者のCさんは、それらに加えて『牧童と乙女』を挙げた。これらはみな、「民俗的」な作品である。Hさんの朝鮮舞踊教室で習っている生徒のうち、朝鮮学校に通っているKさん、Nさんからも、これらの「民俗的」な作品が挙がったが、朝鮮学校に通っていないLさん、Mさんは「創作舞」を挙げた。

このように、「継承されるべき作品」としては、「4大名作舞踊」、「崔の作品」、「崔の作品を北朝鮮でアレンジしたもの」が大半を占めた。ただ世代が下がるにしたがって、政治性、思想性の薄い作品を挙げる傾向が見られた。特に生徒たちは、在日社会をモチーフにした「創作舞」を好む傾向にあった。次節においては、「創作舞」の特徴と機能について、詳しく見ていきたい。

第六節　「創作舞」から見えること

ここで、在日コリアンの「民族舞踊－朝鮮舞踊」における「創作舞」について考えてみる。実際に公演や競演大会などで踊られている作品について見てみると、歌劇団、歌舞団においては、「4大名作舞踊」のような、一九七〇年代の政治的・革命的な作品が上演されるが、小組活動の競演大会や朝鮮舞踊教室においては、崔の基本動作を基に、在日コリアンの舞踊家や舞踊小組活動の指導者が振り付けた「創作舞」が踊られることが多い[322]。第三章でも見たように、朝鮮学校の舞踊小組の指導者たちは、生徒たちのレベルに合わせて、「創作舞」を創作し、競演大会でも「創作舞」が多く踊られている。

競演大会などで披露される、在日の生活をテーマとする「創作舞」の特徴には、今の生徒たちの情緒や、学校ごとに個性を見出すような作品、日本社会に置かれている状況に前向きになれるような思いとエネルギーを込めた作品があり、自分たちのルーツや「民族舞踊」大切にする心を育てると同時に、「在日である」ことを肯定しながら、若い世代が持つ個性を示すような内容のものが多く見られる。

そのことから、「創作舞」は、日本社会で生きる状況に前向きになれるような思いを込めて創作されていて、自分たちのルーツや民族芸術を大切にする心を育てると同時に、「在日である」ことを肯定するような役割を果たしていると思われる。

在日の経験を元に「創作舞」を創っているHさんに詳しく話を聞いたところ、次のように語った。

Hさん

日本での創作舞は、今の時代の流れに合わせて、特に四世以降の生徒に向けて創作するので、生徒の水準に応じて、習得しやすくなるよう、作品の振付を工夫しています。ほとんどの生徒たちは四世以降なので、彼女たちの生活様式や意識を重視して創作する場合が多いです。

祖国からの映像資料は今の四世、五世たちには合わないものが多くて……。そもそも祖国に行ったこともない生徒が多いんです。四世、五世たちの児童や生徒たちは日本社会の中の差別や偏見によって、自分に自信を持てなくなることもあります。そんな子どもたちの意識に寄り添いながら、少しでも気持ちが前向きになるような内容（踊り）を創作する場合が多いし、ウリハッキョに通う生徒たちには、特に学校生活のテーマを取り入れ、日々の生活にくじけないような振付（創作）を心がけています。

このように、若い世代は在日社会をモチーフにした「創作舞」を好む傾向があり、指導者も、それに合わせて教え方や踊る作品に工夫を凝らしていることがわかる。

しかしその一方で、舞踊の型が崩れないよう、指導者たち自身が、所属している団体ごとに、北朝鮮から届いた映像資料を使用して練習を行うという仕組みは維持されている。第三章で見たように、競演大会でも、学年が上がると、「既成舞」を踊る率は上がっていく。

これらのことから、在日社会の「民族舞踊」は、過渡期にあるといえるだろう。しかし、インタビューの中でも何度か出てきたように、今日、朝鮮学校に通う子どもの数は減少する傾向にある。朝鮮学校に通っていない生徒にとって、自分たちの体験に沿った「創作舞」こそが「朝鮮舞踊」となっていく可能性は高いと思われる。朝鮮学校に通わない在日コリアンの子どもが増える中で、今後、「朝鮮舞踊」の内容はさらに変化していくだろうと推測される。指導者も、それに合わせて教え方や踊る作品に工夫を凝らしている。このことからも、今後ますます、「在日コリアン」自らの生活や経験に根差した、「재일무용・在日舞踊」[323]が形成されていくものと考えられる。

第七節　世代ごとの意識の変化

ここで、インタビューを行った指導者・元指導者、舞踊家、そして高校生たちの言葉から、「世代間ごとの意識の変化」を抽出してみたい。

二世のFさん、Gさんは、崔の原形を基に、形を守って忠実に踊り、指導し、次世代に民族舞踊を継承することに使命感を持って活動してきた。ただ、Gさんとのインタビューの中で、最近若い世代(四世、五世)が演じる作品や踊りの形に民族的情緒の希薄化が懸念される、という話が出た。Fさんもこれに対して共感していると語ってくれた。またGさんは、時代に合った新しい感性と、受け継がれてきた朝鮮「民族舞踊」との融合という、新たな形も模索される必要があるのかもしれない、ということであった。また彼女は、「若い世代の踊りを見ながらその大胆でフレッシュな感性に圧倒され、感心しつつも、『朝鮮民族舞踊基本』の動作（崔承喜の舞踊）がいかに大事であるかを痛感している、それを守らなければならない」とも述べた[324]。Gさんの発言からは、在日の「民族舞踊」の変化や独自性の動きが示されていると同時に、それを肯定するかどうかは、世代や個人によることも知ることができる。

三世の舞踊家や指導者は、二世から受け継いだ「朝鮮舞踊」を大事にし、次世代の「民族意識」を育てていると述べているが、その一方で、例えばHさんは崔の基本舞踊や作品を基に、生徒のレベルに応じて、振付に工夫を凝らし、在日の経験を織り込んだ「創作舞」を創って指導していた。ここに、時代の流れや、若い世代の要求に応じて、「民族舞踊」を在日社会に適応させようとしている変化を見ることができる[325]。

そして生徒たちへのメールインタビューからは、若い世代にとっての「民族舞踊」の役割も見えてくる。彼女たちが民族舞踊を習い、踊ることとは、「民族意識を持つことができる」ことに加えて、「友達と一緒に踊る喜び」「言葉で言い表せない楽しさ」「ありのままの自分を表現できる」ことを意味している。特に日本の学校に通う生徒たちにとって、民族舞踊を習うことは、自らの「アイデンティティ」や「仲間」、そして、「ありのままの自分」でいることができる場所を確保するという意味を持っている。朝鮮学校の生徒数が減少している今、朝鮮舞踊教室という場は、ますます重要になってくると思われる。踊りの場は、彼女たちの「居場所」だからである。

ただ、父親がニューカマーの韓国人、母親が在日三世（朝鮮学校卒業生）で、朝鮮学校に通っているNさんは、「踊りを踊ることは私の誇りであり幸せです。朝鮮舞踊は、自分が朝鮮人であることを悟らせてくれるし、朝鮮人という自覚を抱かせてくれます。小組活動の継承は、私たちの朝鮮舞踊の優越性と民族教育を守っていくために大事です」と書いてきた。彼女の意識は、同年代のKさん、Lさん、Mさんよりも、二世のFさん、Gさんに近いといえるだろう。世代差だけでなく、家庭環境も含めて、個人差があることも忘れてはいけないだろう。

第八節　小括

本章では、舞踊小組の指導者、歌劇団と歌舞団の舞踊家、民間の朝鮮舞踊教室で舞踊を習う生徒、それぞれに行ったインタビューをもとに、「民族舞踊」に対する「思い」を様々な側面から考察した。そこから、「民族舞踊を踊ること」（そして伝えること）が、彼女たちにとって、民族意識を維持する重要なツールとなっていることが確認できた。

ただ、「民族意識の維持」という表現は、人によって異なり、また、同じ表現を使っていても、内容が同じとは限らない、という限界もある。世代による異なりも大きい。

例えば、二世の舞踊家は、「使命感をもって、自分たちが習った舞踊（一世から受け継いだものと、北朝鮮からの資料や北朝鮮の舞踊家から教わったもの）」を忠実に次の世代に伝えることを「使命」と感じ、実践していた。しかし、次の世代である三世の舞踊小組指導者の中には、同じように「使命」を感じながらも、「日本で生きている自分」や「日本で生きていく生徒たち」の希望やレベルに合わせて、民族舞踊に変化をもたらす傾向（創作舞の制作）がうかがえた。さらに次の世代（四世）には、韓国の「伝統舞踊」を学ぼうとする動きや、「日本の学校に通いながら、朝鮮舞踊教室に通って、民族意識や居場所を確保する」という新しい動きが見られた。このように、現在の在日社会における「民族舞踊」は、様々な状況に置かれており、過渡期にあるといえる。

インタビューができた人数は四人と少ないが、朝鮮舞踊教室に通う高校生たちの声は、印象的だった。彼女たちは、「民族舞踊」を習うことで自らの「アイデンティティ」や「仲間」、そして「居場所」を確認し、それが「日本で生きる力になっている」と述べた。在日社会における「民族舞踊」の機能が、第二章で見た韓国や北朝鮮とは全く違うものであり、「朝鮮舞踊という民族文化が身体化されている」ことが、彼女たちの言葉に現れていた。

崔の『朝鮮民族舞踊基本』や彼女の作品は、守るべき基本として認識され、取り組まれていた。崔の原形を基に、形を守って忠実に踊り、その基本となる崔の「民族舞踊基本」を守っていくことが目的とされているが、難易度が高いため習得が難しい、という悩みがあることが、ここでも確認できる。崔の作品や、崔の作品をアレンジした北朝鮮の作品は、「継承すべき作品」と強く意識されているが、世代が下がるにしたがって、政治的・思想的な作品よりも、「ウリハッキョ：우리학교」（わが学校）、「ウリトンム：우리동무」（わが同胞）という意識から芽生えた民族的な要素の強い作品が好まれる傾向が見てとれた。若い世代は、自分たちの経験に基づいて制作された「創作舞」を、「受け継いでいきたい作品」に挙げた。若い世代の要求と時代や取り巻く状況の変化によって、新しい「創作舞」が創られ、若い世代がそれを「次世代に継承すべき作品」と考えている。このことも

また、在日社会で継承されている「民族舞踊－朝鮮舞踊」の中から、新しい「在日の民族舞踊」が現れ始めていることを示している。

最後に、四世で舞踊家のJさんの言葉と彼女の活動は、在日コリアンの「民族舞踊－朝鮮舞踊」の、新しい段階を示していると考えられる。Jさんは、朝鮮学校で民族舞踊を習い、舞踊家になったが、その後、韓国の「伝統舞踊」を習い、そこに大きな喜びと刺激を感じていた。そして、韓国舞踊の中で伝わる「伝統舞踊」を、在日の「民族舞踊－朝鮮舞踊」の中に取り込み、スキルアップさせていきたい、という希望を語っていた。北朝鮮の舞踊と韓国の舞踊が、在日コリアンを通して、再び一つになっていく未来を見せてくれるような言葉であり、実践である。

在日社会における「民族舞踊－朝鮮舞踊」の継承は、第三章で見たように、もともと総連傘下で、民族の「団結」や連帯感の保持という目的をもって、組織的に行われてきた。また、北朝鮮からの指導や援助も大きかった。しかし本章で紹介したインタビューからは、三世以降の世代は、在日コリアンを取り巻く環境に「民族舞踊－朝鮮舞踊」を適応させていることが確認できた。

「民族アイデンティティ」についても、北朝鮮（あるいは韓国）という国家とは離れた場で生きる、「在日コリアンとしての民族意識」、「在日コリアンというアイデンティティ（の維持・継承）」の意味合いが強いと推察される。そして「民族舞踊」の継承が、「日本社会の中で、在日として生きていく自負」や、「日本の学校に通っていても、舞踊を通して在日の仲間とつながれるという安心感」を生みだしていることの意味は大きいといえる。さらに、在日コリアンの「民族舞踊－朝鮮舞踊」が、北朝鮮の「民族舞踊」と、韓国の「伝統舞踊」の架け橋になるような試みもはじまっている。

終章　本書の結論と意義

本書では、日本による植民地支配のもとで近代化した朝鮮「民族舞踊」が、どのようにその姿を変えてきたのか、現在どのような状況に置かれているのかについて、調査および考察を行った。特に戦後、朝鮮半島の分断と民族離散の中で、それがどのように受け継がれてきたか、またそれぞれに、どのように変容してきたのかを追う中で、朝鮮「民族舞踊」をめぐる問題が、まさに「ポストコロニアルの問題」であることを実感した。

「ポストコロニアル」とは、「植民地」から脱した後も、植民地期に根差す政治的、経済的、そして特に文化的な状況が、好むと好まざるとにかかわらず、また意識的、無意識的を問わず、継続されている状況を指す。さらに、その状況に対する批評や、その状況を乗り越えていこうとする動きも含む。

近代朝鮮の「民族舞踊」は、「植民地経験」[326]の中で、崔承喜が「日本経由の西洋舞踊」[327]と、それまでの朝鮮「民族舞踊」(これも宮廷舞踊と民間の民俗舞踊が植民地化の影響で融合したもの)[328]を融合させたところから始まった。「解放」後、南北分断の中で、北朝鮮と韓国は、それぞれ国家政策として朝鮮「民族舞踊」を継承・発展させてきた。韓国は崔を排除し、北朝鮮は崔を中心に、「民族舞踊」を発展させ、それが今日まで継承されている。その結果、今日、韓国の「韓国舞踊」と北朝鮮の「朝鮮舞踊」は、違う形のものとなった。しかし、両方とも、根底には崔の舞踊芸術の影響が強く残っており、現在の両国の舞踊史の中においてその影響はそれぞれに位置づけられている。

戦後、北朝鮮との関わりを維持している総連系の在日社会では、近代の朝鮮「民族舞踊」の継承に力が入れられてきた。それは、北朝鮮からの指導（と支援）のもとで行われ、崔の『朝鮮民族舞踊基本』をはじめとする教材に基づいているため、在日社会の「民族舞踊」の中で、崔の舞踊は息づいている。

「解放」後の朝鮮半島の分断、「ディアスポラ」としての在日コリアンの置かれた状況は、日本による植民地支配の影響を残し続ける、まさしく「ポストコロニアルの問題」である。朝鮮「民族舞踊」もまた、この重い政治的背景を背負いながら継承され、また発展していることが、本書の調査によって明らかにされたと考える。

植民地時代に、「日本経由で」西洋舞踊の影響を受けて近代化し、崔によって世界的に評価された「民族舞踊」は、今日、非常に異なった姿になっている。「韓国舞踊」は、崔の弟子や日本で「新舞踊」を学んだ舞踊家たちによって支えられてきたにもかかわらず、長い間、崔承喜の名をタブーとしてきた。近年再評価が進んでいるが、彼女の名前が「親日」としてリストに載っている事実は依然として変わらない。また今日、韓国では「朝鮮舞踊」の名称は使われず、「韓国舞踊」と呼ぶ。

その中には「伝統舞踊」と「創作舞踊」（かつての「新舞踊」に近い）があるが、「伝統舞踊」もまた、「植民地化」という、日本によって押し付けられた「近代化」の中で、韓成俊などが、それまでの「宮廷舞踊」や「民俗舞踊」を再編成し、新しく作品を創作したという来歴を持っている。つまり、近代以前とは違う形になっているのだが、そのことが意識されることは少ない。

北朝鮮の朝鮮「民族舞踊」は、社会主義国家としての立場と、「主体思想」のもとで、大きく形を変えてきた。政治的、思想的な作品が多く創作されただけでなく、舞踊の形そのものが、ソ連経由でバレエの技法を取り入れ、中国経由でアクロバティックな動きを取り入れている。

非常に多くの人数で、非常に速いリズムで踊る、崔の舞踊や近代以前の朝鮮の舞踊とは違う形を取るようになっている。また、この大規模な「朝鮮舞踊」が、北朝鮮の国威発揚の大きな役目を担っていることは、広く知られている。崔自身は失脚、粛清されたが、彼女の娘（安聖姫）や甥、彼女の弟子たちは、その後も彼女の作品を基に、作品を創り続けている。そして崔の『朝鮮民族舞踊基本』は、今日でも北朝鮮の舞踊の「基本」であり続けている。

舞踊人類学者ランゲは、「集団舞踊は一共同体で連帯感を獲得する。〔中略〕事実、ある民族にとっては、舞踊は組織化するための主要な手段である」〔329〕と述べている。在日社会における「民族舞踊－朝鮮舞踊」の継承も、たしかに、総連傘下で、民族の「団結」や連帯感の保持という目的をもって、組織的に行われてきた。また、北朝鮮からの指導や援助も大きかった。崔の『朝鮮民族舞踊基本』をはじめとする教材は北朝鮮から送られてくる。朝鮮大学校の舞踊部の学生が、夏休みにピョンヤンで研修を受けるという制度もある。そのため、韓国の研究者などは、在日コリアンの「朝鮮舞踊」を、北朝鮮の宣伝活動と見なす傾向さえあった[330]。

しかし、本研究で行ったフィールドワークやインタビューからは、それとは違う、在日特有の「民族舞踊－朝鮮舞踊」の展開や、在日コリアンの人々の「民族舞踊」への思いを知ることができた。例えば、三世以降の世代は、「創作舞」の制作という形で、今日の在日コリアンを取り巻く環境に「民族舞踊」を適応させている。その意味において、在日コリアンの「民族舞踊」は、北朝鮮の「民族舞踊」とはまた違う、「在日独自の舞踊」を生み出しているといってもよいだろう。また、彼女たちの「民族アイデンティティ」も、日本の中のマイノリティとして生きる「在日コリアンとしての民族意識」、「在日コリアンというアイデンティティ」の意味合いが強くなっているように観察された。そして四世以降の若い世代にとって、「民族舞踊」の継承が、「日本社会の中で、在日として生きていく自負」や、「日本の学校に通っていても、舞踊を通して在日の仲間とつながれるという安心感」を生みだしていることの意味は大きいといえる。

また、在日コリアンの二世が、韓国で北朝鮮の「朝鮮舞踊」の公演を行うなど、在日コリアンを通して、北の民族舞踊と南の民族舞踊が出会う（越境する）機会が生まれている。さらに在日コリアンの四世が、韓国で継承されている「伝統舞踊」を習い、それを在日コリアンの「民族舞踊」に導入しようという動きもあり、韓国と北朝鮮で別々の形になった朝鮮「民族舞踊」が、在日コリアンによって、日本という場において、再び融合する可能性も生まれている。

近代朝鮮の「民族舞踊」は長い間、政治的に分断されてきた。その状況は今も変わらない。しかし現在、北朝鮮出身の舞踊家が韓国で公演を行ったり、韓国と在日の舞踊家たちが共演するなどの動きが見られる。在日コリアン四世の舞踊家は、韓国の「伝統舞踊」を学び、在日の「民族舞踊－朝鮮舞踊」にフィードバックしようとしている。こうした動きに象徴されるように、分断されていた朝鮮「民族舞踊」の、互いの「越境」「融合」が始まっている。これから先、在日コリアンの「民族舞踊」が、分断されてきた近代朝鮮の「民族舞踊」を架橋する役割を担うことを期待したい。

今後ますます、在日コリアン舞踊家が韓国に渡り、「韓国伝統舞踊」を学んで日本や韓国で活動をし、在日コリアンに「韓国伝統舞踊」を教え、また韓国でコラボレーション公演などの「越境」実践が行われていくであろう。そのとき彼女たちはどのような思いで活動しているのか、そして「民族舞踊」の継承を担う舞踊家たちの意識はどのように変化（世代交代）しているのか、あらためて調査をしたいと思っている。特に、崔承喜の弟子にあたる脱北舞踊家と韓国舞踊家との間の交流が活発化していることに注目し、脱北舞踊家という新たな存在を介した、文化芸術としての舞踊の「越境」と「融合」のあり方を追求していこうと思う。その際、崔承喜の舞踊の原形に、総連傘下で継承されてきた「朝鮮民族舞踊」と「北朝鮮の民族舞踊」がどのように関連づけられるのか、そのことにも考察を進めていきたい。そして、在日コリアン舞踊家と韓国舞踊家、そして脱北舞踊家の三者の動向（交流）を把握しながら、各舞踊家の韓国と日本での活躍に注目して研究を進めていきたい。

補　論——もうひとつの民族舞踊——日本における韓国伝統舞踊の実践

これまでの章（本論）では、日本による植民地支配と戦後の分断の中で、朝鮮「民族舞踊」がいかに継承・発展してきたのか、またそれが在日コリアン社会においていかに継承され、変容してきたのかについて論じてきた。特に、総連傘下にある朝鮮学校での民族舞踊教育を中心に、日本における「朝鮮舞踊」の継承システムと、それを担う舞踊家たちの「思い」について考察した。しかし、朝鮮学校ではなく、日本の学校に通った在日コリアン女性が、成人後、個人的に韓国に渡り、「国家無形遺産（伝統舞踊）」を学んで、それを日本に持ち帰り、日本国内で「韓国伝統舞踊」を教えることも、以前から行われてきた[331]。日本という場所（国）において、「韓国伝統舞踊」がどのように広まっているのか、また彼女たちはどのような思いで活動しているのか。この補論では、朝鮮学校を経ていない／日本の学校出身の在日韓国舞踊家による、日本での「韓国伝統舞踊」の実践活動について、本人と生徒たちへのインタビュー[332]をもとに、紹介し、本論を補足していきたい。

一　在日韓国舞踊家の実践活動

在日コリアン（韓国籍）のOさん（二世・六〇代後半）は、日本の学校を出て、成人になってから韓国に渡り、韓国の人間国宝・宇峰李梅芳《イメバン》先生（一九二七～二〇一五、本書六四頁参照）の門下生として[333]、「韓国伝統舞踊」を習得した。日本に戻ってからは、「韓国舞踊家」として公演活動を行うほか、一九九八年頃から公共の施設などを利用して在日コリアンや日本人に韓国舞踊を教え、二〇〇八年に東京・新宿で「韓国舞踊スタジオOチュムパン」を構えた。Oさんの活動には、一九九八年の公演の実行委員会が母体となって発足した「Oチュムパンの会（舞の場）：춤판의 모임」[334]が大きな役割を果たしてきた。さらにワークショップや講習会では、韓国の無形文化財保有者を含める著名な舞踊家などを招いて、国家無形遺産（指定文化財）として指定されている伝統舞踊（演目）を教えている。彼女にとっての「韓国伝統舞踊」はどのような意味を持っているのだろうか。そして彼女は、「韓国伝統舞踊」を教えることに、どのような「思い」を持っているのだろうか。筆者は二〇二四年四月から一〇月の間に、五回にわたってOさんにインタビューを行った。彼女が語ってくれたことを、以下にまとめる。

　日本で生まれて日本の学校に通い、日本の教育を受けていたため、祖国である韓国についてはあまり知りませんでした。日本のメディアを通じて、韓国の軍事政権による学生デモの鎮圧などネガティブな報道ばかりを目にしていたため、正直良いイメージがなかったのです。そのため、幼い頃は、祖国や祖国の文化にあまり誇りを持てず、民族的アイデンティティについて矛盾や葛藤ばかりを感じていました。その一方で、韓国舞踊や音楽については、幼い頃、八月一五日の解放記念日などの在日のイベントがあると、チャンゴやケンガリ（鉦）を演奏する人たちを見て素晴らしい技術だと一目置き、踊りの輪に入って踊っている一世の姿を、これが私や私の母の国の楽しみ方なんだと、どこかで肯定的に受け止めていたのも事実です。

高校を卒業して知人からの誘いがあり、民団の青年会に通い始めましたが、そこで韓国の言葉や歴史について学び、ショックを受けました。韓国の文化や歴史が自分にとって大事なものであると認識が変わり、朝鮮半島の文化や歴史を知らないことを恥ずかしいと思うようになりました。人間としてこれではいけないと思い、自分の国（韓国）について知るために韓国へ一年間留学することを決めました。

一九七六年から一九七七年頃、山口県下関の民団[335]で扇の舞などに触れる機会があり、その後、下関の民団青年会の女性部長となり、舞踊部を立ち上げました。周囲に韓国舞踊を指導できる人がおらず、大阪の韓国舞踊団体「グループ黎明」の崔淑姫先生やお弟子さんに月に一度下関に来ていただき、指導を受けるようになりましたので、本格的に習い始めたのはこの時からです。そして自分の国について知るために、先ほど話したように韓国へ一年間留学することを決めました（一九八一〜一九八二年に渡韓）。その時に、韓国舞踊の専門家の河《ハ》ルミ先生に師事し、本格的に韓国舞踊を習得し始めました。

Oさんの舞踊（入門）の出発点は民団経由で七〇年代後半、「民団青年会」で舞踊部を立ち上げてからである。彼女が踊りを始めた理由は、日本の学校に通ったため、祖国である韓国について知らなかったことに気づいたことがきっかけだという。当時、「韓国の軍事政権による学生デモの鎮圧」などネガティブな報道が多く、日本において韓国のイメージは良くなかった。Oさんは、「祖国や祖国の文化に誇りを持てず、民族的アイデンティティについて矛盾や葛藤の時期だった」という。そうした時代背景から見れば、心労がかなり大きかったと推察される。しかし一九八〇年代初頭に韓国に留学し、「韓国舞踊」と出会ったことで、「韓国」のイメージや、「韓国やその文化を知らない」ことへの危機感が解消したことが、彼女の語りから推察された。Oさんはその後再び韓国に渡り、約五年間（一九九〇〜一九九五）、人間文化財・李梅芳先生のもとで無形文化遺産の「伝統舞踊」を学び、一九九四年に「重要無形文化財第九七号」『サルプリの舞』の履修者になった[336]。

それではOさんは、「韓国伝統舞踊」についてどのように考え、また在日韓国舞踊家としてどのような役割を果たしているのだろうか。彼女は以下のように語ってくれた。

幼少期、思春期を経て、韓国の文化、特に舞踊や伽倻琴《カヤグム》に興味を持ちましたが、当時の日本にはそれを教えられる人がほとんどいませんでした。韓国に留学することによって、言葉や踊りなどの文化を学ぶことができれば、自分と同じように悩む在日コリアンの人たちの助けになるのではないかと思いました。何か一つでも習得したものを日本で伝えられればよいという思いで韓国に留学しました。

韓国文化の大切さを感じて渡韓したものの、実際に住んでみると、韓国の負の部分も目の当たりにしました。戸惑うこともありましたが、日本も韓国も同じ人間の住む場所だと実感し、ホッとした部分もある一方で、韓国の人にとっては当たり前のことが、自分にはわからずもどかしい時もありました。そういった生活の違和感から、まるで外国のようだと思うこともありました。しかし、今は、その狭間で生きていることこそ、自分の個性であると思っています。

そんな自分がどう残された人生で韓国舞踊と向き合っていくか、それは生き方であり、死に方でもあるのだと思っています。舞踊レッスンの場では、韓国のネイティブならすぐにわかる、間合いとか空気感がいまいち掴めなかったり、先生のおっしゃる言葉から動作のイメージが湧かずに苦しんだこともあります。韓国の人が咄嗟に表現できる「興」(感興)の趣を出すために悩んだこともあります。

そういったあらゆる場面での違和感や悩みはありつつも、韓国の踊りからは解放感を感じることができました。踊る場所が六畳ほどの狭い空間でも、心は無限に解放されていくような、広がりを感じることができたのです。

韓国舞踊は自分が限りなく自然と一体となった状態で、陰と陽を表すことに集中する舞なので、生活の細々とした違和感や、ある意味で国籍や民族といった様々な概念的なものから、いつの間にか、自然と、自由になれたといえると思います。韓国舞踊は、自分の踊りをうまく見せたいとか、人より優れたいといったエゴのようなものがあると、うまく踊れないものです。

長年踊っていても実力の足りなさを感じることもありますし、日本で韓国舞踊を続けることの限界を感じる時もあります。自分は韓国舞踊についてわかっていない部分があるのではないかと、いまだに悩むこともあります。芸を極め、そして伝えるということにゴールはないと感じます。

韓国で初めて故金淑子《キムスッチャ》先生のトサルプリ舞を見た際に、涙が止まりませんでした。こんなにも人の心を優しく包み込んでくれる踊りがあるのだと感動したのです。韓国の舞踊を見たり踊ったりする過程で、心が徐々に解放されていったのでしょう。韓国舞踊は心のしがらみを解いていかないとうまく踊れないと思います。

彼女は最初の留学から帰ってきた後、四二年間に渡って[337]、日本や韓国の各地で、ひたすら「韓国伝統舞踊」の活動[338]に力を注いできたという。先述したように、韓国の国家無形文化財保有者（人間国宝）などの舞踊家らも招いて、「韓国舞踊スタジオ」の生徒たちに、「韓国伝統舞踊」を学べる機会も与えている。Oさんに、「韓国伝統舞踊」を通しての発見とは何かと聞いたところ、「韓国伝統舞踊のみではなく、世界の舞踊に通じることだと思うが、生きるエネルギーや楽しさを与えてくれ、人や自分を肯定し、自分を発見する機会も与えてくれるものだと思う。文化を伝える作業にはゴールがなく、自分の考えにもゴールがないと感じている」と述べた。また、日本で「韓国伝統舞踊」を踊り、教える意味や、在日舞踊家としての役割は何かと聞いたところ、「国や国籍のアイデンティティではなく、〈個々のアイデンティティ〉を表現し、発揮する方法の一つに、韓国舞踊があると思う。年配の方は、自分らしい人生を全うし、困難があっても乗り越えてきた、そんな人生を表すために、また癒すために踊り、若い人はそれに加え『自分探し』のために。踊りがそうした人生の過程の助けになればいいと思う。そういった役割としての踊りは、在日コリアンだけでなく、日本人にも韓国人にも世界中の人々にとっても大切で楽しく必要なことである」と答えてくれた。

長年に渡り、韓国や日本で公演活動をしてきたOさんに「公演活動を通して、何を感じているか」について聞いたところ、彼女は「日本の舞台は、演じる人と観客側がくっきりとわかれている。日本の観客は静かにじっくりと、この舞踊は何を表現しようとしているのか、深く考えながら観ているように感じる。韓国の舞台は客席と一緒に興に乗じて合いの手も多く、舞台と観客席が一体となるように感じられる。そういった違いはあるが、踊るときは、ひたすら心を空にして、踊り切ることに集中するので、日本でも韓国でも踊る際の心構えは変わらない」と語った。

最後に、在日韓国舞踊家としての未来の展望についてOさんに聞いたところ、彼女は「演者が踊り切った達成感を得ると同時に、観ている人の心を揺らす、何かを伝えられる舞台を続けていきたい。それは自分の舞台だけでなく、生徒たちの舞台も同様。教室の生徒の中には八〇代、九〇代の高齢者もおり、皆一人ひとりの人生が感じられる踊りを踊っている。それはほかの人には踊れない、その人だけの素晴らしい踊りだと思う。自分もそう踊りたいし、生徒たちもそう踊れるよう今後も指導を続け、その方たちをリスペクトする場を作っていければと思っている」と述べた。

このように、Oさんは国家無形遺産の履修者として、自らの「韓国伝統舞踊」の「実践活動」が、

［表4］　韓国舞踊教室に通う生徒の背景および活動歴
（所属のOはOさんを指す）

エスニシティ・世代	年齢層	所　属	活動歴
在日韓国人・2世／韓国籍	60代前半	舞踊スタジオＯチュムパン	約30年
在日韓国人・3世／韓国籍	60代後半	舞踊スタジオＯチュムパン	約25年
在日韓国人・3世／韓国籍	50代後半	舞踊スタジオＯチュムパン	約16年
在日韓国人・3世／韓国籍	40代後半	舞踊スタジオＯチュムパン	約20年
ダブル・父親が韓国人／日本籍	50代後半	舞踊スタジオＯチュムパン	約17年
日本人	50代後半	舞踊スタジオＯチュムパン	約13年

「韓国（祖国）文化に対する再認識」「在日としての役割」「生き方の原動力」「無形文化財の伝承者としての役割」などを生み出していることが見てとれる。

二〇二四年度は、韓国の「国家無形文化遺産指定六〇周年」を迎える年である。無形文化遺産の伝承の役割にとって大きな意味がある年でもある。

二　「韓国舞踊教室」の生徒たちの実践活動

先述したように、Oさんが主宰する「韓国舞踊スタジオ」は東京新宿にあり、約三〇人の生徒が「韓国伝統舞踊」を習いながら活動している。そのうち在日コリアン（以下、在日と略）の生徒は約四割で、半数以上は日本人生徒である。Oさんを通して、そのうちの六人にメールインタビューを行うことができた。生徒たちがどのような「思い」で韓国舞踊を習いに来ているのか、以下、紹介していく[339]。六人の内訳は、二世が一人、三世が三人[340]、ダブルが一人（父親が韓国人）[341]、日本人が一人である。

彼女たちに、「①韓国舞踊を始めた動機、②踊りを通して感じていること、③韓国舞踊が自分の意識に及ぼす影響、④自分にとって韓国伝統舞踊とは、⑤O先生から韓国伝統舞踊の何を受け継ぎたいと思っているか」について質問した。今日の韓国舞踊教室の状況を知る上で、参考にしたい。生徒たちの背景および活動歴は［表4］のようになる。

まず、メールでのインタビューに答えてくれた六人の内、在日とダブル（父親が韓国人）の生徒（計五人）の回答について見ていく。①～⑤の質問に対する回答は以下のようなものだった。

在日二世（六〇代前半）

たまたま職場の近くに韓国舞踊教室があって在日であったこともあり、踊りを習い始めました。在日である私にとっては民族文化を習得することは、言葉を習得することの次に自分の位置を確かめる大切なことと感じています。それは離れてはいても本来自分が生まれていた土地や民族性に対する憧れを追い求めることなのです。祖先から受け継がれた私の体内の血筋には、遺伝的な韓民族のDNAが流れてはいても、韓国のチャンダンを聞かずに育った自分の血の中にはどの程度韓国のリズムは潜んでいるのか、あるいはまったく別の生体なのか、自分の身体はそのリズムに反応する血であるのかを知りたいのです。在日にとって韓国舞踊を学ぶということは、好きだから始める、とは違った意味があるのです。言葉を習得した次に身体に民族的アイデンティティを埋め込んでいく作業という思いで習いに来ています。

在日三世（六〇代後半）

在日の結婚式の最後は必ず全員で踊るので、その時に踊れたらいいなあという思いで踊りを習い始めました。踊る時の伴奏音楽の音色を聞くと胸がキュンとなるのは「血」なのでしょう。自分にとって韓国伝統舞踊は今では生活の一部になっています。

在日三世（五〇代後半）

当時、人生や生き方について思い悩んでいた頃、知人のちょっとした一言をヒントに、調べて行くうち韓国のシャーマン・巫堂に行き着き、サルプリ舞というものを知りました。まだ見たこともないその舞を踊りたい！　踊らねば！と電撃的に直感して、ホームページからO先生のもとを訪ねたのが始まりです。韓国舞踊はいかに呼吸が大事か、陰陽の世界の美しさ、人間も宇宙の自然の一部であるということを教えてくれます。先祖から受け継がれてきた命の繋がりに感謝の思いを常に感じています。日本のコリアン三世というルーツの証です。なぜ日本でコリアン三世として生まれたのか、なぜ私は今ここに存在するのか、なぜ私は踊るのかなどの道標です。まずは、父母先祖への感謝を表すものとして、伝統舞踊を奉納したいです。微力ながら、名もなき舞踊家として身近な人々へ伝えていきたいです。愛を舞う舞人として、韓国伝統舞踊をベースにフリー（即興）でも踊る活動をしていきます。O先生も応援してくださり大変ありがたいです。人前で踊る機会はそれほど多くはないのですが、舞い、踊ることは私の生き様であります。アホジ（父親）には踊る私の姿を見せることが叶わず、「魂は通じてるよ」と話してくれたO先生の言葉を胸に……また、私の踊りの一番のファンであるオモニ（の居る施設）へ舞を届けたいです。O先生のように人としての魅力あふれる、万人を癒す舞を舞えるようになりたいです。

在日三世（四〇代後半）

O先生の基本舞踊のワークショップに知人に誘われたのがきっかけです。以前からチャンダン（リズム）に合わせて即興で身体を動かせるようになりたいと思っていたので、通い始めました。踊りは自分との闘いです。ある韓国舞踊の先生が韓国の伝統舞踊は、誰かに評価してもらうための踊りではなく、いかに自分を解放させるかの過程だとおっしゃっていました。しかし踊りを習っていると、どう見られているか、他人よりうまくできているかということを考えがちになってしまいます。辛くても踊り続けること、そして自分を見つめることは、人生においても大事で、自分の人生を振り返る過程だと感じています。

ダブルの生徒（父親が韓国人・五〇代後半）

韓国の伝統文化の豊かさと素晴らしさを感じています。韓国舞踊を通じて歴史文化や言葉に興味を持つことで価値観と視野が広がりました。歴史と文化に対する敬意と感謝に気づかせてくれます。真剣に向き合うべき大切なものです。

次に生徒たちの①から⑤までの回答を整理して見ていく。

①「韓国舞踊を始めた動機」については、「在日であること（についての悩み）」、「自分のルーツの文化を知らないことへの不安や焦燥／知りたいと意識していたこと」、「韓国舞踊を公演で観て興味を持った、（結婚式など皆と一緒に）踊りたいと思ったから」というように、「民族」「ルーツ（の文化）」を獲得したい、という思いが見受けられる。②「踊りを通して感じていること」については、「韓国舞踊の呼吸の大事さと自然な動き、自分自身と向き合える、陰陽の世界の美しさ、先祖から受け継がれてきた命（血）のつながり、韓国の伝統文化の豊かさと素晴らしさ」などを感じていることがわかった。③「自分の意識に及ぼす影響」については、「在日にとっての民族的アイデンティティの維持・獲得」や、「韓国舞踊を通して歴史文化や言葉に興味を持つことで価値観と視野を拡大している」といった、アイデンティティ、ルーツについての主体的意識の獲得（と、それに伴う「生きやすさ」の獲得）という影響があると見受けられた。④「自分にとって韓国舞踊とは」については、「生きていく精神的基本となるものや、ルーツの証、自分を解放させる過程、歴史と文化に対する敬意と感謝に気づかせてくれる」といった言葉が並んだ。特に「言葉を習得した次に身体に民族的アイデンティティを埋め込んでいく作業」という言葉が印象的であった。

このように、在日の生徒たちは踊りを習うことに愛着心を持ちながら、踊りを通して民族に対する憧れや自覚を再確認している。幼い頃に父親（韓国人）と別れたというダブルの生徒についても、同様の動機や影響が見られる。そのことから、成人後に踊りを習うということは、自らのルーツを確かめる作業でもあると見受けられる。つまり彼女たちは、踊りを通して、「自分を解放させる」「自我の意識」「文化への敬意」「人生の道標」「価値観や世界観」「ルーツとしての証」という、「肯定的なアイデンティティの構築」を行っていた。このことは、韓国伝統舞踊を学ぶことが、個々の人間形成にまで影響を与えていることを示唆している。

次に、生徒たちが、⑤「O先生から韓国伝統舞踊の何を受け継ぎたいと思っているか」の質問について、どのように答えたのかを見てみたい。

在日二世（六〇代前半）は、「舞踊に向き合う真摯な姿勢、踊り以上に衣装や髪や身だしなみを美しく整える心です。あくまで自然で、技巧で飾らない舞踊、表現の本質を見きわめることを意識しています。O先生の僧舞、サルプリ舞はとにかく別物！　少しでもその美意識を受け継ぎたいです。可能ならば周りの人々（国籍、性別、年齢問わず）に少しでも韓国芸能のすばらしさを伝える機会があれば貢献したいです」と語ってくれた。在日三世（六〇代後半）は、「韓国伝統舞踊との向き合い方、立ち方などが他の先生と違う気がします。O先生に習ったそういう部分を見た人たちに感じてもらえたらと思います。韓国舞踊をやりたいという人に少しでも手助けをしたいです。O先生のそばで補助ができればと思っています」という回答をくれた。同じく在日三世（五〇代後半）は、「O先生の、優しくも媚びない踊り、時に厳しく、そして暖かく包み込む、観音菩薩のような舞です。まずは父母先祖への感謝を表すものとして、伝統舞踊を奉納したいです」と回答した。もう一人の在日三世（四〇代後半）は、「O先生の踊りはエゴイズムとは真逆にある〈限りなくピュアで深い踊り〉だと感じています。そういった澄んだ魂が踊りに表現されていると感じています。私はいま、子育て中で練習などには参加できていません。舞踊教室のホームページの管理や経理などの業務をお手伝いしています。O先生のそういった素晴らしい踊り、そしてその精神のエッセンスを少しでも多くの方に知ってもらいたいという気持ちでいます。いまは練習に出られませんが、舞踊ではない形でもお手伝いできることをしていきたいと思っています」と、書いて送ってきた。ダブルの生徒（五〇代後半）は、「受け継ぐことは簡単ではないですが、O先生の、韓国舞踊の素晴らしさを伝えるために妥協なく惜しみなく全ての努力を尽くそうとなさる覚悟と姿勢を常に見習いたいです。自身の舞踊というより、韓国で守り育まれてきた素晴らしい伝統文化を感受し合えるささやかな場を作っていければよいと思っています。父は韓国人ですが、幼い頃に別れたため記憶がほとんどありません。韓国舞踊との出逢いは偶然ですが、生まれた時にはあった国籍や韓国名について考えるきっかけにもなりました」と語ってくれた。

彼女たちはOさんのもとで、「舞踊に向き合う真摯な姿勢、あくまで自然で、技巧で飾らない舞踊、表現の本質を見きわめる意識を受け継いでいきたい」と語っている。特に二世（六〇代前半）と三世（四〇代後半）は、Oさんの『僧舞』と『サルプリ舞』に潜んでいる「伝統的な美意識や舞踊の魂を受け継ぎたい」とも回答している。「国籍、性別、年齢問わず韓国芸能のすばらしさや、O先生の、優しくも媚びない踊り、時に厳しく、そして暖かく包み込む、観音菩薩のような舞も伝えたい」と在日三世（五〇代後半）は語っている。「先祖への感謝を表すものとして、伝統舞踊を奉納し、韓国舞踊の素晴らしさを伝えるために妥協なく惜しみなく全ての努力を尽くそうとなさる覚悟と姿勢を常に見習いたい、自身の舞踊というより、韓国で守り育まれてきた素晴らしい伝統文化を感受し合えるささやかな場を作って受け継ぎたい」とダブル（五〇代後半）が語った。「O先生の踊りはエゴイズムとは真逆にある限りなくピュアで深い踊りで澄んだ魂が踊りに表現されていて、その精神のエッセンスを学んで受け継ぎたい」と三世（四〇代後半）が語った[342]。

以上の生徒たちの言葉から、彼女たちがOさんから、韓国舞踊の形だけではなく、その精神を受け継ぎたいと考えていることがわかる。

一方、先述したように、Oさんの教室の生徒の半数以上が日本人である。今回、そのうちの一人にメールインタビューを行うことができた。彼女にも同じ質問、「韓国舞踊を習う動機、踊りを通して感じていること、韓国舞踊が自分の意識に及ぼす影響、自分にとって韓国伝統舞踊とは、O先生から韓国伝統舞踊の何を受け継ぎたいと思っているか」について聞いたところ、次のように回答してくれた。


O先生の舞踊教室で職場の先輩が踊りを習っていて、その先輩が公演に出演するということで、受付のお手伝いと公演を観たのをきっかけで習うことになりました。別の先生の公演を観たときに、表現が現代的で容易しいと思った時もありました。しかし、茨の道を歩いてでもO先生に師事して踊り続けることに自分の道があるなと思い、今も邁進しています。O先生の舞踊の世界観は心の眼で観るとすぐわかります。体感すれば言葉は要らないと思います。何よりO先生の公演を心待ちにする人々が多くいることが証拠だと思います。舞踊はそれを受け取れる環境も必要で、これから舞踊する場についても気を配っていけたらとも思っています。踊りの世界は自分の心と向き合い、どう表現していくかを考えます。自分の違う一面を見られたり、感じたりできる世界があると思っています。韓国伝統舞踊を通して自分と対峙し、心に向き合う機会がとても多くあります。自分の中の喜怒哀楽や特に煩悩と向き合うのは苦しい時がありますす。でも向き合うことで許す愛、慈愛が生まれてほしいと思っています。生活の一部のように仕事以外では踊りに多くの時間を過ごしています。それが続けられるように体と心を整えることに気を付けています。これでいいと納得することなく常に追求し続けています。

O先生から上手く踊れたらそれでいいの？　と言われたことがあります。O先生の舞踊は先生の精神に慈愛と慈悲、常に追求し続ける熱い情熱があり、言葉一つで語れない複雑な感情を持ち、完成することのないパズルのようにミステリアスでもあります。私は韓国伝統舞踊を通じてO先生の世界観を体感し、表現できるようになっていきたいです。O先生の精神が滲み出る踊りが表現したいです。私の師事しているO先生は泥中の蓮の花という言葉が似合います。この精神を一人でも多くの人々に伝えたいという気持ちがあります。

このように、この日本人生徒は韓国伝統舞踊を通して、「自分の心と向き合い」「価値観や世界観を拡大」しようとしている。自らのモチベーションを維持しながら、「踊りの場」を追求・獲得しようという思いがうかがえる。日本人生徒も、在日の生徒と同じく、Oさんの、「舞踊の世界観や精神が滲み出る踊りの表現」について、称賛して肯定的に捉えていることがわかる。さらに、韓国伝統舞踊を通して、「心に向き合うということは、自分の中の喜怒哀楽や煩悩の心と向き合う」こと、という言葉に、在日の生徒たちとの共通性を見ることができる。

ここで、Oさんに、「日本人の生徒を韓国舞踊教室に受け入れた時の思い」について聞いたところ、「当初は在日コリアンのために、韓国の踊りやリズムを伝える人になりたいと思っていたが、日本の人たちが韓国文化を学び、隣国である韓国を理解することは、（過去の不幸な関係からも）必要なことと考えた。だが、ほどなくそういった考えよりも、何人であろうと、個々人が惹かれ興味を持つ文化を学べばよいのだと思うようになった。〈コリアンだから〉とかではなく、自分の娘たちにも踊りを学ぶことを強いることはしなかった」という当時の思いを語ってくれた。また、Oさんに「教室での在日生徒たちと日本人生徒の関係はどういうものか」と聞いたところ、「仲も良く、時には意見を言い合い、足りないものを補って、互いに教え合い、同じ舞踊を習う者として身内のように親しくしている」ということだった。

またOさんは、「現在、教室には日本人の生徒も多いが、踊り手の国籍やルーツは何も気にならない。韓国舞踊はすっと少し手を上げるような動作でも、言葉にはならない人生や生きざまを表現するものだと思う。一人ひとり、それぞれの人生や想い、そして魂をにじみ出し、それぞれの舞いを踊るものだ」と述べた。さらに彼女は、「日本人生徒たちは長く続けて、熱心に踊りに取り組んでいる」とも付け加えた。

このように、Oさんの教室では、在日生徒、ダブルの生徒、そして日本人の生徒が、韓国舞踊を通して仲間意識を深めながら、日頃の練習の成果を発表会や大会で披露しようと、熱心に取り組んでいるという。

Oさんの生徒たちの実践活動としては、数年に一度、発表会を行っている。そこでは韓国から舞踊音楽の演奏者を招いて、レパートリーの作品を生演奏に合わせて舞台で披露している。また同時に、毎年末には、一年の練習の成果を披露するおさらい会も行っている。発表会で披露する主な作品は、『僧舞』『サルプリ舞』『チャンゴチュム：杖鼓舞／長鼓舞』『剣舞』『太鼓舞』『教坊クッコリ』『鶴舞』などだという。さらに、二〇一六年には日韓伝統文化交流協会主催の「第五回韓国伝統芸能競演日本大会」に参加し、そこで優勝した生徒たちは、韓国光州文化財団主催のイベントに招待され、韓国の舞踊家たちとコラボレーション公演を行ったとのことであった。

先述したように、Oさんの教室では生徒たちの半数以上は日本人であるが、今回、インタビューを行うことができた日本人生徒は一人だけであった。この教室に通う過半数を占める日本人生徒の位置づけや、在日生徒たちとの関係性については今後さらに調査を進めていきたい。

三 「挑戦させたい作品／一番気に入っている作品」から見えてくること

本節ではインタビューを通して知ることができた、Oさんが生徒たちに「挑戦させたい作品」と、生徒たちが挙げた「一番気に入っている作品」に焦点を当てて、「韓国舞踊スタジオ」の実践について紹介していく。その上で、Oさんが、自身の役割をどのように考えているのかについて考察する。

先述したように、Oさんに「韓国伝統舞踊を習いに来ている生徒たちに、どんな踊りに挑戦してほしいのか／挑戦させたいのか」と聞いたところ、Oさんは、「宮中舞踊の中から一曲、例えば、

『春鶯囀《チュネンジョン》』〔343〕『剣舞』〔344〕『サルプリ舞』『僧舞』などを学ぶことができたら」と挙げ、さらに、「韓国の地方には、民俗舞踊から人間が生を営む上での活力を得られるような、そして韓国の芸能の源を感じられる踊りがたくさんある。例えば、『固城五廣大』〔345〕や『密陽百中遊戯（놀이）』〔346〕なども」と付け加えた。Oさんがこれらの作品を挙げた理由については、「それぞれ踊り方だけでなくそこに含まれる精神世界や娯楽性、表現方法も違うと思うからで、韓国の踊りと一言で言っても、宮中舞踊と民俗舞踊では異なり、地域や人によってかなり違う」と語ってくれた。またOさんは、「韓国舞踊は自分が限りなく自然と一体となった状態で、陰と陽を表すことに集中する舞なので、生活の細々とした事柄や、国籍や民族といった様々な概念的なものから、いつの間にか、自然と、自由になれたといえるようになると思う。韓国では〈ハン（恨み）〉という言葉があるが、韓国舞踊では言葉通りの〈恨み〉としての〈ハン〉ではなく、〈願い〉、または、祈る気持ちや弔う気持ちとしての〈ハン〉を込めるのだと考えている。だから『韓国』や『日本』といったアイデンティティという概念は昇華される」と述べた。

次に、生徒たちが挙げた「一番気に入っている作品」をまとめておく。

二世の生徒（六〇代前半）は『僧舞』を挙げ、理由は、「体と衣装が別々の動きをしながら呼吸により一体化した雄大な美しさを感じるから、人の内面の静けさから激しさを表現しているから」と答えてくれた。三世の生徒（六〇代後半）は、『サルプリ舞』を挙げ、「心の中にあるものを表現して踊れると思うので」と回答した。同じく三世（五〇代後半）も、『サルプリ舞』を挙げ、「人の一生、清濁すべてを昇華する舞、祈りの舞だから」と、また『僧舞』も挙げ、「宇宙、自然の一部と感じる舞、ダイナミックさ、先祖への祈り、踊ると清々しい気持ちになる」と答えた。また別の三世の生徒（四〇代後半）は、『剣舞』を挙げ、「自分なりに踊りと真剣に向き合うきっかけになった舞なので、世界観が自分の性に合っている気がする」とのことだった。

父親が韓国人のダブルの生徒（五〇代後半）は、李梅芳流『僧舞』を挙げ、「舞踊と音楽両面で構成の完成度が高く、踊る喜びを感じられる。個人の解釈だが、全ての人を救い共に良き場所まで翔ぼうという、大乗仏教思想に通じる壮大さと慈愛を感じます」と答えた。日本人の生徒（五〇代後半）は、『サルプリ舞』、『僧舞』を挙げ、理由としては「若いころに少し踊っていたことで身体能力は少し備わったかもしれませんが、身体の内に向かって表現するサルプリ舞や僧舞は、振りができれば完成する作品ではなく、身体能力がかえって作品の表現に不利になることもあります。踊りを踊るという感覚よりも内面を異次元の空間に向かって対峙させる動きでもあるので、常に踊り続けて追求していきたいと思えるところ」を挙げた。

在日二世、三世、ダブルの生徒（父が韓国人）、日本人の生徒が挙げた『サルプリ舞』〔347〕『僧舞』〔348〕の作品は、国家無形遺産として指定されており、韓国舞踊界の中でも伝統舞踊の代表作として代々受け継がれている。またこの二つの作品は、大会で人気のあるエントリー作品として競演されるケースも多い。この二つの作品を、Oさんの生徒たちの多くが「一番気に入っている作品」として挙げた。生徒たちはこれらの作品を通して、「伝統的な美」「精神的な魂」などを受け継いでいるということが、その答えから見てとれる。

ここまで見てきたことからわかるように、Oさんの「韓国伝統舞踊」教室で教えられ、受け継がれている舞踊や演目は、本論の第三章、第四章で見た、「朝鮮舞踊」で踊られ受け継がれている演目とは大きく異なっている。次節では、本論の第四章で見た、総連系で継承されている「朝鮮舞踊」と、補論で見た、「韓国舞踊」との相違点と共通点について述べてみる。

四 「朝鮮舞踊」と「韓国舞踊」の相違点と共通点

本節では、総連傘下で継承されている「朝鮮舞踊」の「継承システム」と、在日韓国舞踊家による、「韓国舞踊」の「実践活動」との相違点と共通点について、それぞれ見ていく。

相違点

本論の第三章で述べたように、日本において「朝鮮舞踊」は、総連傘下にある金剛山歌劇団を頂点として、各地方の歌舞団から朝鮮学校舞踊クラブ（小組活動）に至るピラミッド型に組織され、継承されている。また第三章、第四章で見たように、崔承喜の舞踊を基にしながら、北朝鮮で新たにアレンジされた作品や、在日コリアンの指導者が創作した作品などが、総連傘下の芸術団や、朝鮮学校の民族舞踊教育（課外活動）で継承されている。さらに朝鮮学校の舞踊クラブ（小組活動）を経て、舞踊家や指導者になった者が、朝鮮学校の生徒たちや、日本の学校に通っている四世以降の世代に朝鮮舞踊を教えている。そこでは日本人が習う機会はほぼない。

一方、先ほど見たように、在日韓国舞踊家Oさんは、個人的に舞踊教室を運営し、そこには四割の在日生徒と、過半数以上の日本人生徒が韓国舞踊を習いに来ている。Oさんの教室では、日本の学校を経て社会人になった在日生徒たちや日本人生徒たち[349]も韓国の伝統舞踊を習っている。生徒たちの大半はシニア世代である。韓国舞踊教室では、おもに無形文化遺産として指定されている作品（伝統舞踊）が教えられている。

次に活動（披露）の場としては、総連系の舞踊家たちや生徒たちは積極的な公演活動や競演大会があるが、基本的に総連系の在日コリアンの人々（総連社会）を対象に開催されている。さらに北朝鮮（祖国）で行事などがある場合、そこに出向きコラボレーション公演も行っている。つまり、朝鮮舞踊を通した日本社会との関わりは少ない。ただ第四章でも触れたように、韓国での公演活動や南北の文化芸術交流に尽力する二世の舞踊家がいる。一方、四世の中でも、朝鮮学校で「朝鮮舞踊」を習い、舞踊家になった後、さらに「韓国伝統舞踊」を習い、在日の「朝鮮舞踊」の中に「韓国伝統舞踊」の要素を取り込み、スキルアップさせていきたい、という希望を持つ者もいる。その希望は北朝鮮の舞踊と韓国の舞踊が、在日コリアンを通して、再び一つになっていく未来を見せてくれるものである。

それに対して、Oさんの教室には、日本人生徒が多くいる。発表会と競演大会にも、日本人の観客が訪れる。韓国から人間文化財保有者たちを招いて、日本や韓国でのコラボレーション公演も積極的に行われている。この点において、「韓国舞踊」は日本社会に開かれているといえる。

さらにもう一点、在日コリアンが実践する「朝鮮舞踊」と「韓国舞踊」には大きな違いがある。「韓国舞踊」は本論の第二章で見たように、長い間崔承喜の存在を無視してきた。今日でも、「伝統舞踊」では彼女の名前が出されることはほとんどない。そのため、日本で教えられる「韓国舞踊」には、崔承喜の存在にあまり影響されていない（とはいえ、崔承喜によって西洋舞踊と朝鮮舞踊が融合され、それが現代舞踊〔モダンダンス〕の創作や舞台衣装に影響を与えていることは評価されている）。これが日本で教えられる「朝鮮舞踊」との大きな相違点であるといえる。

ここで筆者の経験を紹介したい。筆者は、二〇〇二年から約一三年間にわたり、関西地域にある民団や京都韓国教育院[350]で韓国舞踊を教えた経験がある。そこでは、舞踊教室は全く組織化されておらず、ちょうどニューカマーの舞踊家（筆者）が現れたので、韓国舞踊教室を設置したという流れであった。当時、教室に来ている生徒たちは、おもに二世の女性たちで、三世や、日本人も習いに来ていた。二世たちは幼い頃から憧れていた「民族舞踊」を、シニアになってから、習うことができたことをとても喜んでいた。二世の生徒たちは、一世の父母の背中を見てきた世代であり、幼い頃の生活は相当に苦しく、食べていくのが精一杯だったので、何かを学ぶという余裕などなかったと話してくれた。当時、二世の生徒たちの年齢層は、五〇代後半からから七〇代までだったと記憶している。このことから、民団下での「韓国舞踊」が、総連下でピラミッド型に組織化され継承されている「朝鮮舞踊」とは全く違う位置づけであったこと（民族アイデンティティ維持のための「継承」が行われていなかったこと）がわかる。

また、当時筆者の舞踊教室に韓国舞踊を習いに来ていた生徒の二割程度は日本人だった。筆者の韓国語クラスにいる日本人も舞踊を習いに来ていた。彼女たちに、なぜ韓国語や文化を習うのかと聞いたところ、仕事上で必要であり、また韓流ドラマを観て興味が湧いて、習いに来たとのことであった[351]。このように、二〇年以上前から「韓国舞踊」を習う日本人はいたが、現在のOさんの教室の状況を見ると、韓国ドラマ（時代劇で出てくる宮廷舞踊など）を観て、その美しさに見惚れて、あるいは韓国舞踊の公演を観て、体験してみたいと思う日本人が、ますます増えていると推察される。当時筆者の教室における在日コリアンの生徒と日本人生徒との関係はとても良い関係が築かれており、仲間意識を芽生えさせる教室であったことを覚えている[352]。Oさんの教室と同じく、筆者の生徒たちも若い世代よりもシニア世代が多かった。しかし、朝鮮舞踊教室では四世以降の若い世代、中高校生が中心になっているのが相違点として挙げられる。

共通点

次に、日本における「韓国舞踊」と「朝鮮舞踊」の共通点について考えたい。まず、この補論で見たように、韓国舞踊教室での在日とダブルの生徒たちの目的は、踊りを通して民族に対する肯定感や自覚を再確認し、自らのルーツを確かめることであった。つまり、踊りを通して、「ルーツとしての証」「肯定的なアイデンティティ」を得ていることがわかる。一方、総連系の舞踊家や生徒たちも、第三章、第四章で見たように、朝鮮舞踊を通して「朝鮮半島のルーツ」「在日であること」「自負心」「居場所」「仲間意識」「肯定的なアイデンティティ」などを得ていた。本論で見た、総連系の朝鮮舞踊の継承が果たしてきた役割と、補論で見た、Oさんと在日生徒たちが「韓国伝統舞踊」を習う動機や、人生に果たす役割とは、「ルーツの再確認、民族のアイデンティティの獲得、居場所の発見、誇りを得る、仲間意識の醸成」などで、ほぼ共通しているといえる。

先述したように、「韓国伝統舞踊」を教える人と習う人には、崔承喜の存在は強く認識されていない。この点も、「朝鮮舞踊」と「韓国舞踊」の大きな相違点である。しかし、「韓国舞踊」の中には、崔承喜が創った作品や崔承喜の「舞踊基本」は知らなくても、根本的なところで、朝鮮「民族舞踊」という共通性がある。「崔承喜生誕一〇〇周年」の際に、在日コリアン舞踊家たちが制作した基本動作は今の韓国舞踊の基本動作と共通している部分も多い。筆者も実際に中高生の時は（当時は崔の名前も知らなかったが）、崔の基本動作と同じ動きを習っていた。本論の朝鮮学校のフィールドワークで、筆者が習った動作を生徒たちが踊っていたことは、感無量であった。

本論で述べたように、ソ連や中国の影響を受けて変容した「朝鮮舞踊」と、伝統を重んじ、崔承喜の功績を消し去ってきた「韓国舞踊」は、現在、見た目では大きく違う舞踊となっている。しかし、根本のところでは同じ基本の動きを持つ「民族舞踊」であるといえる。

本論で見た、総連系の教室の若い生徒たちと、先ほど見た、民団系のOさんの教室のシニアの生徒たちの世代は異なる。しかし、若い世代が自らを取り巻く環境と「朝鮮舞踊」とを適応させていたように、Oさんのもとで「韓国舞踊」を習っているシニア世代の在日生徒も、「韓国舞踊」と自らの置かれている状況とを適応させていることが確認できた。

とはいえ、繰り返しになるが、Oさんの教室はシニア世代中心である。筆者が一〇年くらい前まで教えていた民団系の舞踊教室でも、習いに来ていたのはシニア世代が中心だった。実際のところ、朝鮮学校に通わない在日コリアンの若い世代（四世以降）が、「韓国舞踊」を習うケースがどれくらいあるのか（あるいはないのか）、その点は今回確認できなかったので、引き続き調査していきたいと思う[353]。

いずれにしても、在日韓国舞踊家による「韓国舞踊」の「実践活動」は、「組織化されていない／数が少ない」といえる。またシニア世代が多く、日本人生徒が多く習っている。つまり、「韓国舞踊（教室）」が日本社会に開かれているという現象は、日本社会における「越境」の一つの例と見ることもできる。

以上、世代が異なっていても、各舞踊教室では、それぞれの特徴を持った舞踊が実践され、その中で培われる民族的要素は、実践の担い手である彼女たちのアイデンティティの確認に大きな影響を与えている。その意味で舞踊は、世代をまたぐ「民族的アイデンティティ」獲得に重要な意義を持つものであるといえる。

五　小括

この補論では、朝鮮学校を経ていない／日本学校出身の在日韓国舞踊家による、日本での韓国舞踊教室の実践活動について、本人と生徒たちへのインタビューをもとに、分析、考察した。日本という場所において、在日韓国舞踊家Oさんの「韓国伝統舞踊」がどのように広まっているのか、また、本人と生徒たちはどのような思いで活動しているのかを彼女たちの声や思いをもとに紹介した。そこでは無形文化遺産としての「伝統舞踊」の作品が実践されていることが確認できた。彼女たちは、そうした踊りを通して、「自分を解放させる」「自我の意識」「文化への敬意」「人生の道標」「価値観や世界観」「ルーツとしての証」という、「肯定的なアイデンティティの構築」を行っていた。彼女たち（生徒たち）はOさんのもとで、「舞踊に向き合う真摯な姿勢、あくまでも自然で、技巧で飾らない舞踊と、表現の本質を見きわめる意識を受け継いでいきたい」と語っている。このことは、「韓国伝統舞踊」を学ぶことが、個々の人間形成にまで影響を与えていることを示唆している。Oさんの生徒たち（シニア世代）の「韓国舞踊を習う動機（習うことを通して）」は、民族に対する憧れや自覚を再確認し、自らのルーツを確かめることであった。つまり、踊りを通して、「自分を解放させる」「自我の意識」「ルーツとしての証」「肯定的なアイデンティティの構築」を得ている。

一方、総連系の舞踊家や生徒たち（若い世代の女性）も、第三章、第四章で見たように、「朝鮮舞踊」を通して「朝鮮半島のルーツ」「在日であること」「自負心」「居場所」「仲間意識」「ルーツとしての証」「肯定的なアイデンティティ」などを得ていた。本論で見た、総連系の「朝鮮舞踊」の継承が果たしてきた役割と、補論で見た、在日韓国舞踊家のOさんと在日生徒たちが「韓国伝統舞踊」を習う動機や実践活動も（本論で見た「朝鮮舞踊」も）、その目的はともに舞踊によってもたらされる、「ルーツの再確認、民族のアイデンティティの獲得、居場所の発見、誇りを得る、仲間意識の醸成」などであり、ほぼ共通しているといえる。

また、「韓国舞踊」の実践によって得られる在日生徒たちにとっての「民族的アイデンティティ」は、韓国という国家とは離れた場所に生きる在日コリアンならではの民族意識の維持・継承の意味合いが強いといえるだろう。そして「韓国舞踊」の実践が、日本社会の中で、「在日として生きていく自負」や、「舞踊を通した仲間意識」を生みだしている点も、「朝鮮舞踊」が持つ機能と同様であるといえる。

しかしOさんの教室では、半数以上が日本人の女性生徒であり、以前筆者が教えていた民団の韓国舞踊教室でも、日本人の受講者が一定数いたという点ではOさんの教室と同様であった。今回、インタビューを取ることができた日本人生徒は一人だけであったが、その生徒の「(Oさんの教室は)自分と向き合う時間、場所」という回答が印象的であった。またOさん自身も日本で韓国舞踊を教えることについて、「民族や国を超えて舞踊と向き合う」ことと語ったが、そのことに筆者も共感し、同じ思いである。

このように、日本における「韓国舞踊」が、韓国や北朝鮮の「民族舞踊」、総連系の「朝鮮舞踊」と大きく異なっているのは、「組織」や「国家」に利用されていないところ、「国家」との関係が薄く、個人的な動機、思いで教え、習っている点である。だからこそ、日本人にも開かれているといえる。Oさんの舞踊教室は、在日コリアン、日本人生徒がともに、「自分と向き合う場」となっており、「自分が解放される場」という点が、非常に特徴的である。そこに、「民族」を超える「舞踊」の本質を見てとることができるのではないだろうか。

最後に、この補論では、在日韓国舞踊家一人と、その生徒六人へのインタビューを通して、「韓国舞踊教室の実態」を紹介したが、それはあくまでも一例に過ぎない。今後は、Oさんと同じように個人で韓国舞踊教室を運営する、その他の在日韓国舞踊家へのインタビューを行い、ここ日本でのより幅広い「民族舞踊－韓国舞踊」の実践活動の動きに注目しながら、在日コリアンにとっての「民族舞踊」とは何かについて明らかにしていきたい。

という説もあり、「喜怒哀楽」を表現する踊りである。また『僧舞』の特徴は、仏教的な色彩が強い独舞で、韓国舞踊の特有の「静中動」、「動中静」の精髄がよく表現され、民俗舞踊の中で最も芸術性が高いという評価を受けている。

[349] 先述したように、一人の日本人生徒と、在日生徒たちの関わりは今後の課題にしたい。

[350] 駐日韓国教育院は、在日同胞のための民族教育と現地人の韓国に対する理解を助けるため、韓国語と韓国文化を紹介するなど、多様な教育活動を行っている。現在、日本全国に 15 個の韓国教育院が設立運営されている。

[351] 日本人生徒は介護の仕事をしており、そこに入所している在日の女性たちは、韓国朝鮮語で会話をすると安心感を持つのだという。また他の生徒は様々な文化イベントで韓国の民謡や歌などを披露しているという。

[352] 時々、みんなで一緒に韓国の食べ物屋に行って、そこで会話をしながら、韓国の文化を通した情報交換が行われていた。

[353] 民団系、あるいは総連・民団のどちらにも属さない在日コリアンの若い世代に、「民族舞踊」はどのように継承されているのか／されていないのか。彼女たちのアイデンティティはどのようなものなのか、という疑問を解く上で今後さらに調査をしていきたい。

2人については、朝鮮学校出身者（朝鮮舞踊経験者）が現在、韓国舞踊を習っているという点で、「南北（の舞踊）の越境」の証といえる。

[341] ダブルの生徒は父親がニューカマーの韓国人、母親は日本人だが、父とは幼い時に別れ、本人は自身を日本人（日本籍）と語っている。

[342] このように、生徒たちが「受け継ぎたい」と「語った」ことから、伝統文化を継承することは、私たちの先祖の知恵と伝統を保存することであり、価値があることだと筆者には思われる。世界が狭くなり近づく（グローバリゼーション）ほど、民族のアイデンティティ確立のためにも伝統の保存は必要なことである。グローバル化という名の下、韓国の（我が）伝統文化が消えるようなことがあれば、それは韓民族を支える精神がなくなることを意味するからだ。

[343] 『春鶯囀（舞）』は朝鮮国王・純祖（スンジョ）在任中の1828年に創作された「郷楽呈才（ヒャンアクジョンジェ）」の一つ。純祖の世子代理の翼宗がある晴れた春の日の朝、柳の枝の間を飛び回りながら、さえずるウグイスの声に感動してこれを舞踊化したもので、今でも伝承されている踊りである。

[344] 『剣舞』は、宮中舞踊である呈才（チョンジェ、宴会舞）の中の一つで、刀を振り回して踊る踊りである。新羅王朝時代に起源があり、妓女たちによって継承され、現在、『晋州剣舞』が原形を保持していると評価され、1967年に重要無形文化財（現国家無形遺産）に指定され、国立国樂院などで継承教育が行われている。

[345] 固城五廣大の固城は、韓国慶尚南道固城郡の地名で、五廣大は仮面劇をさす。内容は五廣大科場、ピビ両班科場などの五場面で構成され、貴族をからかったもの、破壊僧を皮肉ったもの、男女関係の悲喜劇など、それぞれの場面に風刺が効いているのが特徴である。一人ひとりの滑稽なしぐさをはじめ、最大の魅力である躍動感あふれる踊りは力強さがあり、韓国の興を堪能することができる。

[346] 毎年旧暦7月の半ば頃に慶尚南道密陽地方で地主たちが用意してくれた酒と食べ物で一日を楽しく遊ぶことから由来した、成人男女遊び（ドゥレグッ：農作業の能率を上げるために演奏する農楽）。1980年に重要無形文化財（現国家無形遺産）に指定された。

[347] 『サルプリチュム（重要無形文化財第97号）』は、「サル（厄・悪気）」を「プリ（解く・解決）」する「チュム（踊り）」のことを示す。この「チュム」は「クッ」というシャーマニズムの儀式を意味し、現実的な「エッ（厄）」を解消させ、明るさと自由の世界に進む意図を持つ。つまり「サルプリ（舞）」とは、厄を消滅させ幸運を迎えるという厄払いの儀式的な踊りである。『サルプリ舞』には3つの流派がある。

[348] 『僧舞（重要無形文化財第27号）』は、仏教様式舞踊の「法鼓舞」から由来したものとして定着してきた。『僧舞』は2つの流派があり、1つ目は韓英淑（韓成俊の孫娘、第1章を参照）流の『僧舞』と、2つ目は李梅芳流の『僧舞』である。『僧舞』は「チャンサムノリ（白い長い袖）」を空中に撒き散らし、無数の線を作りながら踊る。また、そのチュムサウィ（動作）は、鶴の姿を見て創案した

［328］ 註［16］参照。

［329］ R・ランゲ著／小倉重夫訳（1981）『舞踊の世界を探る』音楽之友社、152－153頁。

［330］ 김채원（2007）「재일조선인무용연구：금강산가극단을 중심으로」『대한무용학회 논문집』（金採元「在日朝鮮人の舞踊研究：金剛山歌劇団を中心に」『大韓舞踊学会論文集』53）、50頁。

補　論

［331］ 韓国舞踊教室は、本論の第4章で見た「朝鮮舞踊」を教える教室に比べると、数は少ないものと推測される。

［332］ インタビュー調査はメール、電話、オンライン上の対面などで行った。

［333］ Oさんは筆者とは韓国伝統舞踊系の同門の間柄であり、かつて韓国で同じ先生に師事した。そのことから約30年後に日本で連絡をしたところ、快くインタビューに答えてくれた在日韓国舞踊家。

［334］ この「Oチュムパンの会」は1998年から本格的に公演活動を始め、活動のメンバーは約30人で、そのうち、在日コリアンの生徒が4割いる。

［335］ 在日本大韓民国民団（韓国民団）は、1946年10月3日、東京・日比谷公会堂で「在日本朝鮮居留民団」として創立された。民団は、在日同胞の法的地位確立と民生安定、文化向上、国際親善と祖国の発展、平和統一の実現を方針に掲げ、数多くの運動・事業を総力で展開し、実績を上げてきた」（https://www.mindan.org/aboutus.php から閲覧、最終検索日：2024年9月29日。

［336］ 無形文化財の規定では在日コリアンが履修者になる資格はなかったが、当時の韓国では在日の事情について知られていなかったため、Oさん夫婦が文化財庁（現国家遺産庁）に在日の背景について説明し、理解してもらった上で、規定が改訂され、試験に合格したという（在日コリアンの中では最初の履修者）。日本社会でも在日コリアンは就職や資格の取得が難しかったのだが、韓国（祖国）まで自国民である在日コリアンを差別するのかと疑問に思ったとのことである。

［337］ そのうち、5年間（1985～1990）は東京韓国学校で韓国舞踊を指導した経験があったという。日本国内で韓国系学校は6校である。学校内には韓国舞踊クラブがあり、そこでは韓国伝統舞踊が教えられている。K-POPクラブもある。

［338］ その活動には、日本や韓国での韓国舞踊家たちや在日舞踊家たちとのコラボレーション公演も含まれる。

［339］ メールインタビュー（やり取り）は、在日韓国人3世（40代後半）にも手伝ってもらった。彼女はOさんの教室のマネージャーとして、教室の管理全般に携わっているので、教室の稽古（情報）などを詳しく知ることができた。

［340］ 3世の内の2人は朝鮮学校出身者であり、学校行事の運動会で全校生と一緒に『農楽舞』を披露した経験があるという。40代後半の3世は朝鮮学校に高校まで通っていて、50代後半の3世は小学校まで朝鮮学校に通っていたという。この

[314]　1951年の崔の作品で、太鼓を打ちながら舞う、力強くも優雅さを秘めた踊り。
[315]　この時期に政治的な作品から民俗的な作品への転換が行われた。民俗舞踊を発掘し、現代的美意識に合わせて発展させるためであった（連続講座「朝鮮民主主義人民共和国の大衆文化をひも解く―朝鮮民主主義人民共和国の舞踊―その歴史と特徴」、2021年9月25日、オンライン開催、朴貞順講演資料より）。
[316]　北朝鮮の代表的な伝統民俗舞踊作品。崔が1936年に創作した『巫女舞』を基に、娘の安聖姫が再現したが、後に1970年代に平壌芸術団の振付家によって再創作された作品が『チェンガンチュム』である。衣装と小道具は崔の原作に準ずるが、音楽はアレンジされ、速いテンポを楽しみながら軽快に踊る。韓国の伝統舞踊とは大きく異なる。
[317]　朝鮮王朝時代、全国を旅しながら芸を披露する大道芸人を寺堂（サダン）と呼んだ（註［260］参照)。1960年代に平壌芸術団の振付家・金洛栄（キム・ラギョン）によって新たに創作された作品。
[318]　1960年代から70年代に同じく金洛栄によって創作された作品で、農作業と豊作の喜びを表した民俗的な踊り。
[319]　1947年に創作。
[320]　1947年から48年に振付家のチョン・チスが創作した作品。この『農楽舞』は全国の朝鮮学校で運動会の時に、生徒たちによってよく踊られる。
[321]　この「4大名作舞踊」は、歌劇団、歌舞団の公演でよく踊られる。
[322]「既成舞」は、難易度が高いため、高級部の独舞（ソロ）で踊られることが多い。中級部や群舞で踊られる作品は、「創作舞」が多いというが、競演会によって異なる。また元舞踊小組指導者のCさん、Dさん、Eさんはインタビューの中で、「思想性が強い作品は段々となくなる傾向にある」と語っていた。
[323]　この用語を使うか使わないかは、人による。元舞踊小組指導者のCさんとDさんが、特に「在日舞踊」という呼称を使った。
[324]「踊りに対する民族の心構えや、その踊りの動作の一つひとつの表現が違ってきている。動作や表現から民族性が薄れているのではないか」との懸念であった。
[325]　このことがGさんには、「民族性が希薄になっている」と見えるのかもしれない。

終　章

[326]　この経験とは、植民地とされた側だけでなく、植民地化した側（支配国）も、植民という影響を受けて変化、変容するという意味を持つ。例えば、日本側が崔の舞踊を受け入れ、賞賛し、支援したことも、（日本の）「植民地経験」の一つである、と同時に、それは言語や文化の抹殺、民族的尊厳の剥奪、住民の虐殺と土着の経済機構の破壊などを含むものでもあった。
[327]　註［15］参照。

えるだろう（前掲「身体化されるアイデンティティ」、528頁）。

［301］『朝鮮新報』2021年1月30日付「舞踊教育の重要性」（https://chosonsinbo.com から閲覧、最終検索日：2021年9月25日）。

［302］ 舞踊家への質問項目は、「民族舞踊をいつ始めたのか、始めたきっかけは何か。これまでどのような作品を踊ってきたのか。誰に、どのような指導を受けたのか。どのような場で活動してきたのか。日本社会とつながりのある活動の経験はあるのか。民族舞踊の継承の意味と役割とは何か。次世代に継承したい舞踊作品は何か（その作品を選んだ理由は何か、作品の中のどのような要素を継承したいと考えるのか）」である。

［303］ 1948年に済州島で起きた4・3事件の記事を読んだ崔が創作した作品で、北朝鮮で崔の愛弟子の金洛栄（キム・ラギョン）によって再現された（日本初演は2001年）。

［304］ 朝鮮時代の名画『普賢菩薩』をモチーフにした作品。

［305］『荒波を越えて』は2006年の韓国公演の演目としても舞台で披露したという。

［306］ 日本社会の中で朝鮮舞踊を習い手、担い手、継承者が一番多いのが、大阪、次に兵庫であるという。関西地域の中でも差があることが見てとれる。

［307］ Jさんは、韓国人のニューカマーや日本人と交流することにより、新たに学ぶことが多く、楽しいと語った。

［308］ ただGさんは、今の子どもたちの踊りの表現は、元々の崔の作品のリズムや動作に比べると、民族性が薄まってしまっているとも感じている。

［309］ この『立舞』は、韓国の踊りの「기본춤：基本舞」といえる。特に、「李梅芳流の立舞」はこの踊りの技法の中で、呼吸法と足の踏み方などを土台にして再構成した踊りである。また、『即興舞』『クッコリの踊り』『スゴンの踊り』『教坊の踊り』『サルプリ舞』といった演目には、この『立舞（基本舞）』が多く織り込まれており、リズムは「クッコリチャンダン（3拍子）」と「チャジンモリチャンダン（4拍子）」などが使われている。

［310］ 団長を含めJさんら京都歌舞団員5名が、ゲストスピーカーとして、立命館大学教養ゼミナール授業「地域から日本と朝鮮半島の関係を見つめる」に参加した（2023年6月27日）時、フロアからの「在日コリアンであるメリットとは何ですか？」という質問に対し、団長は「自分たちは祖国の北朝鮮の『朝鮮舞踊』も、故郷である南（韓国）の『伝統舞踊と民族楽器』も学べる立場にある」と述べ、「在日コリアン」というポジションを肯定的に語っていた。

［311］ メールでインタビューを行った4人の高校生には、Hさんを通して質問を送り回答を返してもらった。生徒からの回答は朝鮮語であったが、韓国語とは異なる単語や表現が多くあり、そこからも、本人たちが書いたものと確認できた。

［312］ 崔の原作をもとに、娘の安聖姫が創作した。後に崔の愛弟子の金海春（キム・ヘチュン）がアレンジした。

［313］ 1940年代前半の崔の作品。打楽器であるチャンゴ（長鼓）は農民の祝祭には必ず登場する。この作品は、韓国でも人気作品である。

［284］『朝鮮新報』2021年10月10日付「〈民族教育と朝鮮舞踊9〉民族の誇り――国宝級の朝鮮民族舞踊基本」（朴貞順、朝鮮大学校舞踊教育研究室室長）。

［285］同上。

［286］同上。

［287］同上。

［288］同上。

［289］筆者が参加した2019年の競演大会の1日目に、全国の高校部10校が、基本動作の中の一部を、約5分間（2種類の基本動作：①クッコリチャンダン、②速いリズムのチャジンモリチャンダン）、学校ごとに踊り競った。京都朝鮮学校高級部舞踊小組の部員11人は、銀賞を受賞した。

［290］『朝鮮新報』2021年12月4日付「〈民族教育と朝鮮舞踊11〉夢にまで見た祖国でのソルマジ公演」（朴貞順、朝鮮大学校舞踊教育研究室室長）。

［291］韓国でも、国家行事などに参加する、舞踊専攻者や舞踊家、舞踊教員などが、国の伝統舞踊（韓国舞踊）などを披露し、アピールする公演を行っている。

［292］2017年度から「ウリハッキョ（朝鮮学校）」の舞踊部では、日本で育つ3・4世をはじめ新しい世代の気質と教育環境に合わせて、『朝鮮民族舞踊基本』を基に構成された在日朝鮮学生（初、中、高）たちのための基本動作（DVD）と伴奏音楽（CD）、解説書で教育を行っている（『朝鮮新報』2021年10月10日付）。

［293］朴貞順（2000）前掲『在日朝鮮人学生の民族的教養と民族舞踊教育』、37頁。

第4章

［294］その間、コロナウイルス感染の時期もあったので、2021年3月はオンラインのミーティングツールであるZoom（ズーム）を通して参与観察した。

［295］大学院で筆者と同じ専攻の張瑛周さんから元指導者Eさんを紹介され、そこから他の2人につながった。

［296］上記の2人の内の元指導者Cさんから舞踊家のGさんを紹介され、そこから他の4人の舞踊家につながった。

［297］2019年9月～2020年4月にフィールドワーク。2021年2月～2022年9月に指導者・元指導者へのインタビュー。2021年11月～2023年9月に、舞踊家へのインタビュー。インタビューは基本的に対面で行い、補足としてメール、電話、ラインを使用した。舞踊家のHさんのみ、メール、ライン、電話でのインタビューとなった。

［298］この学生は、父親がニューカマーの韓国人、母親が3世の在日コリアンで、本人は2世と称していた。

［299］指導者への質問の項目は、「舞踊小組の入門時期、舞踊指導の経歴、指導者にとって民族舞踊とは何か、崔の基本動作や作品の取り入れ方、創作舞の取り入れ方、どのような指導を受けたか、民族舞踊の継承の課題」である。

［300］これは、宋基燦が指摘するように、「直接的に身体化される民族文化」とい

［274］ 既成舞が競演される割合は毎年異なるというが、2019年度に競演された作品の中で約20％程度が崔の原作や北朝鮮の創作品であった。以前の競演大会での既成舞の割合はもっと高かったという。
［275］ 基本動作は、日頃の練習よりも深い呼吸で踊られ、韓国の伝統舞踊との共通点が感じられた。筆者が指導者に、良く踊れていて、表情も豊かで最高ですねと言うと、笑顔で本当ですかと答えてくれた。京都朝鮮学校は、中級部では創作重舞、創作群舞（２つ）、高級部では既成独舞、既成重舞、創作重舞、創作群舞（４つ）の部門で受賞した。
［276］ この競演大会で、中級部の既成舞は１割以内であり、高級部の既成舞は３割程度だった。
［277］ この競演大会の審査員でもあった高名な舞踊家（第４章のインタビュイー〔インタビュー対象者〕として登場するＦさん）は、「(競演大会での舞踊は）北朝鮮の子どもたちが踊る『既成舞』の動き（リズム）や動作を限りなく忠実に再現しながらも、創作者が意図するものを把握しながら、作品の内容を、自身が消化し演じるということ（が大事)、形だけでなく内面の表現を大切にしている」と語った（2023年８月31日、電話とラインによるインタビューより)。
［278］ 競演大会で披露された創作舞には、『풍년의 기쁨：豊年の喜び』『패랭이 춤：ペレンイの舞』『사당춤：寺堂の舞』などがあった。そのほかには、農作業の民俗的な踊り、大道旅芸人たちの踊り、新郎をモチーフにした踊り、独立運動家『柳寛順（三・一独立運動時の女性リーダー）の魂をたたえて』などがあった。
［279］ 1948年１月、文部省は連合国軍最高司令官総司令部（GHQ）の指導の下、朝鮮人子弟を日本人学校に就学させるよう各都道府県知事に通達を出し、民族学校の強制閉鎖を命じた(阪神教育闘争〔在日韓人歴史資料館 http://www.j-koreans.org/ から閲覧、検索最終日：2024月９月４日〕)。
［280］ 国立国樂院編纂（2019）前掲「在外同胞元老芸術家口述採録：日本編」、409頁。
［281］ 1955年の競演大会には、祖国解放10周年を祝って、7500余人の同胞たちが集まったという（『朝鮮新報』2021年11月６日付「〈民族教育と朝鮮舞踊10〉在日朝鮮学生中央芸術競演大会」〔朴貞順、朝鮮大学校舞踊教育研究室室長〕)。
［282］ 朴貞順（2000）前掲『在日朝鮮人学生の民族的教養と民族舞踊教育』、72頁。
［283］ 『朝鮮民族舞踊基本』の（１）〔朝鮮芸術出版社、1958年３月15日〕には、１：リプチュム（立舞）＝予備動作８と基本動作（男女動作11、女子動作４、男子動作７)、２：プチェチュム（扇の舞)、３：タルチュム（仮面舞)、４：スゴンチュム（手巾の舞)、５：ソゴチュム（小鼓舞)、６：カルチュム（剣舞）に朝鮮チャンダンと基本動作の伴奏楽譜が収録されている。『朝鮮民族舞踊基本』の（２）〔朝鮮芸術社、1958年９月30日〕には、７：ハンサムチュム（汗衫の舞)、８：プㇰチュム（太鼓の舞)、９：パラチュム、10：サンモチュム（象毛の踊り)、11：チャンゴンム（長剣の舞)、12：チャンゴチュム（長鼓の舞）と伴奏の基本楽譜が収録されている。

［257］ この作品は、在日コリアンの生徒たちを取り囲む日本社会の抑圧の大きさと、それに負けずに伸びていこう、生きていこうという呼びかけに満ちている。このように、在日コリアンを取り囲む日本社会の在り様こそが、在日コリアンの人々がポストコロニアルな抑圧的構造の中に置かれ続けていることを示しているといえるだろう。

［258］ 2019年12月26日の京都朝鮮中高級学校舞踊発表会(京都府立文化芸術会館)。

［259］ 舞妓が牙拍（韓国の打楽器の一つ）を持って踊る、高麗・朝鮮時代に踊った宮廷舞踊。北朝鮮では 伝統古典民俗舞踊と分類されている（初演時期は不詳)。

［260］ 朝鮮王朝時代、全国を旅しながら芸をする大道芸人を寺堂（サダン）と呼び、この踊りは、即興で踊られていたサダンたちの踊りを朝鮮民主主義人民共和国の振付家が芸術化した作品（初演は1940年)。

［261］ 若き舞姫が美しく、楽しく、力強く踊る作品（初演は1930年代の後半から40年代前半頃)。

［262］ 仏教儀式舞踊から派生した優雅な踊りで、パラ（바라：哱囉〔ぼつら〕）の深い音色が特徴である作品（初演時期は1940年代前半頃)、註［37］参照。

［263］ その昔、巫女たちは、神意を世俗の人々に伝えたといわれており、その巫女たちの力強い姿勢を踊りで表現した作品。

［264］ 「パクピョン（박편：拍片)」を踊る時に両手の中に入れて拍子を合わせて巧みに使いながら、軽快に踊る作品。

［265］ 京都朝鮮学校のオリジナルソング「コマプスムニダ」の歌声にのせて『アンニョン（安寧)、コマウォヨ（感謝)』、『挨拶の大切さ』を踊る作品。

［266］ 収穫の季節、農民たちの喜びとこれからの豊作を願う気持ちを描いた作品。

［267］ 軽快な音楽に合わせ、帽子を回して踊る作品。

［268］ 崔が朝鮮民族の情緒を盛り込んで創作した作品で、モチーフとなる少年花婿は、家門の血統を受け継ぐことを子たる道理としてきた、19世紀末までの朝鮮で盛んだった結婚風俗作品（初演は1937年)。本書234頁参照。

［269］ 北朝鮮の代表的な伝統民俗舞踊作品。衣装と小道具は崔が創作した原作『巫女舞』とよく似ている。鈴を持って音色を楽しみながら軽快に踊る作品。

［270］ 巫女舞に使用される鈴は心霊を呼ぶ道具であり、その澄んだ音は天に届く神秘の音とされている。優雅でしなやかな動作だけではなく、鈴を奏でる躍動的で粋な動作が込められている作品（初演は1936年)。本書233頁参照。

［271］ 『朝鮮新報』2021年11月6日付「〈民族教育と朝鮮舞踊10〉在日朝鮮学生中央芸術競演大会」(朴貞順、朝鮮大学校舞踊教育研究室室長)。

［272］ 2019年10月31日から2日間にわたり、全国の朝鮮学校の小組活動部員たちが参加する大会で、4つの場所で分かれて行われ、舞踊部門は大阪朝鮮文化会館（大阪朝鮮高校内）で行った。

［273］ 2016年までは崔の『朝鮮民族舞踊基本』であったが、2017年からは『朝鮮民族舞踊基本』を基に、在日学生用に踊りやすく編成したバージョンを使用しているという。

年、132 頁)。

〔241〕 学校小組は、サッカー部、吹奏楽部、バスケットボール部、声楽部、民族楽器部、舞踊部、美術部、柔道部などがある(京都朝鮮中高級学校ホームページ〔https://www.korea.ed.jp〕から閲覧、最終検索日：2024 年 7 月 14 日)。

〔242〕 地域差もあるが、京都朝鮮学校に入学する子どもたちは年々減少しているため、舞踊小組に入会する部員の人数も減っていると考えられる。

〔243〕 その姿は、写真に残る、崔承喜が石井漠のもとでレッスンを受けた時の姿と瓜二つである。

〔244〕 崔の『朝鮮民族舞踊基本』の「基本動作」。

〔245〕 崔の作品を含めて北朝鮮からもたらされた作品。

〔246〕 小組活動の指導者が独自に創った作品。

〔247〕 崔の『朝鮮民族舞踊基本』では、女子 15 動作・男子 18 動作、共通 11 動作がある。

〔248〕 崔の『朝鮮児童舞踊基本〔1963〕』(20 動作)を『学生少年舞踊基本〔1971〕』(予備訓練と 14 動作)に改訂したもの。その後、児童基本動作の講習会を全国朝鮮学校初・中級部舞踊教員を対象として、1 週間の合宿を行ったのは 1975 年が初めてだった(『朝鮮新報』2021 年 6 月 26 日付)。

〔249〕 しかしその一方で、韓国で習う民族舞踊の基本動作と、朝鮮学校で習う基本動作(崔の基本動作)は、非常に似ていて、それで筆者は思わず「一緒に踊りたい」と声をかけたのだった。

〔250〕 その一方で、現在 40 代の朝鮮学校出身者からは、「半ば強制的に民族舞踊をやらされて、嫌だった」という声も聞かれる(第 4 章で紹介する、元指導者 E さんも、このように語った)。実際、舞踊小組への参加が、ほぼ義務化されていた時代もあるということだった。それが転換したのは、拉致問題の表面化を受けて、朝鮮学校の教育体制が変化してからと推察されるが、この件についてはさらなる検討が必要であろう。

〔251〕 残る 1 人は日本の大学に進学予定とのことだったが、この生徒とは直接話すことはできなかった。

〔252〕 朝鮮高級学校無償化を求める連絡会・大阪主催、第 5 回オンライン学習会(2021 年 9 月 30 日)での、大阪市立大学教授の伊地知紀子「大阪府下朝鮮学校保護者アンケート調査の結果について」の発表を参考にした。

〔253〕 ただこの「笑顔」「明るさ」が、複雑な背景を有していることを、宋基燦が指摘している(宋〔2012〕前掲『「語られないもの」としての朝鮮学校』)。そのこともまた、忘れてはならないと考える。

〔254〕 『朝鮮新報』2021 年 1 月 30 日付「〈民族教育と朝鮮舞踊 1〉舞踊教育の意義と役割」。

〔255〕 民俗舞踊『鈴の踊り』は、1979 年に創作された作品である。独特の響きで多様なリズムを取りながら踊る。踊りには様々な形式がある。

〔256〕 朝鮮戦争時、祖国のために生きる少女の逞しい姿勢を描いた作品。

[227]　1987 年、大韓航空機爆破事件を契機に朝鮮学校の女子生徒に対する暴行事件が発生。1994 年にはチマ・チョゴリ切り裂き事件、1998 年にも北朝鮮の動向を受けて、生徒への暴行事件が発生し、女子生徒の安全のため、登校時のチマ・チョゴリ着用を廃止。生徒への暴行事件は、2006 年にも発生している。

[228]　金徳龍（2004）『朝鮮学校の戦後史：1945 ～ 1972』社会評論社。

[229]　宋基燦（2012）『「語られないもの」としての朝鮮学校――在日民族教育とアイデンティティ・ポリティクス』岩波書店、239－240 頁。

[230]　송기찬（2020）「신체화되는 아이덴티티：조선학교의 조선무용에 관한 고찰」『국제고려학』（宋基燦「身体化されるアイデンティティ：朝鮮学校の朝鮮舞踊に関する考察」『国際高麗学』）18、507－542 頁。

[231]　板垣竜太ほか（2009）「朝鮮学校の社会的研究：京都朝鮮第三初級学校を中心に」『同志社大学社会調査実習報告書 No. 17（1）』。板垣竜太（2018）「朝鮮学校と銀閣寺：京都朝鮮中高級学校と地域社会との関係をめぐって」『同志社大学社会調査実習報告書」No. 27（5）』。

[232]　山本かほり（2022）『在日朝鮮人を生きる：〈祖国〉〈民族〉そして日本社会の眼差しの中で』三一書房。

[233]　山本かほり（2013）「朝鮮学校における〈民族〉の形成：A 朝鮮中高級学校での参与観察から」『愛知県立大学教育福祉学部論集』61、145－160 頁。

[234]　朴貞順（2000）前掲『在日朝鮮人学生の民族的教養と民族舞踊教育』、57 頁。

[235]　宋基燦（2020）前掲『身体化されるアイデンティティ』、508 頁。

[236]　この問題に関する筆者の研究は、以下の通りである。「在日コリアン社会における『民族舞踊』の継承：舞踊家たちの意識に注目して」『立命館国際研究』36－1、345－364 頁（2023 年 6 月）、'The Succession of Ethnic Dance Education for Korean Residents in Japan: Focusing on the Case of the Joseon School' "*International Journal of Korean Studies*" 19, pp. 267-290（2023. 3）、「在日コリアン社会における『民族舞踊』の継承とその意義：朝鮮学校の民族舞踊部指導者へのインタビューから」『コリアン・スタディーズ』10、89－100 頁（2022 年 6 月）。

[237]　朴貞順（2013）の研究では、日本にある朝鮮学校には初級部舞踊小組は 50 校中 47 校で 486 名、中級部舞踊小組は 32 校中 30 校で 31 名、高級部舞踊小組は 10 校中 10 校で 171 名であり、朝鮮大学校舞踊小組に所属する 61 名を含め 1091 名が民族舞踊をする人数であるという（「在日朝鮮同胞の民族舞踊を考える」『朝鮮大学校学報』〔朝鮮大学校朝鮮問題研究センター、2013 年 11 月〕）。

[238]　京都朝鮮学校でのフィールドワークについては、立命館大学コリア研究センターの先生方の協力を得て、2019 年 9 月 27 日に最初の訪問を行い、以降、1 週間に 1 回程度、練習場を見学した。発表会や競演大会の前は土・日曜日、祝日に関係なく終日見学した日もあった。

[239]　1954 年 4 月 13 日付（板垣竜太、前掲「朝鮮学校と銀閣寺」、30 頁）。

[240]　舞踊部は 1957 年に学校文化祭を準備する過程で発足したとされている（板垣竜太、前掲「朝鮮学校と銀閣寺」、30 頁。京都朝鮮中高級学校『学校沿革史』1966

「舞踊小組」は、小学4年生から希望者が入部して、教えるのは朝鮮学校の舞踊小組出身の先生である。筆者が2019年にフィールドワークに入った頃には、高級舞踊部の人数は11名、中級学校舞踊部の人数は15名であった。

[213] 1974年に200余名による団員および関係者が3カ月間北朝鮮を訪問、各地で巡回公演をするとともに平壌芸術大学の教授陣から直接指導を受けた。その際、故金日成主席が「金剛山歌劇団」と命名した（国際高麗学会日本支部『在日コリアン辞典』編集委員会〔2010〕『在日コリアン辞典』〔高正子執筆〕、127頁）。

[214] 박정순（2000）『재일조선학생들의 민족성교양과 민족무용교육』평양、문학예술종합출판（박정순／朴貞順『在日朝鮮人学生の民族的教養と民族舞踊教育』ピョンヤン、文学芸術総合出版社、29頁）。

[215] 在日コリアンの舞踊指導者や舞踊家たちは朝鮮民族舞踊を「朝鮮舞踊」と呼んでいるため、在日コリアンたちの民族舞踊については、以下、「朝鮮舞踊」と表記する。

[216] 例えば大阪には8つの舞踊教室がある。第4章で紹介するHさんの教室では、日本の学校に通う生徒も含めて、約30名が習っている。しかし京都では習う生徒が少ないなど、地域差がある。

[217] 朴貞順（2000）前掲『在日朝鮮人学生の民族的教養と民族舞踊教育』、67頁。

[218] 任秋子は、1950年代趙澤元に朝鮮舞踊を習ったのち、55年には石井漠にモダンバレエを習った。2009年には韓国ソウルで、韓国舞踊家の主催により、特別出演したこともあり、2011年崔承喜誕生100周年記念公演で舞姫を披露した（国立国樂院編纂〔2019〕前掲『在外同胞元老芸術家口述採録：日本編（2世舞踊家任秋子）』、204－227頁）。

[219] 국립국악원편찬 한민족음악총서6（2018）『북한의 민족무용』서울：국립국악원（国立国樂院編纂韓民族音楽叢書6『北朝鮮の民族舞踊』）、21－22頁。

[220] 国立国樂院編纂〔2019〕前掲『在外同胞元老芸術家口述採録：日本編』、139頁。

[221] 「革命舞踊」は革命的内容を持つもので、戦闘的で民族的な踊りの動作で構成されている。特に抗日革命舞踊は群衆文化事業、宣伝扇動事業の重要な手段である。

[222] 日本における民族学校としては、「民団系」の韓国学校の数は6校であり、「総連系」の朝鮮学校はおよそ100校であったが（註[209]参照）、近年は減少傾向が見られる。

[223] 朝連の性格を継承した組織として、1955年5月に総連が結成された。

[224] 朴尚得（1980）『在日朝鮮人の民族教育』岩波書店、15－16頁。

[225] 総連のホームページ（http://www.chongryon.com/j/edu/index2.html から閲覧、最終検索日：2024年9月12日）。

[226] 「民族性と同胞愛にもとづく仲睦まじく豊かで活力にみちた同胞社会を形成するという新世紀の要求に即して、同胞社会建設と国の統一と復興発展に貢献し、日本と国際社会でも活躍できる高い資質をもつ真の朝鮮人、有能な人材に育てること」を目的に挙げている（同上）。

第 3 章

〔205〕 在日本朝鮮人総聯合会（1955 年 5 月設立）は、日本に居住する各界各層の在日朝鮮人の同胞と団体によって構成される連合体である。朝鮮総聯の傘下には、商工業者、青年学生、女性、各分野の専門家、宗教人などを広範に網羅する階層別の団体と事業体、専門機関がある（http://www.chongryon.com/j/cr/index3.html から閲覧、最終検索日：2024 年 9 月 17 日）。

〔206〕 法務省出入国在留管理庁：国籍・地域別在留外国人の推移統計調査〔2022 年 12 月 1 日〕による（https://www.moj.go.jp/isa/ から閲覧、最終検索日：2023 年 9 月 17 日）。

〔207〕 韓国が政治・経済的な問題で在日同胞らを韓国国民として受け入れるより前の 1954 年に、北朝鮮は在日同胞を海外公民と位置づけ、公式的に在日同胞政策を進めるようになった（국립국악원편찬 한민족음악총서 8 〔2019〕〔国立国樂院編纂韓民族音楽叢書 8〕『在外同胞元老芸術家口述採録：日本編』、436 頁）。

〔208〕 1946 年 10 月 3 日に東京において「在日本朝鮮居留民団」を結成（在日本大韓民国民団〔民団〕の前身）。

〔209〕 宋基燦の研究では、朝鮮学校の数は全国 102 校、生徒の数は 6185 名とされ、日本で最大の外国人学校組織であると述べられている。しかし、近年、朝鮮学校の数は減少傾向が見られる（송기찬〔2018〕「정체성의 정치에서 정체성의 관리로：조선학교 민족교육과 재일코리안의 정체성」『한국문화인류학』51〔「アイデンティティの政治からアイデンティティの管理：朝鮮学校の民族教育と在日コリアンのアイデンティティ」『韓国文化人類学』51、229 頁〕、송기찬〔2020〕「신체화되는 아인덴티티：조선학교의조선무용에 관한 고찰」『국제고려학』 18〔「身体化されるアインデンティティ：朝鮮学校の朝鮮舞踊に関する考察」『国際高麗学』第 18 号、514 頁〕）。

〔210〕 近年は、総連のホームページ上に「新しい世紀、21 世紀に入り、在日同胞の構成も大きく変った。世代交代が急速に進み、3 世、4 世が多数を占めるにともない新しい要求と志向が提起されている」とあるように、変化の兆しも見える。宋基燦は「民族教育空間としての朝鮮学校」について、日本という国民国家からの差別に対抗するために「祖国」へと目を向け、北朝鮮の国家主義的教育の基本体制として創り上げられた場であるとする。時代遅れの「国家主義」に基づいた教育現場、硬直性に満ちた古い教育、北朝鮮の思想を生徒たちに教え込む所という印象があるが、実際その現場に入って観察をしてみると、国家主義の言説は外部からの視線とは違う方向に機能していると主張している（宋基燦〔2012〕『「語られないもの」としての朝鮮学校：在日民族教育とアイデンティティ・ポリティクス』岩波書店、147 頁）。

〔211〕 総連のホームページより（最終閲覧日：2024 年 6 月 12 日）。

〔212〕 「대한민국통일부북한지식사전：韓国統一省北朝鮮知識事典」では、小組活動を「特定の科目を中心に放課後に教員の指導を受けながら予習・復習や実験実習などを行う一種の部活動」と説明している。いわゆる放課後のクラブ活動である。

の芸術が韓国現代舞踊に及ぼした影響」漢陽大学大学院博士学位論文)。

[195] 성기숙 (2002)「최승희의 월북과 그 이후의 무용행적 재조명 (成基淑「崔承喜の越北とその後の舞踊活動の再照明」、101－141頁)。

[196] 金白峰の弟子、筆者もこの先生に舞踊を教わった経験がある。

[197] 한경자 (2012)「최승희연구의 현황과 과제」(ハン・キョンジャ「崔承喜研究の現状と課題」『韓国体育社会学誌』17－1)、95－107頁。

[198] 前掲、文化体育観光部 (www.mcst.go.kr/kor/main.jsp から閲覧、最終検索日：2024年8月7日)。

[199] 2006年3月、元『江原日報』論説室長함광복／ハム・グァンボク氏は、在米同胞新聞『新韓民報』(1938年2月3日付) で崔承喜の出生地が江原道洪川郡だという新しい事実を明らかにした。

[200]「崔承喜舞踊家は日本による植民地時代に活動した世界的な舞踊家で、分断国家である朝鮮半島で理念の壁を乗り越え、民族を一つに媒介できる人物だ」と明らかにした (『江原日報』2018年8月10日付)。

[201] 近年、韓国では、「北朝鮮 (북한：北韓) 舞踊」を披露しているケースも見られる (崔の弟子の脱北舞踊家など)。

[202] 註 [200] のような報道がある一方、独立有功者遺族会など6団体は洪川郡庁前で、親日民族反逆者崔承喜記念事業糾弾集会を開き、「洪川出身の世界的舞踊家だという事実だけを強弁し、親日行為のある人物に対する記念事業を推進してはならない」と郡守に強く抗議し、記念事業の中断を促した (『江原日報』2018年12月4日付)。

[203] 北朝鮮が「民族舞踊」を国威発揚や主体思想のツールとしていることへの対抗もあるのかもしれない。

[204]「国民国家論」を展開した西川長夫は、民族文化や伝統を、「国民を形成し、維持するための文化装置」と位置づけている。「民族 (国民 Nation)」についても、それを「想像の共同体」と名付けたベネディクト・アンダーソン以来、研究者たちにとって「民族／国民」という概念は、過去から誕生して無限の未来につながる永続的なものではなく、近代化のなかで、必要に応じて「想像される」側面が大きいと考えられるようになっている。また、エリック・ホブズボームが『創られた伝統』で明らかにしたように、「古くから受け継がれてきたと思われている『伝統』の多くは、実は近代になってから創られたもの、新しい意味を与えられたもの (あるいは、担い手によって創造されたもの)」である。韓国の「伝統舞踊」も、この側面から考える必要があると思われる (西川長夫〔2012〕『国民国家論の射程　あるいは〈国民〉という怪物について〔増補版〕』柏書房。ベネディクト・アンダーソン著、白石隆・白石さや訳〔2007〕『定本　想像の共同体：ナショナリズムの起源と流行』書籍工房早山。エリック・ホブズボーム、テレンス・レンジャー編、前川啓治ほか訳〔1992〕『創られた伝統』紀伊國屋書店)。

典である。

［181］ 1984年に金賢子が設立した韓国創作舞踊団の新しい名称。1985年に韓国創作舞踊の新しい傾向を追求するために、LGグループがバックアップした。文化事業を通して自社のイメージアップおよび広告効果を計ったが、88年に解散した。

［182］ 国立国樂院編纂（2018）前掲『北朝鮮の民族舞踊』、26頁。

［183］「ルネサンス」というフランス語は再生、復活を意味する。20世紀の韓国舞踊の開拓者が、韓成俊、崔承喜、趙澤元なら、韓国舞踊ルネサンスの頂点にいたのは金白峰であった。

［184］ 大人数で披露する場合もある『プチェチュム』はその後、海外でも頻繁に披露され、韓国の代表的な踊りとなった。オープニングレパートリーとして人気の高い作品である。

［185］「韓国舞踊」の中の宮廷舞踊の演目で、花の冠を頭につけ、手を隠すための袖を両手につけ、カラフルな宮廷衣装を着けて舞う優雅な踊りである。

［186］ 筆者が大学生だった80年代半ばには、大学に「伝統舞踊」の授業があまりなく、大学の外で、伝統舞踊家（人間文化財〔人間国宝〕など）から伝統舞踊を学んだ。しかし90年代には、筆者は大学で講師として「伝統舞踊」を教えることになった。さらに、韓成俊流の『サルプリチュム』、金淑子流の『都サルプリチュム（京畿都堂クッ）』と、李梅芳流の『サルプリチュム』を学んで、「国家重要無形文化財」として指定された3つの流派について研究し、修士論文としてまとめた（韓国、1991年）。

［187］ 筆者もこの時期、李梅芳先生から『僧舞』『サルプリチュム』を教わり、同大学の舞踊科で、伝統舞踊を教えた経験がある。

［188］ 前掲、文化体育観光部（https://www.mcst.go.kr/kor/main.jsp から閲覧、最終検索日：2024年7月30日）。

［189］ 朝鮮の歴代王と王妃たちへの祭事儀式で、元来、春夏秋冬と12月の年5回行っていたが、現在は年1回、5月に宗廟で行う。この祭礼での音楽は、文廟祭礼楽、宗廟祭礼楽といい、踊りは『イルム（佾舞）』ともいう。2009年にユネスコの無形文化遺産に正式に登録されている。

［190］ 韓国の『アリラン』は韓国を代表する民謡で、2012年には、ユネスコ「人類無形文化遺産代表目録」に登録された。

［191］ 韓国舞踊家の男女の割合は、筆者の経験からすると、男性の割合は約2割であると推定されるが、年度により変動していると思われる。

［192］ 筆者は、1980年半ばから大学の舞踊学科から大学院まで通ったが、その時の舞踊理論書（舞踊概論や韓国の伝統舞踊史など）では、崔の名前は載っていなかった。崔の名と功績を知ったのは、2000年に日本に来てからである（本書の「序章」参照）。

［193］「韓国芸術文化倫理委員会」では、禁止されていた創作物（北朝鮮の舞踊や民謡など）を解禁させた（註［10］参照）。

［194］ 박명숙（1993）「최승희예술이 한국현대무용에 끼친영향」（朴明淑「崔承喜

を設置した。舞踊学科が独立して設置されるようになるのは、1980 年代からである。

〔170〕 文化体育観光部（https:///www.mcst.go.kr/kor/main.jsp から閲覧、最終検索日：2024 年 7 月 30 日。

〔171〕 現代舞踊の박외선／朴外仙（パク・ウェソン、1915 年～ 2011 年）の強い要望で、梨花女子大学の舞踊専攻が創られた。

〔172〕 舞踊評論家の姜理文は 1965 年に、「箱は出来たが、中身はカラッポだ」と批判したという。ほとんどの舞踊科が体育学科に所属しており、舞踊の専門家が少なく、学問的な体系が構築されていないという指摘である（民族美学研究所編〔2001〕前掲『姜理文舞踊批評論集 1：韓国舞踊文化と伝統』、276、281 頁）。

〔173〕 巫俗は韓国固有の宗教といえるもので、「巫俗舞踊」は巫堂での祭礼、クッ（무당／ムーダンの儀式）でムーダンに神が降臨し、無意識の状態で踊る。この踊りは仮面舞や農楽のような民俗舞踊の発展に影響を与えている。

〔174〕 現在、韓国では、「国家重要無形文化財伝授教育館（各地方の伝授教育館を含む）」は、全国で 161 カ所存在している。この伝授教育館では、伝統無形文化の継承と発展のため、芸能保有者および団体の継承教育が行われ、また一般人向けの講習などが体験できる場として運営されている。

〔175〕 保有者→保有者候補→伝授教育アシスタント→履修者→伝授生という仕組み。

〔176〕「創作舞踊」はおもに、朝鮮舞踊の動作（춤사위：チュムサウィ）と、モダンダンスやバレエとを融合して創作された作品である。これらも今日、「韓国舞踊」の一部である。

〔177〕 舞踊家の宋范は韓国舞踊協会理事長（1961 年～ 1974 年）、国立舞踊団団長（1973 年～ 1992 年）、中央大学校芸術大学舞踊科教授（1982 年～ 1991 年）などを務めた。

〔178〕 舞踊家の姜善泳は、韓成俊に「伝統舞踊」と「民俗舞踊」を師事し、1953 年に『太平舞』を公演して以来、国内外で活発な活動を繰り広げた。また、1950 年から 70 年代に、国立舞踊団で様々な振付作品を発表した。

〔179〕 韓国舞踊家の金文淑は、国立舞踊団指導委員や諮問委員、韓国舞踊協会顧問などを歴任し、1990 年にソウルダンスアカデミー会長、1997 年に大韓民国芸術院会員に選出された。おもな出演作品として、『沈清伝』『袈裟胡蝶』『黄眞伊』『舞踊塔』などがあり、夫である趙澤元が演じた『身老心不老』を発掘・再現した。後には個人舞踊団を設立し、海外公演を行った。筆者もこの舞踊団に所属し、公演活動を行った経験がある。

〔180〕「ソウル舞踊祭」は優秀な創作舞踊公演を通して、大韓民国舞踊芸術の振興に寄与するために設立された。1979 年「大韓民国舞踊祭」として発足し、今日では「ソウル代表芸術祭」と呼ばれている（2023 年で第 44 回を迎える）。舞踊界をリードするスターダンサー、振付家誕生の登竜門であるのみならず、世界的に競争力のある文化としての舞踊芸術作品の発掘を行っている。大韓民国舞踊芸術の振興および大衆化を進め、「舞踊中心都市ソウル」というイメージを創り出す舞踊の祭

ループだったが、会員たちは、相互協調性に欠けていて、個性が強く組織生活の経験のない舞踊家たちだった。解放の空気に煽られた単なる情熱だけで、準備もなく設立され、解体の一途を辿った（民族美学研究所編〔2001〕『姜理文〔カン・イムン〕舞踊批評論集１：韓国舞踊文化と伝統』現代美学社、221頁)。

［159］ 1945年9月3日に、「輝かしい伝統を誇る朝鮮舞踊芸術の向上を目指す」という目的で設立された。崔承喜と趙澤元は「親日」として排除された。1946年8月の創立記念公演では、「解放」「アリラン」「愛国」といったタイトルの現代舞踊、新舞踊、バレエなどが披露されたが、同年、11月に解散した（成基淑〔2004〕「解放空白期（1945－1950）韓国舞踊の展開と歴史的意義」『舞踊芸術学研究』13、101－106頁)。

［160］ 1946年6月8月に創立されたが、左翼と右翼との対立、社会的困難、経済的窮乏などにより、舞踊家たちの活動余力が衰え、同年に解散することになったという（同上、105頁)。

［161］ 1946年6月に設立された「大韓舞踊芸術協会」は、特に「新舞踊」に反対して、「我が舞踊」(民族伝統舞踊)」の重視を掲げていたが、具体的な活動は乏しかった（前掲「解放空白期〔1945 － 1950〕韓国舞踊の展開と歴史的意義」、101 － 104頁)。

［162］ 「新舞踊」という名称は、1919年の３・１運動以後、帝国日本の文化統治が展開され、26年の京城公会堂で行われた石井漠の発表会以後、1929年に裵亀子の音楽舞踊公演、1930年の崔承喜の創作舞踊公演を起点とするのが通説となっている（第１章第３節参照)。

［163］ 新舞踊家の金敏子は、崔の元で新舞踊を学んだ舞踊家である。1976年12月に創立された「創舞会」の芸術監督で、梨花女子大学舞踊科出身の弟子５人とともに、民族的特質と時代的認識を土台に、新しいダンス様式を確立させ、500回余りの国内公演、400回余りの海外公演を実施した。

［164］ 홍애령（2020)「한국무용교육의 역사적흐름과 영역의 재검토」(ホン・エリョン「韓国舞踊教育の歴史的流れと領域の再検討」『韓国スポーツ教育学会誌』) 27－４、121－139頁。

［165］ 1962年1月10日に施行（註［32］参照)。

［166］ 박정희／朴正熙大統領の（韓国の)「民族主義」を掲げた諸政策の一環であった。

［167］ 国家無形文化財に指定されたのは、例えば次の作品である。1967年『진주검무／晋州剣舞』、1968年『승전무／勝戦舞』、1969年『승무／僧舞』(第27号)、1971年『처용무／處容舞』(第39号)、『학연화대합설무／鶴蓮花臺合設舞』(第40号)、1988年『태평무／太平舞』(第92号)、1990年『살풀이춤／サルプリチュム』、『도살풀이춤／都煞プリチュム』(第97号）など。これらは、現在韓国で金白峰の弟子たちによって継承されている。

［168］ 文化財保護法（総則第２条第２項)。

［169］ 梨花女子大学は舞踊科を創ったが、多くの大学では体育学科の一部に舞踊科

現代朝鮮民族舞踊の発展の基礎を築くことに貢献した」という言葉を寄せている（括弧は引用者）。

［148］ その後、1969年10月22日、平壌音楽大学を訪問した金日成の指示により、平壌芸術大学の舞踊科を吸収し、1972年2月、4年制の平壌音楽舞踊大学に拡大改編された。

［149］ 崔承喜「石井漠先生への手紙」『世界』岩波書店、1956年2月、194－197頁。

［150］ 1966年3月22日、25日、29日、4月1日付「朝鮮舞踊動作と技法の優秀性および民族的特性」（金成洙編『北朝鮮文学新聞記事目録（1956－1993）：写実主義批評史資料集』〔翰林大学校出版部、1994年〕、251頁）。

［151］ この粛清説に関しては、異論もある。崔は1957年に政治的に失脚したが、その後は一舞踊家として活動したというものである（『民団新聞』2023年3月22日付「朝鮮民族舞踊の大母崔承喜を学ぶ」）。

［152］ 崔承喜の『朝鮮民族舞踊基本』は、1957年に完成し、1958年3月15日、朝鮮芸術出版社が発行した『朝鮮民族舞踊基本』1巻と、同年9月30日発行した『朝鮮民族舞踊基本』2巻がある。出版に先立ち、1955年4月の崔承喜舞踊活動30周年記念公演で、朝鮮舞踊の基本動作についての実演があったと言われている。この『基本』の変遷過程を映像資料で見ると、1960年と1962年に朝鮮科学映画撮影所が初めて映像を制作した後、1973年に万寿台芸術団が、1987年と1996年、2005年に平壌音楽舞踊大学で、『朝鮮民族舞踊基本』の映像を制作した。そして、崔承喜の復権後、多くの討論と研究が重ねられ、2011年に生誕100周年記念を迎えたことで、原本に忠実に修正・補完され、女子17動作、男子21動作が紹介された。これを2012年に在日本朝鮮文学芸術家同盟（中央舞踊部）が配布した。また2017年7月には、金剛山歌劇団の2.16芸術賞受賞者のファン・ユスンが出演し、代表的な12動作を収録した映像を制作した。現在も平壌舞踊大学と北朝鮮芸術団や朝鮮舞踊研究所などで朝鮮舞踊技法を体系化して発展させている（국립国立国樂院編纂（2018）前掲『北朝鮮の民族舞踊』、136－139頁）。

［153］ 김은한／金恩漢（2003）「崔承喜研究：北朝鮮での舞踊活動（1946～1967）を中心に」お茶の水女子大学博士学位論文、165、166頁。

［154］ 国立国樂院編纂（2018）前掲『北朝鮮の民族舞踊』、13頁。

［155］ 社会主義リアリズムは1934年の第1回ソビエト作家会議で採択された、社会現実を社会主義的観点から形象的に認識して表現しようとする創作方法論。

［156］ 朝鮮半島においては、「南」が1948年8月15日に大韓民国と称し、「北」が9月9日に朝鮮民主主義人民共和国を称した。

［157］「凡例」で示したように、「韓国舞踊」は、「国家無形文化財」としての「伝統舞踊」と「創作舞踊」の2つに分かれる。「伝統舞踊」は「宮廷舞踊」、「民俗舞踊」、「仮面舞踊」、「儀式舞踊」の4つに分かれる。「創作舞踊」は、「伝統舞踊」をもとに、古典の再解釈や新しいテーマで創作された舞踊を指す。大学では、「韓国舞踊」コースの中に、おもに「伝統舞踊」と「創作舞踊」がある。

［158］ 1945年8月18日に設立された。この中央協議会が史上初の舞踊家たちのグ

［134］ 김채원 (2019)「북한무용분야 무형유산의 계승과 그 실재에 관한 소고」『국립무형유산원』(キム・チェウォン「北朝鮮舞踊分野の無形遺産の継承とその実態に関する小考」『国立無形遺産院』7、85 頁)。

［135］ 국립국악원편찬／国立国樂院編纂（2013）『北朝鮮の芸術教育』韓民族音楽叢書 2、128－169 頁。이정민、전하윤（2019）「남북한 학교무용 교육과정 비교 연구（イ・ジョンミン、チョン・ハユン「南北学校の舞踊教育過程の比較研究」『韓国芸術研究』26、241－267 頁）参照。

［136］ 北朝鮮の「小組活動」は放課後、2〜3時間行い、活動の種類は、音楽、舞踊、体育、声楽、コンピューター、手芸などがあり、すべて無料で行う。

［137］「万寿台学生少年宮殿」は、北朝鮮で一番規模が大きく、優秀な指導者の下で、数千名の学生たちが小組活動を行う最高の教育施設であり、約 700 室の学習室を備えているという。

［138］ 韓国では幼い頃から自発的に習いに行くので、レッスンの費用がかなりかかる。この費用に対して、ある脱北舞踊家が大変驚いたという。

［139］ 北朝鮮では、子どもたちが集められて課外活動をする場所を「宮殿」と呼ぶ。

［140］ 産経ニュース「北の芸術団訪日」(https://www.sankei.com から閲覧、最終検索日：2023 年 10 月 3 日)。

［141］ この万寿台芸術団は比較的長い歴史のある大規模芸術団で、1946 年に創立された平壌歌劇団が基礎となっている。同歌劇団は農民・労働者を鼓舞する役割だけでなく、軍隊の慰問公演まで担当した。(中略) 1969 年 9 月 27 日に金正日の指導の下に組織され、万寿台芸術団となり、演目は、歌劇・音楽・舞踊作品など幅広く、北朝鮮の舞台芸術において中心的な役割を担ってきた。この芸術団の母体になったのは、崔承喜の舞踊研究所である（森類臣〔2022〕「万寿台芸術団の対日文化外交：芸術と宣伝扇動の相克」、中戸祐夫・森類臣編『北朝鮮の対外の関係：多角的視角とその接近方法』晃洋書房、209 頁)。

［142］ 森類臣（2022）同上、208 頁。

［143］ 배윤희 (2012)『태양의 품에서 영생하는 무용가』(ペ・ユンヒ『太陽の懐で永生する舞踊家』ピョンヤン、文学芸術出版社、12 頁)。

［144］ 안필승／安弼承（アン・ピルスン、1910 年〜不明、プロレタリア社会主義運動家、ロシア文学批評家）は、先に北に渡っていた。彼は 1958 年の夏に政治的に排除され、その後、粛清されたといわれているが、没年は未だに不明である。

［145］ 高嶋雄三郎・鄭昞浩（1994）『世紀の美人舞踊家崔承喜』エムティ出版を参照。

［146］ 배윤경 (2020)『최승희무용연구 소련순회공연（1950〜1957)』(ペ・ユンキョン『崔承喜舞踊研究所のソ連巡回公演（1950〜1957)』民俗苑)。

［147］ 배윤희／ペ・ユンヒ（2012）前掲『太陽の懐で永生する舞踊家』の序文に、金正日が「崔承喜は朝鮮の民族舞踊を現代化することに成功した。彼女は民間舞踊、僧舞、巫女舞、宮廷舞踊、妓生舞などの踊りを深く掘り下げ、そこから民族的情緒が強く優雅な踊りのチャンダン（リズム）などを、一つひとつ見つけ出し、

［118］　国立国樂院編纂（2018）前掲『北朝鮮の民族舞踊』、23 頁。

［119］　「ピョンヤンフェスティバル（제 13 차세계청년학생축전／第 13 次世界青年学生祝典）」は、1989 年 7 月 1 日から 8 日まで平壌で開催された祝典で、177 ヶ国、2 万 2000 名が参加した。

［120］　国立国樂院編纂（2018）前掲『北朝鮮の民族舞踊』、25 頁。

［121］　子母結合式舞踊表記法は、言語学における子音と母音（ハングル字母〔24 字〕の配列による文字）を記録するように、字母の原理を利用して舞踊動作を記録する表記法(符号)。北朝鮮の舞踊表記法は主体理念が反映された産物の一つと見なされる。ルドルフ・フォン・ラバン（Rudolf Von Laban）のラバノーテーション（Labanotation）は、全世界の舞踊家と舞踊理論家が最も多く活用し研究する科学的で実用的な舞踊表記であり、記録法である。

［122］　国立国樂院編纂（2018）前掲『北朝鮮の民族舞踊』、24 頁（この「子母結合式舞踊表技法」は 1989 年にユネスコ発明著作権機構「WPO 賞」を受賞した）。

［123］　북／太鼓、장고／チャンゴ、칼／剣、부채／扇、가면／仮面、소고／小鼓、など。

［124］　小道具と舞踊衣装は民族的情緒や感情を視覚的にあらわす重要な形象手段である（南時雨〔1984〕『主体的芸術論』、231 頁）。

［125］　小道具の利用を勧めた（김해금／キム・ヘグム、김영화／キム・ヨンファ（2012）北朝鮮の舞踊研究の現況考察『舞踊歴史記録学』60、65 頁）。

［126］　この作品は 1992 年に北朝鮮ピバダ歌劇団が初演、振付家・김해춘／金海春（1939）が創作。金海春は、1960 年に国立崔承喜舞踊学校入学、1967 年に平壌音楽舞踊大学入学。崔の愛弟子で崔の作品に多数出演しながら、振付家としても活動していた。崔の『巫女舞』を基に崔の娘が創作した作品を、金海春が現代的にアレンジしたのが『쟁강춤：チェンガンチュム』である（国立国樂院編纂〔2018〕前掲『北朝鮮の民族舞踊』、27 頁）。

［127］　この時期の北朝鮮では、食料不足で最悪の状態に社会が沈滞していたため、なおさら「民族的団結」を強化したのではないかと考えられる。

［128］　박영정／パク・ヨンジョンほか（2002）『南北韓首脳会談以降の北朝鮮公演芸術の変化の様相の研究』（ソウル：韓国文化政策開発院、29−30 頁）、国立国樂院編纂（2018）前掲『北朝鮮の民族舞踊』、29 頁。

［129］　曲芸は技巧芸術の略語で、サーカスを北朝鮮式に発展させた独自の芸術ということができ、国家レベルで政策的に支援している。

［130］　総合芸術団体として、1952 年 6 月 10 日に創立された「平壌国家魔術団」がある。

［131］　北朝鮮の『アリラン』は、「主体思想（文芸理論）」下で 2002 年 4 月 29 日から始まった総出演人が 10 万人に達する「大集団体操と芸術公演」作品。

［132］　国立国樂院編纂（2018）前掲『北朝鮮の民族舞踊』、30 頁。

［133］　현주、안지호（2021）「북한무용의 변화에 대한 연구（ヒョン・ジュ、アン・チホ「北朝鮮舞踊の変化に関する研究」『韓国体育史学会誌』26−1、83−98 頁）。

た（성기숙／成基淑（2002）「최승희의 월북과 그 이후의 무용행적 재조명（崔承喜の越北とその後の舞踊活動の再照明）」『舞踊芸術学研究』10、109頁）。

［107］ 例えばこの時期、1960年に日本から北朝鮮に渡り、一時期活躍したオペラ歌手の金永吉も粛清されている。ブルジョワ的であると見なされた芸術家が次々と粛清された時期であった（『毎日新聞』2010年3月26日）。また1967年11月8日の朝日新聞に崔承喜とその家族が北朝鮮で監禁されたとの報道があった。崔がいつ、なぜ粛清されたかについては、現在も不明である。1957年、夫の安漠が失脚した時に、共に失脚したともいわれる。

［108］ 思想性と芸術性を完璧に融合したとされる、主体的かつ革命的な北朝鮮の舞踊歌劇である「5大革命歌劇」は、『피바다／血の海』（1971年に初演）』『꽃파는 처녀／花を売る乙女（1972年に初演）』『당의 참된 딸／党の真の娘』『밀림아 이야기하라／密林よ語れ』『금강산의 노래／金剛山の歌』である。

［109］「4大名作舞踊」とは、『조국의 진달래／祖国のツツジ（1971、キム・ラギョン創作）』『눈이 내린다／雪が降る（1967、チャ・イェジン創作）』『사과풍년／リンゴ豊年（1970、北朝鮮国立歌舞団）』『키춤／キチュム』で、いずれも金日成の抗日パルチザン活動を素材にした作品で、「現代的で革命的、主体的なわが国の舞踊芸術は、世界に誇れるものである」と説明されている（국립국악원편찬〔2018〕『북한의 민족무용』国立国樂院編纂『北朝鮮の民族舞踊』、14頁）。

［110］ 今日の北朝鮮では、特に革命舞踊の作品では、ソ連のバレエ、中国舞踊を中心とした技法が導入されている。

［111］ その背景には、北朝鮮とソ連（1950年～60年代）との深い関係があった。崔自身や彼女の弟子や親族、娘である安聖姫も、1953年から3年間、モスクワ芸術大学舞踊演出科に留学し、その後もソ連を訪問して公演活動などを行っている。

［112］ チュ・ムンコルほか（1995）『主体的舞踊・曲芸芸術の新しい転換』平壌：文学芸術総合出版社、44-51頁。国立国樂院編纂（2018）前掲『北朝鮮の民族舞踊』、22頁。

［113］ 崔承喜の娘である安聖姫、第一弟子の주혜덕／チュ・ヘド、김해춘／金海春、김락영／金洛栄、홍정화／洪貞華、백환영／白煥栄、엄영춘／厳英春、정치수／チョン・チス。

［114］ 国立国樂院編纂（2018）前掲『北朝鮮の民族舞踊』、24頁。

［115］ 同上、26頁。

［116］「第1回南北離散家族再会：故郷訪問団及び芸術公演団」の一環として行われた芸術公演の交換行事。

［117］ しかし、韓国の舞踊研究者한경자／ハン・キョンジャは「作品の中には、主体思想が含まれたものもあった」と批判している（ハン・キョンジャ「南北韓舞踊の交流の実際と現況」『大韓舞踊学会論文集』52、2007年、369頁、同『南北文化芸術交流の方向性：北朝鮮芸術団の訪南舞踊公演を中心に』「춤 in／チュム in」〔ソウル文化財団、choomin.sfac.or.kr から検索、最終検索日：2023年9月24日〕）。

などを適宜使用する。

[99] 韓国では、北朝鮮において崔の基本動作や作品を基に新たに創作された舞踊全般を、朝鮮半島の「民族舞踊」と区別して、「北韓舞踊（북한무용）」と呼ぶことが多い。また、韓国では「北朝鮮」を「北韓」と呼ぶ。

[100] 韓国の伝統公演芸術を継承する韓国を代表する国立芸術機関である。韓国文化体育観光部に所属し、伝統公演芸術と民族音楽の保存・継承を目的として、1950年1月19日に発足した。新羅時代以降に伝承されてきた宮廷音楽の継承機関を起源とする。所属演奏団は正楽団、民俗楽団、舞踊団、創作楽団の4団体であり、200人余りの団員が演奏活動をしている。地方国樂院は国立民俗国樂院、国立南道国樂院、国立釜山国樂院の3つであり、器楽専攻・声楽専攻・舞踊専攻団員を中心に歌・舞・楽が総合された公演を行う。

[101] 北朝鮮は共和国創建後、マルクス・レーニン主義思想に基づいて文学芸術の政策と方針を展開した（국립국악원편찬（2018）『북한의민족무용』〔国立国樂院編纂『北朝鮮民族舞踊』〕、53頁）。韓国の国立国樂院（研究室）では、南北の相互文化理解を深め、さらに韓民族の公演芸術を保存・確立するために、1990年代から北朝鮮の民族芸術について研究してきた。2013年から2022年まで北朝鮮および韓民族芸術の研究成果を分野別に集めて編纂・刊行している（韓民族音楽叢書シリーズ1-14）。資料として、北朝鮮の刊行物、脱北者の証言、総連系の在日コリアンの証言などが使われている。

[102] 韓国でいう「新舞踊」とは、近代に入り、日本、欧米などの外国から移入された外来舞踊の意味にもなり、同時に、韓国の古典伝統舞踊に対する新形式の舞踊という言葉も兼ねている（民族美学研究所編（2001）『姜理文舞踊批評論集1：韓国舞踊文化と伝統』現代美学社、159頁）。

[103] 北朝鮮舞踊の発展に寄与するため、国家の支援の下で設立された舞踊人材育成機関で、3ケ月ごとに面接と実技を通して研究生を募集、半年に30人ずつ、年に60人の舞踊志望者を受け入れた。初期の教育科目は、イザドラ・ダンカン流のモダンダンス、石井漠流の新舞踊、バレエ、朝鮮舞踊、南方舞踊、中国舞踊、インド舞踊などであった。朝鮮戦争以降は、実技科目として、朝鮮舞踊とバレエ、作品練習、ピアノなど、学科では世界舞踊史、外国語（ロシア語）、社会主義思想などの政治科目を追加し、舞踊訓練は、バレエのバー、センター、ストレッチングの順で身体の筋肉をほぐした後、朝鮮舞踊の基本から始めて作品の練習で仕上げたと推測される。

[104] 最高人民会議代議員。

[105] 崔承喜の『朝鮮民族舞踊基本』の「基本動作」は、今日でも北朝鮮の舞踊の基礎となっており、在日コリアンの朝鮮民族舞踊も、この「基本動作」に根差している。韓国では崔の舞踊は「新舞踊」として位置づけられているが、実は彼女の基本動作は、韓国舞踊の基本動作と共通している部分も多い。

[106] 1953年から60年まで北朝鮮は金日成権力体制を強化し、芸術団体の解散や南朝鮮労働党系の作家、音楽家など芸術家たちに対する大々的な粛清が断行され

[84]　キム・ジョンウク（2014）前掲『韓国近代舞踊資料史』参照。
[85]　高嶋雄三郎（1981）『崔承喜（増補版）』むくげ舎、78、79、119 頁、高嶋雄三郎・鄭昞浩（1994）『世紀の美人舞踊家崔承喜』エムティ出版に所収、崔承喜年譜。
[86]　崔は韓成俊から学んだ『태평무：太平舞』と『閑良舞』を基に新しい解釈を加え、哀愁と即興性の強い踊りで再創作した。
[87]　平林久枝（1977）前掲「崔承喜と石井漠」『季刊三千里』12、193 頁。
[88]　高嶋雄三郎（1981）前掲『崔承喜（増補版）』、119 頁。
[89]　この『무녀춤：巫女舞』（崔の娘の安聖姫〔안성희／アン・ソンヒ〕が再構成した作品）が、北朝鮮では『쟁강춤：チェンガンチュム』に、韓国では『살풀이춤：サルプリチュム』に改作された。在日コリアンの舞踊家たちも、この『チェンガンチュム』を継承したい作品として挙げている。最近、崔の弟子である脱北舞踊家も韓国で披露し、継承したい作品だという。
[90]　高嶋雄三郎（1981）前掲『崔承喜（増補版）』、86 頁。
[91]　同上。
[92]　정병호（1985）『韓国춤』열화당（鄭昞浩〔1985〕『韓国の踊り』ヨルファダン）より。
[93]　高嶋雄三郎・鄭昞浩（1994）前掲『世紀の美人舞踊家崔承喜』より。
[94]「伝統舞踊」の概念には、「陰陽」思想が動作の中に存在する。例えば、基本動作の手を上げる時、片方の手のひらが上（陽）、もう片手の手のひらが下（陰）という仕組みで、両手のひらが上下に交互に行き交う手の動きである。これらは連続性をもって体現、身体化されていく（踊る）。天・地・人という 3 つの要素の背景にある「三神思想」と、その心性を踊りで表している。
[95]『毎日新聞』2010 年 3 月 23 日付「半島の舞姫軍慰問も」。

第 2 章

[96]「凡例」で示したように、分断以前の朝鮮半島では、「朝鮮民族舞踊」「朝鮮舞踊」「民族舞踊」といった用語を用いたが、分断後、韓国では、「韓国舞踊」「韓国伝統舞踊」などを用いるようになった。現在、「朝鮮舞踊」「民族舞踊」という名称は、北朝鮮と在日コリアン社会（総連系）でよく使われている。
[97]　開化期から 1927 年まで、「近代新舞踊」の胚胎期といえるが、この時期から「朝鮮的なもの」を再認識し、「伝統」に「춤：チュム（踊り）」を結合した「伝統舞踊」の用語が使われ始めた。また「무용：舞踊」という用語は、1927 年前後の崔承喜・趙澤元・裵亀子のような専門芸術家による「新舞踊」が本格化したことによって、一般的なものとなったといえる。
[98]　註［96］で述べように、1945 年以降、「朝鮮近代舞踊」は、北朝鮮では「朝鮮舞踊」、韓国では「韓国舞踊」と呼ばれるようになった。本章では、基本的に 1945 年以降については「民族舞踊」と呼び、文脈に応じて「朝鮮舞踊」「韓国舞踊」

ぽれ』のようなもので、朝鮮では酒席で盃が重ねられ酔いがまわってくるころになると判でおしたように踊ったものなのです。（中略）興に乗って踊る父の『クッコリ踊り』を面白がって眺めているうちに、幼い私はいつの間にかこの踊りを覚えこんでしまっていたのです」（崔承喜〔1936〕『私の自叙傳』東京：日本書荘、6－8頁）。また、平林久枝は、「崔承喜は1913年、朝鮮のソウルで生まれた。生家はいわゆる両班（ヤンバン）で相当の資産家だった。一家は、所有する田舎の農地を管理人に委せてソウルに住み、別に働かなくてものんびりやってゆける不在地主だったのである。承喜の父は苦労知らずのお人好しで、優雅に遊び暮らしていたらしい。彼女は、〈私の自叙伝〉のなかで少女時代の父の思い出を語っている」と紹介している（平林久枝「崔承喜と石井漠」『季刊三千里』三千里社、1977年11月、187頁）。

［62］ 伝統を素材に創作舞踊の振付を行い、成功する。

［63］『毎日新聞』2010年3月23日、24日付。

［64］『東亜日報』1927年10月28日付。

［65］ この用語は、原文のままである。現在では不適切な表現であるが、そのまま引用した。

［66］『改造』1940年2月、244頁。

［67］ 朝鮮伝来の太鼓および舞踊の手ほどきを、名手である韓成俊から受けた。

［68］ 石井漠（1947）『舞踊さんまい』右文社、60頁（石井の引用文献は旧漢字を新漢字に置きかえている。以下、同）。

［69］『東亜日報』1937年7月25日付

［70］ 石井漠（1947）、62頁。

［71］ 石井漠（1951）『私の舞踊生活』大日本雄弁会講談社、181頁（ルビ、引用者）。

［72］ 石井漠（1955）「崔承喜と私」『世界』岩波書店、1955年11月、181頁。

［73］ 石井漠（1957）「崔承喜の人気」『芸術新潮』新潮社、1957年1月、185頁。

［74］ 後に全集27巻に収録される。

［75］ 川端康成「朝鮮の舞姫崔承喜」『文藝』改造社、1934年11月、157頁（ルビ、引用者）。

［76］ 同上、153－154頁。

［77］ 新聞連載小説『舞姫』にも、同じ回想の記述がある。

［78］ 1929年に石井から独立し、ソウルに「崔承喜舞踊研究所」を設立。1930年にソウルで第1回の舞踊公演を開催し、その後1933年までに各地で9回の公演を行った。またこの頃、韓成俊に師事した。

［79］ 川端康成、前掲「朝鮮の舞姫崔承喜」、157頁。

［80］ 寺田壽夫（1937）「舞姫崔承喜論」『朝鮮地方行政』、216頁。

［81］ 川端康成、寺田壽夫、山本實彦、村山知義、新居格、青野季吉など。

［82］ 鈴木貞美（2005）『日本の文化ナショナリズム』平凡社、263頁。

［83］ 윤해동／尹海東（2003）『식민지의 회색지대（植民地のグレーゾーン）』歴史批評社、161頁。

[42]　朝鮮近代に「新舞踊」が初めて紹介されたのはこの時である。1926年、石井による来朝公演で披露された、新しい形の新興舞踊が「新舞踊」と呼ばれた。
[43]　この頃から「伝統舞踊」は、それまでの広場での公演ではなく、劇場中心に公演を始めた。そして舞台の形式（前面舞台）に合わせて再構成され変化した。
[44]　『毎日申報』1915年4月27日付。
[45]　『毎日申報』1926年3月21日付。
[46]　『毎日申報』1926年3月26日付。
[47]　최승희／崔承喜（1936）『私の自叙傳』、39－40頁。
[48]　『京城日報』1926年3月21日付。
[49]　1905年に清国公館で開催された「舞踊会」において「蹈舞」という名称の西洋式社交ダンスが初めて紹介された（『大韓毎日申報』第69号、1905年11月3日付、「蹈舞宴會」）。
[50]　『毎日申報』1925年10月28日付。
[51]　石井漠の生涯については、緑川潤の『舞踊家石井漠の生涯』を参照し、筆者が要約した（緑川潤〔2006〕『舞踊家石井漠の生涯』無明舎出版）。
[52]　『毎日申報』1926年3月21日付。
[53]　ソプラノ歌手の三浦環（当時は柴田環）に美声を認められ、歌劇部の舞台では、「石井林朗」という芸名で脚光を浴びる。
[54]　石井は音楽よりも舞踊のほうに自分自身の適性を発見し、体の動きで自己表現を行った（自然舞踊）。彼は自身の舞踊を「舞踊詩」と呼び、やがて日本の創作舞踊の第一人者となった。
[55]　石井は1923年から1925年までヨーロッパに滞在し、舞踊に音楽を従属させ、群舞構成によって展開される舞踊形式に衝撃を受け、その体験に基づいて自身の作品世界を改革していくこととなる。
[56]　石井漠（1933）『舞踊藝術』玉川学園出版部、111頁（引用文献は旧漢字を新漢字に置きかえている。以下、同）。
[57]　『毎日申報』1926年3月21日付。
[58]　김호연／金瑚然（キム・ホヨン）は、趙は石井との師弟関係から出発し、パリでの経験を通して近代朝鮮舞踊を最も朝鮮的で最も世界的だと認識するようになったとしている（『韓国近代舞踊史』民俗苑、2016年、267頁）。
[59]　「石井の三人目の弟子である朴は、朝鮮的なものを取り入れず現代性を強調した新舞踊家であると考えられる」（『東亜日報』1937年9月10日付、論評：呉炳年）。
[60]　김관／金管（キム・クァン）は、石井を韓国新舞踊の母胎となった人物として評価しつつも、その門下生の崔や、趙澤元の研究の重要性を主張している（「最近の舞踊界の批評」『東亜日報』1937年7月25日）。
[61]　「父はいつも機嫌のよい時には、家でくつろいで、余りいけない酒盃を口にすると興に乗じて『承喜、踊ってみせようかな』と言いながら、よく私の前で『クッコリ踊り』を踊ってみせてくれたものです。この『クッコリ踊り』はちょうど『かっ

［27］ 同上、205 頁。
［28］ 「宮廷舞踊」の正式名で、「芸と才を捧げる」意味に解釈される。
［29］ この活動は、植民地時代に日本から移植された制度の一つであり、崔承喜も 1939 年に『妓生の舞』を披露した。
［30］ 大韓帝国（1987 ～ 1910）の宮廷音楽機関、現国立国樂院の部署。
［31］ 古典舞踊を継承した朝鮮舞踊が、観客を意識して舞台に登場したのは 1908 年頃である。
［32］ 1962 年 1 月 10 日施行の法律第 961 号の総則第 2 条第 2 項。
［33］ 『한겨레신문：ハンギョレ新聞』1998 年 9 月 1 日付「근대춤의 아버지：近代舞踊の父」(http://www.hani.co.kr/)。
［34］ 1930 年に創刊された雑誌『モダン日本』を発行していた出版社。
［35］ 김종욱（2014）『한국근대춤자료사』아라（金鐘旭〔キム・ジョンウク〕『韓国近代舞踊資料史：1899 ～ 1950』図書出版アラ)、李炳玉（2005）前掲「近代舞踊に現れた伝統継承の現状と問題」を参照。
［36］ 1920 年代に日本から移植された制度。「舞妓・妓生・妓女」の組合制度の名称で、「券番」の妓生（キーセンたち）を通して継承された舞踊が、韓国の伝統舞踊に影響を与えたと考えられる。
［37］ 例えば、高麗と朝鮮時代の教坊所属の舞妓・妓女の踊りである教坊舞を始め以下のものがある。教坊系の舞踊：『승무：僧舞』(重要無形文化財第 27 号)、『살풀이춤：サルプリ舞』(重要無形文化財第 97 号)、『학무：鶴舞』、『한량무：閑良舞』／巫俗系の舞踊:『五方神將舞』、『ソウル巫堂舞』、『地方巫堂舞』、『生員舞』／仮面系の舞踊：『鳳山仮面舞』(重要無形文化財第 17 号)、嶺南地方『トッベキ舞』／宮中系の舞踊：『政丞舞』、『国王舞』、『春鶯舞』、『太平舞』(重要無形文化財第 92 号」／民俗系の舞踊：『打令舞』、『四鼓舞』／仏教系の舞踊:『念仏舞』、『パラ舞』(法事を営むときに鐃鈸〔요발：ヨバル、響銅製の楽器〕を打ちながら踊る）など。
［38］ 「경기도당굿：京畿都堂クッ（巫祭)」を理解することは、朝鮮文化の源を知ることである。その原型から「朝鮮舞踊」の形態の根源を探ることによって、より朝鮮・韓国的な情緒が基となった舞踊芸術を発展させていくことができると考えられる。また、「シャーマニズム」(クッ：巫祭）の形態と内容の分析は、舞踊史の観点から非常に重要な研究である。「伝統舞踊」の研究と継承・発展は中断することなく続けられなければならない。「京畿都堂クッ」のリズム（長短・調子）の影響を受け、現在まで継承されてきた朝鮮・韓国の「伝統舞踊」を一つずつ発掘・継承し、発展させていかなければならないと考える。
［39］ 『朝鮮日報』1939 年 11 月 8 、9 日付、文中の「王コリ」はその名の王の踊りから着想された作品。
［40］ 민족미학연구소편（2001）『강이문춤비평론집 1 ：한국무용문화와 전통』현대미학사』(民族美学研究所編『姜理文〔カン・イムン〕舞踊批評論集 1：韓国舞踊文化と伝統』現代美学社)、37 – 39 頁。
［41］ 한성준／韓成俊「鼓手 50 年」『朝光』1937 年 4 月号。

調査や収集と保管を進めてきた韓国舞踊評論家・理論家である。
[12] 국립국악원편찬 (2018)『북한의 민족무용』국립국악원（国立国樂院編纂『北朝鮮の民族舞踊』国立国樂院)、16 頁。
[13] 朝鮮学校は全国に 100 校程度ある。一方、韓国系学校は全国で 6 校である。
[14] 言語や文化の抹殺、民族的尊厳の剝奪、住民の虐殺と土着の経済機構の破壊など。
[15] 明治時代に開始される文明開化とともに、日本の西洋化を加速させた福沢諭吉の「脱亜入欧」の風潮の中で、西洋文化のバレエやモダンダンスに影響を受けた日本人たちが受け継いできた創作舞踊や新舞踊など。
[16] それまでは儀式舞踊（宗教性）として朝鮮民族の文化が維持・保存されてきたと思われるが、日本統治下で民族文化や舞踊が抹殺された時期があった。
[17] あらかじめインタビューの目的や質問をある程度決めておき、インタビュイー（インタビュー対象者）の背景や経歴などを考慮して、深掘りしながら自由に質問を追加していく方法。
[18] 本書におけるインタビューの目的と、回答をデータとして使用する旨については、インタビュー対象者の了解を得ている。本研究は、「立命館大学研究倫理指針」および「立命館大学における人を対象とする『研究倫理指針』」に沿って行われている。

第 1 章

[19] 近代日本の文化的同一性は、アジアを否定すべき〈他者性〉に転化させる過程の中で形成されたとする、日本の帝国主義イデオロギー。
[20] エリック・ホブズボームらが行った「伝統の創造（捏造）」研究（*The Invention of Tradition*, 1983）を端緒として、近代における伝統の「再発見」が、様々な場所で、様々な形で行われたことが明らかになっている。
[21] シャーマニズム的起源を持つものと考えられる。
[22] 정병호 (1995)『춤추는 최승희』서울：뿌리깊은 나무（鄭昞浩『踊る崔承喜』ソウル：プリキプンナム』)、27 頁。
[23] 佾舞（イルム）は、文舞と武舞に分けられ、呈才舞は、唐楽呈才と郷楽呈才に分類され、機能上は、宮廷舞、宗教儀式舞、民俗舞、教坊舞の四つに分類される。
[24] 『東亜日報』1927 年 8 月 11 日、12 日付「伝統舞踊に対する分類」。
[25] 임형택외 (2010)『傳統：근대가 만들어낸 또 하나의 권력』인물과 사상사（イム・ヒョンテクほか『伝統：近代が創ったもう一つの権力』人物と思想社)、160－162 頁。
[26] 이병옥 (2005)「근대춤에 나타난 전통계승의 현황과 문제」(李炳玉〔イ・ビョンオク〕「近代舞踊に現れた伝統継承の現状と問題」(고승길・성기숙『아시아춤의 근대화와 한국의 근대춤』민속원（高勝吉・成期淑『アジア舞踊の近代化と韓国の近代舞踊』民俗苑、所収)、204 頁。

註

序　章

［1］　韓国舞踊界では、崔承喜は「親日派」とされ、1988年までタブー視されてきた。1990年代までの大学での舞踊教育の場では、「崔承喜」の名前は一切出されることはなかった。今日でも、崔承喜の名前は『親日人名辞典』に掲載されている。崔承喜は舞踊公演のすべの収益金を朝鮮軍事普及協会に献納し、皇軍の後援基金として使用したという記事がある（『毎日申報』1944年11月22日付、親日問題研究叢書人名編3〔2009〕『親日人名辞典』韓国：民族問題研究所、734−737頁）。

［2］　宮廷舞踊は、国家機関に属しており、長年にわって成長・発展してきた舞踊で、国の各種行事や儀式、宮中の宴会などで演じられてきた。宮中の饗宴、国賓のための宴会、国の慶事に踊られたため、民衆の踊りとは一線を画し、国家の尊厳と威厳を賛美するものが大部分である。宮廷舞踊は「呈才（才操）」とも呼ばれ、当時の宮中呈才は50種類あまりに達する（成慶麟1979、『韓国傳統舞踊』一志社、52−55頁）。

［3］　民俗とは、原始信仰、風習、生活様式、慣習、宗教、伝説、諺などの伝承文化を総称する。これら民俗から派生した芸術全般を民俗芸能（演劇、舞踊、音楽、遊戯など）といい、踊りを指すときは民俗舞踊という。民俗舞踊とは一言でいって、民族の基層文化の一領域を占める芸能である（鄭昞浩1993、『韓国の民俗舞踊』白帝社、16頁）。

［4］　정병호（1999）『한국의전통춤』집문당、이병옥（2000）『한국민속무용개론』도서출판노리（鄭昞浩1999、『韓国の伝統舞踊』集文堂、李炳玉2000、『韓国舞踊民俗学概論』図書出版ノリ）を参照。

［5］　허영일（1999）『민족무용학』시공사（許榮一〔ホ・ヨンイル〕『民族舞踊学』シコン社)、16頁（La meri, *Total Education in Ethnic Dance, New York*; Marcel Dekker, Inc.,1977. p.1の引用文)。

［6］　허영일（1999）『민족무용학』시공사（前掲、許榮一『民族舞踊学』シコン社)、21頁。

［7］　石井漠（本名忠純〔ただすみ〕、1886年〜1962年)、日本の現代舞踊の創始者。

［8］　한성준／韓成俊（ハン・ソンジュン、〔碧史、1874年〜1942年〕)、民族舞踊家。

［9］　例えば、元老舞踊家・慶熙大学名誉教授である김백봉／金白峰（キム・ベクボン、1927年ピョンヤン生〜2023年ソウル没）は崔の愛弟子であり、韓国で崔の舞踊研究保存会の理事長などを務めた。

［10］　越北芸術家への言及はタブー視されてきたが、1988年7月19日の解禁措置以降から広範囲な論議が行われるようになった（北朝鮮で創作された、舞踊、民謡、映画、文学などが、解禁措置をきっかけに韓国で研究され始めた)。

［11］　鄭昞浩（チョン・ビョンホ）は1988年から約7年に渡って、崔承喜の資料

あとがき――

本書は、二〇二四年三月に立命館大学大学院の国際関係研究科に提出した博士学位論文『分断された朝鮮における「民族舞踊」の現在――「近代朝鮮舞踊」の形成から在日コリアン社会における「民族舞踊」継承まで』に加筆・修正を行ったものである。拙論を審査してくださった主査の中本真生子先生、副査の辻本登志子先生と原毅彦先生に深く御礼を申し上げたい。

また本書は、立命館大学大学院博士課程後期課程　博士論文出版助成制度による助成を受けて刊行するものである。拙著の出版が可能となったのは、同大学の助成支援によるところが大きく、たいへん勇気づけられ、励みとなった。ここに記して感謝したい。さらに本書の一部には、韓国国際交流財団（コリアン・ファウンデーション）・日本地域大学院生奨学支援（二〇一九年度、二〇二三年度）による成果も含まれている。関係諸機関に対して感謝の意を表したい。

「序章」でも述べたように、朝鮮の「民族舞踊」は現在、五つの場所で継承されている。これらの場所でそれぞれに継承されている「民族舞踊」に大きな影響を与えたのが、植民地時代に朝鮮から日本へ渡り、新たな「民族舞踊」を創造して世界的に活躍した崔承喜（チェ・スンヒ／一九一一〜一九六九）である。崔承喜の確立した「民族舞踊」は、現在の韓国では「創作舞踊」の基盤となり、「新舞踊」として位置づけられている。北朝鮮で継承されている「民族舞踊」も、崔承喜によって創造された『朝鮮民族舞踊基本』の「基本動作」や「創作作品」が基になっている。在日コリアン社会でも、崔承喜の「朝鮮民族舞踊」が今日まで継承されている。在日本朝鮮人総聯合会傘下の専門芸術団によって、崔承喜の作品が演じられ、また朝鮮学校における民族舞踊教育の小組活動（課外活動‐クラブ）を通して継承されている。本書の第三章でも述べたように、朝鮮学校でのフィールドワークで、筆者が高校生の時に習った「基本動作」を部員たちが踊っていたことは感無量であった（筆者が所属した舞踊部には崔承喜の孫弟子にあたる先生がいたが、当時は「崔承喜」の名前も知らなかった）。

本書でも述べたように、韓国舞踊界では、崔承喜は「親日派」とされ、一九八八年までタブー視されてきた。一九九〇年代までの大学での舞踊教育の場では、「崔承喜」の名前は一切出されることはなかった。今日でも、崔承喜の名前は『親日人名辞典』に掲載されている。とはいえ、解放後の韓国では、崔承喜の「新舞踊」の影響を受けた舞踊家たちが「創作舞踊」を展開してきた。韓国に残った崔承喜の弟子の舞踊家たち（故金白峰、故金敏子など）は、今日では「新舞踊家」として知られている。

そして韓国の舞踊研究の第一人者鄭昞浩が、一九八八年の「越北芸術人の解禁措置」以降、崔承喜の資料収集と調査・取材を進めた結果、崔承喜の業績が韓国舞踊史研究や舞踊界において再認識されるようになった。韓国での崔承喜に関する研究は、一九九〇年代に入って、先の鄭昞浩らの研究者によって本格的に始まり、崔承喜が西洋舞踊と朝鮮舞踊を融合させ、それが現代舞踊（モダンダンス）の創作や舞台衣装に影響を与えたと評価されるようになった。こうして崔承喜に関して様々な観点からの研究が行われるようになり、現在では、舞踊界における崔承喜のタブー視はかなり払拭されている。

筆者は、二〇〇〇年度に留学生として来日して以来、「民族舞踊（伝統舞踊）」の研究や日本の高校の韓国語教師として日韓の文化交流に務めてきた。韓国語と韓国文化、そして韓国舞踊を学ぶ生徒を引率して韓国を訪問し、国際交流を担う役割を果たしてきた。しかし、その間に日韓関係が悪化した時期があり、その時期に生徒たちは、日韓の歴史問題に興味を持ちはじめ、韓国側の歴史認識に対する不満を抱えているように感じた。この問題の解決の糸口を見出したくて筆者は、二〇一六年度に立命館大学大学院文学研究科博士前期課程に進学した。そこでは近代朝鮮における民族の歴史や文化の背景を見つめ直し、近代朝鮮の民族文化の一つである「伝統舞踊」について分析を進めてきた。さらに研究を深めるため、二〇一八年九月からは同大学院国際関係研究科に進学した。崔承喜の舞踊芸術が戦後の北朝鮮と韓国を通して、在日コリアン社会に与えた影響を論じることで、戦後日本のマイノリティである在日コリアンに対する、日本社会での評価を改めさせることに寄与できると考えたからである。こうした経歴が現在の筆者の研究テーマの背景にはある。

さて、私が本格的に「崔承喜研究」に着手したのは、二〇一六年の春セメスターの終わり（夏休みに入る前）のことである。そのきっかけは、同大学大学院文学研究科の指導教員の佐々充昭教授の勧めがあったからである。佐々先生からは、研究方法や史資料の収集や分析・考察に関して多くのことを教えていただいた。この場を借りて、佐々先生に深くお礼申し上げたい。また、同研究科の庵逧由香教授のゼミでは、東アジア研究の枠組みにおける近代朝鮮史や植民地支配の歴史を学ぶ中で、筆者の考え方の背景にある植民地史観を見つめ直すことができた。この場を借りて、庵逧ゼミにも深くお礼申し上げたい。また、同大学図書館は植民地近代の史資料が豊富であり、有意義な文献調査や史資料を入手（電子データベースなど）できたことをありがたく思っている。

同大学大学院文学研究科では、『近代朝鮮における民族伝統舞踊の変容』という研究タイトルで、日本の植民地時代における「民族伝統舞踊」の近代的形成過程と変容を、崔承喜をはじめとする三人の朝鮮民族舞踊家（韓成俊、趙澤元、裵亀子）と併せ、一人の日本舞踊家・石井漠を取り上げ、それぞれが置かれていた時代背景と彼らの芸術活動に現れた「民族伝統舞踊」を検討した。

筆者は引き続き、同大学大学院国際関係研究科では、『分断された朝鮮における「民族舞踊」の現在――「近代朝鮮舞踊」の形成から在日コリアン社会における「民族舞踊」継承まで』という研究タイトルで、解放後における朝鮮「民族舞踊」の「分断と変容」について韓国、北朝鮮、日本の史資料を基に調査した。さらに、日本の植民地時代と戦後の朝鮮半島における「分断と離散」の中で、韓国、北朝鮮において、近代朝鮮「民族舞踊」が南北の国家イデオロギーの間でいかに異なる形で継承・変容・発展してきたのか、またそれが、在日コリアン社会においていかに変容・継承されてきたのかを検討し、博士論文としてまとめた。

こうしたプロセスを経て本書の本論では、日本による植民地支配のもとで近代化した朝鮮「民族舞踊」が、戦後、朝鮮半島の分断と離散の中でどのように受け継がれてきたのかを、ポストコロニアルの問題として位置づけ、その上で植民地時代に近代化し、世界的に評価された崔承喜の『朝鮮民族舞踊基本』や作品が、戦後の朝鮮半島の分断の後、北朝鮮と韓国、そして在日コリアン社会でどのような形で受け継がれたのか、それぞれの国家でどのように異なる形に変容していったのかを明らかにした。さらに、「もう一つの民族舞踊――日本における韓国伝統舞踊の実践」というタイトルで、日本という場において、「韓国伝統舞踊」がどのように受け継がれているのか、そこで舞踊を教え、習う人たちはどのような思いで活動しているのかを明らかにした。そのために、日本学校出身の在日韓国舞踊家による日本での「韓国伝統舞踊」の実践を、本人と生徒たちへのインタビューをもとに紹介し、本論を補足した。快くインタビューを引き受けていただいた在日韓国舞踊家のOさんとは、約三〇年前に韓国の伝統舞踊界でともに活動した同門の間柄である。この場を借りて、Oさんおよびその生徒の皆さんに深くお礼申し上げたい。

本研究の主たる対象となる崔承喜は、植民地期に朝鮮「民族舞踊」の現代化を導いた伝説的な舞踊家として知られている。彼女は国際的舞踊家として成功したが、戦時期には朝鮮総督府の様々な協力要請に応じたことで、解放後の韓国では「親日派」の烙印が押された。そこから逃れるように北朝鮮に「越北」した後、そこで『朝鮮民族舞踊基本』を確立することになる。こうして彼女は時代に翻弄されながらも、その存在はポストコロニアルやナショナル／トランスナショナル・アイデンティティ、さらには在日コリアン、中国朝鮮族、中央アジアの高麗人などマイノリティの生活文化に至る、多様な研究分野を紡ぐキーパーソンとして近年、ますます注目を集めている。

筆者がこれまで行ってきた研究は、崔承喜の舞踊を出発点として、韓国、北朝鮮、在日コリアン社会に変容して伝承されてきた「民族舞踊」の「越境」と「融合」の内実を明らかにしようとする試みであった。これからの研究では、東アジアの各地に伝承・継承されている「民族舞踊研究」を中心にして、「民族文化」と「舞踊研究」の新しい地平を切り開いていきたい。特に、崔承喜の弟子・孫弟子にあたる脱北舞踊家と韓国舞踊家の交流が、近年活発化していることに着目し、「脱北」という新たな現象を介した、「民族舞踊」の「越境」と「融合」を探究することになるだろう。その上で、舞踊研究者・舞踊家としての筆者の研究活動を通して得た知見を活かし、これからの新しい「民族舞踊の未来」を、創造することに寄与できることを願っている。

本書は、私一人の力で書き上げられたものではなく、多くの先生方に支えられながら、完成したものである。先生方にはお名前を挙げて重ねてお礼申し上げたい。

本研究を進めるにあたり（博士学位論文）、立命館大学大学院国際関係専攻主指導教員の中本真生子准教授、副指導教員の辻本登志子准教授、原毅彦教授より、御指導御鞭撻を賜った。とりわけ、中本先生には博士論文を執筆するにあたり、草稿をお読みいただき、かつ一章ごとに貴重なコメントをくださったことに、ただただ頭が下がる思いである。心より深く感謝申し上げたい。さらに、同専攻の文京洙名誉教授、中戸祐夫教授、金友子准教授、南川文里教授（現同志社大学）にも、研究に関する様々な御助言をいただいた。

本研究におけるフィールドワーク（参与観察およびインタビュー調査）は、勝村誠特命教授（同大学政策科学部、コリア研究センター長）、宋基燦准教授（同大学映像学部）、崔正勲客員准教授（同大学衣笠総合研究機構）の御支援、御協力を得て実施したものである。このフィールドワークがなければ、本研究をここまで深めることは到底できなかったはずである。先生方に御支援、御協力を賜ったことは幸甚の至りである。

同専攻の張瑛周（同大学、「国際関係学」博士、二〇二四年三月、現同大学東アジア平和協力研究センター客員助教）さんにも多大な協力をいただいた。感謝申し上げたい。朝鮮学校舞踊部の先生には、舞踊部の練習を毎週のように参観させていただいた。またコロナウイルス感染症対策で部員たちの練習を直接見られなかった時には、オンラインで練習を見ることができるようにご配慮いただいた。さらに朝鮮学校の元舞踊部の先生の外部教室にも参観させていただいた。この場を借りて、お礼申し上げたい。元芸術団舞踊家と舞踊芸術や舞台経験に至るまで多くのことを共有できたことは、感慨深いことであった。その上、筆者の学術論文を読んで感想まで寄せていただいた。あらためて感謝申し上げたい。併せてインタビューを引き受けていただいた生徒の皆さんにもお礼申し上げたい。

そして、同大学大学院課、同専攻職員をはじめ関係者の皆様に感謝申し上げたい。ここでお名前を挙げた方々の他にもたくさんの先生方や先輩や後輩たちに支えられて博士論文をもとに、本書の刊行が実現できた。一人ひとりにお礼申し上げられず申し訳ないが、本書を刊行した後、直接ご挨拶させていただきたい。また、本書の刊行を引き受けてくださり、校正作業などで私のわがままに最後までお付き合いいただいた図書出版クレインの文弘樹氏に心よりお礼申し上げたい。

最後に、本書の刊行に至るまで、筆者の研究生活を支えてくれた二人の人物に感謝を述べて終わりたい。日常生活を含め、私の研究をあらゆる面で支えてくれた人生のパートナーである夫と、韓国の家族、特にキョンウォン兄さん・경원오빠である。そして私の心を最も癒してくれた、すでに虹の橋を渡った「愛犬・우리 행복이（Uli Haengboki／私たちの幸福）」にあらためて感謝の気持ちを伝えたい。

二〇二五年　元旦　京都にて

徐　希寧

崔承喜年譜

＊この年譜は、これまでに出版されてきた崔承喜のおもな評伝5冊（発表順）、①高嶋雄三郎・鄭昞浩『世紀の美人舞踊家崔承喜』（エムティ出版、1994年）、②金賛汀『炎は闇の彼方に』（NHK出版、2002年）、③金恩漢「崔承喜研究：北朝鮮での舞踊活動（1946〜1967）を中心に」（お茶の水女子大学博士学位論文、2003年）、④鄭昞浩『踊る崔承喜』（現代美学社、2004年）、⑤李賢晙『「東洋」を踊る崔承喜』（勉誠出版、2019年）を参照した。また、崔承喜『崔承喜、私の自叙伝』（〔東京・日本書荘、1936年〕〔ソウル・チョンセクジョンイ［クォン・サンヒョク訳］、2023年〕）、崔承一『崔承喜自叙傳』（〔ハングル復刻本、京城・以文堂、1937年〕〔ソウル・ソミョン、2023年〕）とともに、筆者による新聞記事などの情報も加えて、崔承喜の事蹟をまとめたものである。

年月日	生涯と活動	社会動向
1910年 8月22日		韓国併合
1911年 **0歳** 11月24日	江原道洪川郡で生まれる（二男二女の末子。京城〔現ソウル〕で生まれたという説もあり）	
1919年 **8歳** 3月1日		3・1独立運動
1922年 **11歳** 3月	小学校（普通学校）を飛び級で卒業	日本共産党結成（7月15日） 石井漠渡米（11月〜26年4月）

1923年　12歳

関東大震災（9月1日）

1925年　14歳
2月　淑明女子高等普通学校卒業

朝鮮共産党結成（4月17日）
朝鮮プロレタリア芸術家同盟〔KAPF〕結成（8月23日）

1926年　15歳
3月20日　石井漠舞踊団、京城公演、兄承一の誘いで公演鑑賞。兄によって京城日報学芸部長の寺田壽夫を介して、正式に石井漠に紹介される
3月22日　石井漠と一緒に東京へ
4月　武蔵境の石井漠舞踊研究所に入所

反日万歳事件（6月10日）
大正天皇没（12月25日）

1927年　16歳
石井漠舞踊研究所発表会に出演
10月26日　石井らと京城へ帰る。初めての祖国での公演でソロ『セレナーデ』を演じる。趙澤元はこの公演を観て感動し、石井漠門下生となる
12月1日　石井漠舞踊団の朝鮮巡回公演（京城、大田）。二度目の京城公演。石井漠、東京の自由ヶ丘に研究所設立

イザドラ・ダンカン没（9月14日）

1928年　17歳
2月18日　石井漠第5回新作舞踊発表会に出演（朝日講堂）。

初の普通選挙（2月20日）

11月6日　第3次団成社で舞踊公演、石井門下生になった趙澤元も出演	共産党員大検挙（3月15日）
1929年　18歳	
7月　石井漠舞踊団から独立	世界経済大恐慌（10月24日）
8月25日　京城に帰る	光州学生抗日運動（11月3日）
秋　石井漠舞踊団京城公演	アリラン民謡が公の場で歌われることが禁止
11月「崔承喜舞踊研究所」設立	
1930年　19歳	
2月1日〜2日　第1回創作舞踊発表会を京城公会堂で行う。地方への巡回公演。朝鮮の伝統舞踊の『霊山舞』を初公演。朝鮮伝来の鼓や舞踊を名手の韓成俊に師事する	梅蘭芳来日公演（1月） 平安北道龍川の日本人農場で反日ストライキ（4月）
3月31日〜4月1日　舞踊発表会（団成社）、反日精神を反映した作品と朝鮮の伝統的な作品	中国の間島で朝鮮人武装蜂起（5月30日）
4月11日　子どもの音楽舞踊大会参加（京城公会堂）	
5月初　舞踊研究所の移転	
5月24日〜26日　釜山、大邱で公演	
6月7日〜8月14日　平壌、留学生同情舞踊の夕べ公演	
10月　舞踊研究所拡張移転	
1931年　20歳	
1月11日〜13日　第2回新春舞踊公演	第1次KAPF（朝鮮プロレタリア芸術家同盟）会員検挙（6月）
2月　第3回新作舞踊発表会（京城公会堂）	
3月　釜山、春川、全州などで公演	満州事変（9月18日）
5月10日　安弼承と結婚。安は早稲田大学露文学科在学中、KAPEで	

活動する

1932年 **21歳**

1月30日 在満同胞のための舞踊と演劇の夕べ公演

4月21日 第5回新作発表会、『郷愁』『二つの世界』

5月 長女・安勝子（聖姫）出産

7月 京城で舞踊活動を続行することは困難だとして渡日を決断、先に夫の安弼承が渡日

1933年 **22歳**

3月4日 娘・勝子（聖姫）、弟子・金敏子（若草敏子）を伴い、東京へ向かう。当分の間、石井漠舞踊団の一員として身を寄せる

10月22日 石井漠舞踊団の舞踊劇『よみがえる世界』に出演（日比谷公会堂）

秋 雑誌『今世界』主催の女流舞踊大会にピンチヒッターとして臨時出演し、『エヘラ・ノアラ』と『エレージ』を踊り、好評を博す

9月10日 映画「百万人の合唱」に幼稚園の先生役で初出演、この頃、高嶋雄三郎と出会う

9月20日 第1回舞踊発表会（日本青年会館）で古典の現代化、郷土舞踊の現代化を試みた。初めて日本での公演に挑戦、多くの観客が押し寄せ、川端康成、改造社社長の山本実彦らも鑑賞。『荒野を行く』『僧舞』『剣舞』『エヘラ・ノアラ』など、朝鮮の伝統舞踊を初公演

10月7日 安弼承は崔承喜のゼネラルマネージャーに専念することを決

韓国愛国党員・尹奉吉、天長節に上海虹口公園で投爆（4月29日）

石井漠来韓公演（京城、6月4日～5日）

ヒトラー、独首相に（1月30日）

日本、国際連盟脱退（3月27日）

朝鮮農地令公布（4月11日）

京城放送局、朝鮮語放送開始（4月26日）

心。そして妻の師である石井漠から「漠」の一字を名としてもらい、以後、安漠と名乗る

秋　秋の舞踊祭に出演（日本青年会館）、パブロバラも出演。川端康成は雑誌その他に、「日本最高の舞踊家だ」と激賞。その他、多くの文化人、知識人からも讃辞を送られる

1935年　24歳

1月　明宝劇場（京城）で単独公演

2月2日〜12日　「名人会」公演に特別出演（宝塚劇場）

3月29日　石井漠舞踊団春の公演に出演（日比谷公会堂）

3月　安漠、早稲田大学卒業

6月　名古屋、浜松、札幌、釧路、函館などで公演

10月　関西地方、九州地方、四国地方での長期公演

12月　大阪劇場で公演、東京でアンコール公演

KAPF解散（5月28日）

朝鮮総督府、朝鮮各地の学校で神社参拝を強要（9月）

イタリア、エチオピアへ侵入（10月3日）

1936年　25歳

3月5日　舞踊映画「半島の舞姫」（今日出海監督）公開。映画に写された舞踊が注目される

4月3日〜4日　京城公演（府民館）、映画「半島の舞姫」京城で上映（中央館）

6月10日　恩師石井漠に対する感謝舞踊会開催

9月22日〜24日　第3回舞踊発表会（日比谷公会堂）、『巫女舞』『アリラン物語』『新羅の壁画から』など

10月　朝鮮の雑誌『三千里』（10月号）に「私の舞踊10年記」を発表、人気いよいよ高まる。この頃、欧米公演を決意。『崔承喜、私

孫基禎、ベルリンオリンピックのマラソン競技で優勝（8月9日）

朝鮮思想犯保護観察令施行（12月21日）

の自叙伝』（日本書荘）刊行

12月22日　「女流舞踊の夕べ」出演（日比谷公会堂）。淑明女子専門学校設立基金募金慈善公演。渡欧告別新作発表会（東京劇場）。特別出演の映画「大金剛山の譜」の撮影、約1ヶ月間朝鮮各地でロケを行う

1937年　26歳

1月2日〜8日　京都・宝塚劇場で公演。続いて名古屋、金沢、東京公演

春　京城の府民館で、母校・淑明女子専門学校設立基金のために慈善公演

9月27日〜29日　渡米告別公演（東京劇場）。『玉笛の曲』『新羅宮女の踊り』など

12月5日　渡米告別公演（日比谷公会堂）

12月19日　渡米。渡米後の第1回公演となるサンフランシスコでの公演では、ロマンティック、コミカルな朝鮮的作品を演じる

12月末　サンフランシスコで公演（カーラン劇場）。崔承一著『崔承喜自叙傳』（ハングル、京城・以文堂）刊

日中戦争勃発（7月7日）
ソ連、極東シベリア居住朝鮮人を中央アジアに強制移住（9月）
朝鮮総督府、朝鮮人に皇国臣民の誓詞を配布（10月1日）
南京大虐殺（12月13日〜）

1938年　27歳

1月末　ロサンゼルス公演

春　ニューヨークで2度公演。当時ニューヨークで活躍していた代表的な舞踊家としては、バレルス、ウディー・シャンカ、ヨズバレーの3人がいた。崔承喜はアジアの人間として、中国の梅蘭芳、インドのウディー・シャンカとともに、世界的な舞踊家として認められるようになる

国家総動員令（4月1日）
朝鮮教育令改定（4月1日）
国民精神総動員朝鮮連盟創立（7月）

12月17日　ニューヨークを出発し、ヨーロッパ巡回公演に立つ。パリで第2回の発表会は最も意義深いものであり、日本、朝鮮の崔承喜にとどまらない、世界の崔承喜としての地位を固める

1939年　28歳

1月31日　パリ公演（サール・プレイエル劇場）。この時から「コリアン・ダンサー」と銘打つ

2月〜4月　南仏カンヌ・マルセイユ、スイスのジュネーブ・ローザンヌ、イタリアのローマ・フローレンス・ミラノ、南ドイツ、オランダ、ベルギーなどで多数公演

6月8日　オランダのハーグで「クールハウス」主催の世界音楽舞踊祭に参加

6月15日　パリで公演。世界の崔承喜として地位を固める

7月　ヨーロッパ各地を巡回公演

12月中旬　南仏からニューヨークへ向かう

12月下旬　ニューヨーク公演。ヨーロッパでの興業の成功とともに崔承喜の名が高まったことにより実現

1940年　29歳

2月〜8月　シカゴ、ロサンゼルス、サンフランシスコ、ブラジル、ウルグアイ、アルゼンチン、ペルー、チリで公演

9月　コロンビア公演。この頃、朝鮮の雑誌『朝光』（9月号）に「崔承喜舞踊15年」を発表

12月5日　3年ぶりに日本へ帰る。

12月26日　大阪で各界の名士を招いた帰日歓迎会が開かれる

ノモンハン事件（5月12日）

第2次世界大戦開始（9月3日）

日本、「国民徴用令」施行（10月1日）

朝鮮で小作統制令およびその施行規則公布（12月）

「創始改名」令（12月26日）

「大日本舞踊聯盟」設立（6月）

東亜日報、朝鮮日報廃刊（8月10日）

日・独・伊三国同盟（9月27日）

朝鮮総督府、「皇民化」を強化（10月7日）

1941年　30歳		朝鮮思想犯予防拘禁令公布（2月）
2月22日～25日	歌舞伎座で帰国公演、演目は伝統的な朝鮮舞踊をアレンジしたものが中心。また、舞踊によりふさわしい音楽をかもし出すために、朝鮮から本場の楽士4人を招聘。東京から各地を巡回公演。朝鮮、満州にも足を延ばし、合計100回以上の公演、この時、朝鮮各地で見た郷土舞踊を研究	東条英機内閣成立（10月18日） 真珠湾攻撃、日米開戦、太平洋戦争勃発（12月8日）
11月28日～30日	東京劇場で新作舞踊公演。朝鮮の伝統舞踊に加え、日本の古典舞踊を採り入れた創作も発表	
1942年　31歳		ミッドウェー海戦（6月5日） 朝鮮総督府、朝鮮青年特別錬成令制定（10月1日） 朝鮮語学会事件（10月1日）
2月初旬	「大陸前線慰問」を兼ねた、朝鮮、満州、中国各地への一般公演に出発、8月まで。一般、慰問公演を合わせて130回以上に及ぶ。この時、中国の歴史と文化に深く魅了され、中国舞踊にも関心を示す。中国舞踊家との交流を持ち、お互いに影響を与え合う	
2月16日～20日	朝鮮軍事普及会主催帰朝公演（京城府民館）	
6月初旬	華北へ入り、北京に着く	
7月	北京、天津、青島、大連、大同を巡り、18回ほどの一般公演	
8月中旬	東京に戻る	
12月6日～22日	帝国劇場で24回の連続公演、大盛況、文化人、知識人に深い感銘を与える。公演では自ら解説を行ったが、第1部では「東洋舞踊」について、第2部では「朝鮮舞踊の基本」、第3部では「西洋舞踊の基本」について話す。朝鮮舞踊だけにとらわれず、東洋舞踊という視角から新しい舞踊芸術・文化を体系化する作業に取り組む。また、この公演で、崔承喜	

は更衣がすぐにできる衣装を考案し、用いている

1943年　32歳

3月　安漠、『婦人公論』（3月号）に「東洋舞踊の創造のために」を発表

8月8日　第1回崔承喜舞踊鑑賞会、文化人だけの会員制で開催。会員に川端康成、東郷茂徳、朝鮮人の後援者には呂運亨、宋鎮禹、馬海松らが名を連ねる

8月12日　満州の吉林、ハルビンなど13ヶ所で公演

9月12日〜27日　南京付近や上海の日本軍隊慰問公演

10月15日〜30日　マジックシアターで中国の文化人、知識人を集め、中国・インド舞踊を採り入れた演目を披露し、大成功を収める。梅蘭芳に会い、将来の中国舞踊について語り合う。崔承喜は中国舞踊の発展に協力したい旨を話す

11月3日　南京公演（東和劇場）、日本大使館、中日文化協会などの共同後援で。

11月　日本へ帰る

12月初旬　中国の代表的京劇俳優を日本へ招くために、京劇招聘委員会の設置に尽力する

日本、「学徒兵制」公布（10月25日）
カイロ宣言（11月27日）

1944年　33歳

1月27日〜2月15日　芸術舞踊発表会（帝国劇場）、20日間、23回連続公演。戦時下とは考えられないほどの盛況ぶり。連日満員御礼。そして、結果的には、これが日本での最後の公演となる。同時に帝国画廊で崔承喜舞踊画観覧会が催される

朝鮮で徴兵制実施（8月1日）
「女子挺身勤労令」「学徒勤労会」公布（8月23日）

秋　崔承喜夫妻、大陸の日本軍の慰問を理由に日本を出発。朝鮮での公演を経て、中国へ。上海、華中で公演および慰問。以後、日本の敗戦まで北京を根拠地にして動く。汪精衛政府のもとで舞台に立つことを潔しとせず、梅蘭芳について中国の古典舞踊を学ぶかたわら、欧陽予倩の劇団に身を寄せ「崔承喜舞踊短期訓練隊」設立。ここで、朝鮮舞踊および一般舞踊を教える。当時、学んだ人たちの多くが今日、中国の各地で指導者的立場として活躍している

1945年　34歳

2月19日　蒙古新聞に崔承喜公演の広告掲載（厚生会館、大同劇場）。崔承喜他、研究員20名の「美と音と光」の公演が新鋭投光器6台を使った大芸術舞台で行われると伝える

6月　長男・秉建生まれる

8月15日　日本軍の慰問先で解放を迎える

秋　淑明女子高校で公演準備。娘の安聖姫、淑明女子高校入学。朝鮮文化建設中央協議会が設立され、崔承喜、趙澤元らは「親日派芸術家」と烙印を押される。安漠は中国から直接平壌に向かうが、崔承喜は中国にとどまる

広島・長崎に原爆投下（8月6日、9日）

日本敗戦、太平洋戦争終結、朝鮮解放（8月15日）

浮島丸、舞鶴湾で沈没（8月24日）

在日本朝鮮人連盟結成（10月15日）

モスクワ3国（米・英・ソ）共同委（外相会議）、朝鮮信託統治（5年間）で合意（12月27日）

1946年　35歳

4月　息子を連れてソウルに戻る（この時、今後の身の振り方を占い師に観てもらうと来年に凶が出ているといわれる）

7月20日　崔承喜、安漠ら総勢13名、ソウルの麻浦の渡し場を下って仁川に行き、そこから北朝鮮へ入る

新朝鮮建設同盟結成（1月20日）

呂運亨暗殺（7月19日）

在日本朝鮮居留民団（民団）結成（10月3日）

8月20日　崔承喜舞踊研究所設立

1947年　**36歳**

5月　新義州で初めて公演を行う。また、在朝日本人のためにも公演を行う

夏　大同江のほとりにある練光亭の裏手に崔承喜舞踊研究所設立。毎年50名以上の生徒が入所し、3年間、朝鮮舞踊をはじめ中国、南方、西洋舞踊を教える。他に、社会科学、ロシア語、政治教育も教授。

11月3日　北朝鮮人民委員会代議員選挙で、平壌地区の代議員に当選。労働党文化部長のポストにあった安漠とともに、北朝鮮の文化芸術を指導する

1948年　**37歳**

4月　南北連席会議が平壌で開かれた時、歓迎会が牡丹峰劇場で開催され、南からきた金九、金奎植および、20余団体の前で公演。8・15祝典で

秋　『解放の歌』公演。安聖姫（17歳）、チェコスロバキアのプラハで開かれた世界青少年大会の舞踊部門でグランプリ（大賞）受賞。崔承喜、ブダペストで開催された世界婦人大会に参加

1949年　**38歳**

4月　安漠、平壌音楽学校の学長に就任。崔承喜、北京で開催された婦人大会に、娘の聖姫を伴って参加。そこで、朝鮮舞踊の公演を行う

日本国憲法公布（11月3日）

旧憲法下、最後の勅令207号・外国人登録令発令（5月2日）

日本国新憲法施行（5月3日）

済州島4・3事件（4月3日）

阪神教育闘争、GHQ「非常事態宣言」発令（4月24日）

大韓民国樹立（8月15日）

朝鮮民主主義人民共和国樹立（9月9日）

外国人登録令改定（12月3日）

1950年　39歳
北京で崔承喜舞踊研究所開設
春　訪ソ芸術団として、ソ連公演
9月　安聖姫ら、ソウルで公演。さらに3班に分かれて安東地域、麗水地域、光州、木浦地域で公演。人民軍の慰問、一般公演のために南（韓国）へ入った安聖姫に戦死の噂が立つが、誤報であった。安聖姫、九死に一生を得て、北に戻る
10月　国連軍・国軍（韓国軍）の北進より、崔承喜ら北京へ避難

朝鮮戦争勃発（6月25日）
在日韓国人が義勇軍を結成し、朝鮮戦争に参戦（8月5日）

1951年　40歳
3月　周恩来（パリで苦学をしながら政治運動に参加、39年のパリ公演を観て以来の崔承喜のファン）の支援を得、北京の中央演劇学院に崔承喜舞踊訓練班を設立。後進の養成とともに、京劇の改革にも参加する。この頃、独自の基本動作確立
12月　北朝鮮政府、崔承喜に国旗勲章2級を授与。平壌市内の牡丹峰の地下に、1951年から52年にかけて半年間青年たちを動員して、800名収容の劇場を建設し、戦争中も演劇と舞踊を続けたという。この後、東ベルリンで開かれた第3回平和祝典で、安聖姫『長剣の舞』により1位入賞

在日朝鮮統一民主戦線〔民戦〕結成（1月9日）
日本政府、サンフランシスコで対日講和条約と日米安全保障条約に調印（9月8日）
出入国管理令公布（10月4日）
日韓予備会談開始（10月20日）
中国人民志願軍参戦（10月25日）

1952年　41歳
崔承喜舞踊研究所、国立となる

法務府民事局通達によって、在日朝鮮人・台湾人の日本国籍が喪失（4月19日）
対日講和条約発効、外国人登録法

1953年

3月　**42歳**　北朝鮮政府、抗米戦争で民族芸術に尽くしたとして崔承喜、黄徹らに人民俳優の称号授与。崔承喜、ソ連のウラノイア、中国の載愛蓮らとともに、東側の3大女流芸術家に数えられる。安漠、文化部副部長（副長官、副大臣）就任。安聖姫、モスクワ芸術大学舞踊演出科に留学

施行（4月28日）

朝鮮戦争休戦協定調印（7月27日）

1954年

43歳　舞踊劇『砂道城物語』公演（1956年にカラー映画として制作され、崔承喜が主演）

周恩来とネルーとの間で、「平和5原則」が合意（6月28日）

1955年

44歳

4月　北朝鮮高官（金剛）、日本が受け入れるなら崔承喜公演団を送る用意があると発言

5月24日　作家の火野葦平、畑中政春（元朝日新聞記者、日朝協会理事）訪朝し、崔承喜夫妻と会う

秋　崔承喜舞踊生活30周年記念公演。崔承喜、戦後初めて師の石井漠に手紙を送り、日本へ行ってみたい旨を記す。

民戦の解散宣言、日本共産党からの朝鮮人党員総離脱（5月24日）

在日本朝鮮人総聯合会〔総聯〕結成（5月25日～26日）

1956年

45歳

6月　安聖姫、モスクワ留学を終え帰国

6月22日～25日　尾崎宏次、木下順二、乙羽信子、茶川也寸志、千田是也、中川一正、杉村春子ら訪朝し、崔承喜の家族に会う。平壌放

国立舞踊学校創立（1962年、平壌芸術大学に改名）

国立芸術劇団創立（1969年、

送、崔承喜が近い将来日本へ訪問公演をすると発表

8月8日　草野心平、石井漠夫妻、藤森成吉、中村汀女ら崔承喜を訪問

国立歌劇劇場に改名)

1957年　46歳

6月　土方与志、村山知義、宇野重吉らが北朝鮮を訪問し、崔承喜夫妻に会う

7月28日～8月12日　第6回青年学生平和友好祭、モスクワで開催。この時、崔承喜は北朝鮮代表で民族舞踊の審査委員を務める。『朝鮮の夕べ』に安聖姫（25歳）出演し、『ジプシーの舞』を踊る。安聖姫、ソ連映画「豪勇イリヤ・臣龍と魔王征服」に出演する

秋　川端康成をはじめ日本の文化人・知識人ら「崔承喜舞踊団招請委員会」を結成、全国的な署名活動まで展開したが成功せず。崔承喜、これ以降舞踊活動を休止する。『崔承喜舞踊劇台本集』刊

ソ連、人工衛星打ち上げる（10月4日）

1958年　47歳

3月15日　崔承喜著『朝鮮民族舞踊基本』出版。徐満一（越北作家）、崔承喜の評伝刊

8月　安漠、粛清

総連、在日朝鮮人帰国協力会結成（11月17日）

1959年　48歳

安漠、地下鉄労働者に降格された後、のちに死亡したと推定される。北朝鮮政府、安聖姫に崔承喜と安漠を公開の場で批判させる

日・朝赤十字、「在日朝鮮人の共和国への帰国に関する協定」に調印（8月13日）

	3月1日	高嶋雄三郎著『崔承喜』（学風書院）刊	第1次帰国船出港（12月14日）
1960年		**49歳** この年に、周恩来、金日成に崔承喜を舞踊家として舞台に立たせてほしいと密かに依頼したと報じられる。崔承喜、在日朝鮮人帰国者の歓迎委員になる	4・19革命、李承晩大統領辞任（4月19日） 日米安全保障条約発効（6月23日）
1961年		**50歳**	韓国で軍事クーデター、朴正熙軍事政権誕生（5月16日）
	3月	朝鮮文学芸術総同盟（文芸総）の中央委員となる	
	5月	祖国平和統一中央委員・舞踊家同盟中央議員となる。『朝鮮民族舞踊基本』の映像撮影	
1963年		**52歳** 崔承喜著『朝鮮児童舞踊基本』出版。作品『玉蓮花物語』発表（台本・崔承喜、振り付け・安聖姫）	
1965年		**54歳**	日韓基本条約締結（6月22日）
1966年		**55歳** 崔承喜、論文「朝鮮舞踊動作と技法の優秀性および民族的特性」を発表（『文学新聞』に4回に分けて）	在日韓国人の日本での永住権申請開始（1月17日）
1967年		**56歳**	
	11月8日	朝日新聞に、崔承喜一家らが監禁されたという記事が掲載	

1969年	58歳 死去（金採元の研究によると、1975年）	
1981年 12月	東京で「崔承喜の夕べ」が開かれる。高嶋雄三郎・むくげ舎編著『崔承喜〔増補版〕』（むくげ舎）刊行	
1986年 3月	この頃から、崔承喜の生死に関して諸説が流れる。申相玉・崔銀姫の『闇からの谺』（1988年刊）の中では、崔承喜は娘と婿を連れて中国へ脱出しようとしたが捕まって処刑されたと記されている。その年月は不明。平壌舞踊学院で9か月間学んだ在日朝鮮人の舞踊家による、崔承喜は写真と資料を全て没収されて、すでに死んでいる、との証言など。	
1990年	韓国で崔承喜紹介・研究が解禁され始める	東西ドイツ統一（10月3日）
1994年 11月	金日成が「崔承喜は朝鮮の民族舞踊の現代化に成功した。……現代朝鮮舞踊の発展の基礎づくりに寄与した。……崔承喜の舞踊は国内に限らず、文明を誇るフランス、ドイツなどでも熱烈に歓迎された」と評価（『金日成回顧録』第5巻）。名誉回復の兆しが生まれる	金日成主席死去（7月8日）
12月	高嶋雄三郎・鄭昞浩編著『世紀の美人舞踊家崔承喜』（エム	

ティ出版）刊行

1995年
8月 鄭昞浩著『踊る崔承喜』（ソウル・プリキプンナム）刊行

阪神・淡路大震災（1月17日）

2002年
7月 金賛汀著『炎は闇の彼方に　伝説の舞姫・崔承喜』（ＮＨＫ出版）刊行

2003年
2月5日 崔承喜は名誉回復とともに、北朝鮮の芸術家として最高の呼称である「人民俳優」に叙され、最高待遇で国立墓地である愛国烈士墓に遺体が安置される

2004年
12月 鄭昞浩著『踊る崔承喜』（ソウル・現代美学社、1995年刊行書籍の再出版）刊行

2010年
7月 西木正明著『さすらいの舞姫　北の闇に消えた伝説のバレリーナ・崔承喜』（光文社）刊行

2012年
10月 カン・ジュンシク『崔承喜評伝　韓流第1号舞踊家崔承喜の人生と夢』（ソウル・ヌンビッ）刊行

年	月	崔承喜関連	社会情勢
2019年	2月	李賢晙著『「東洋」を踊る崔承喜』（勉誠出版）刊行	
2023年	7月	崔承一著『崔承喜自叙傳』［ハングル復刻本、京城・以文堂、1937年］（ソウル・ソミョン）刊行	
	8月	崔承喜著『崔承喜、私の自叙伝』［東京・日本書荘、1936年］［クオン・サンヒョク訳］（ソウル・チョンセクジョンイ）刊行	
2025年			第2次世界大戦終結から80年 日韓基本条約締結から60年（6月22日）

■鄭昞浩は、崔承喜の生涯について、少女時代（1911～1928）→京城生活（1929～1933）→日本での活躍（1933～1937）→世界が舞台（1937～1940）→暗い時代（1941～44）→北朝鮮生活（1945～1957）→悲劇的な終末（1957～）と区分している。

崔承喜のおもな舞踊作品

※出典は、高嶋雄三郎・鄭昞浩『世紀の美人舞踊家崔承喜』（エムティ出版、１９９４年）とパブリックドメイン作品をウェブから採録。解説文は高嶋雄三郎『崔承喜〔増補版〕』（むくげ舎、１９８１年）を参照。

作品写真	初演年・作品名
	１９３４年 『에헤라 노아라：エヘラ・ノアラ』 ＊笠をかぶって服を着て腰に細い紐を結び、腰を中心に身体を左右に振りながら踊る軽快な踊り。半島の人々は宴席で杯を重ねると必ず立ち上がって踊る。そのことを芸術的に昇華したのがこの作品である。

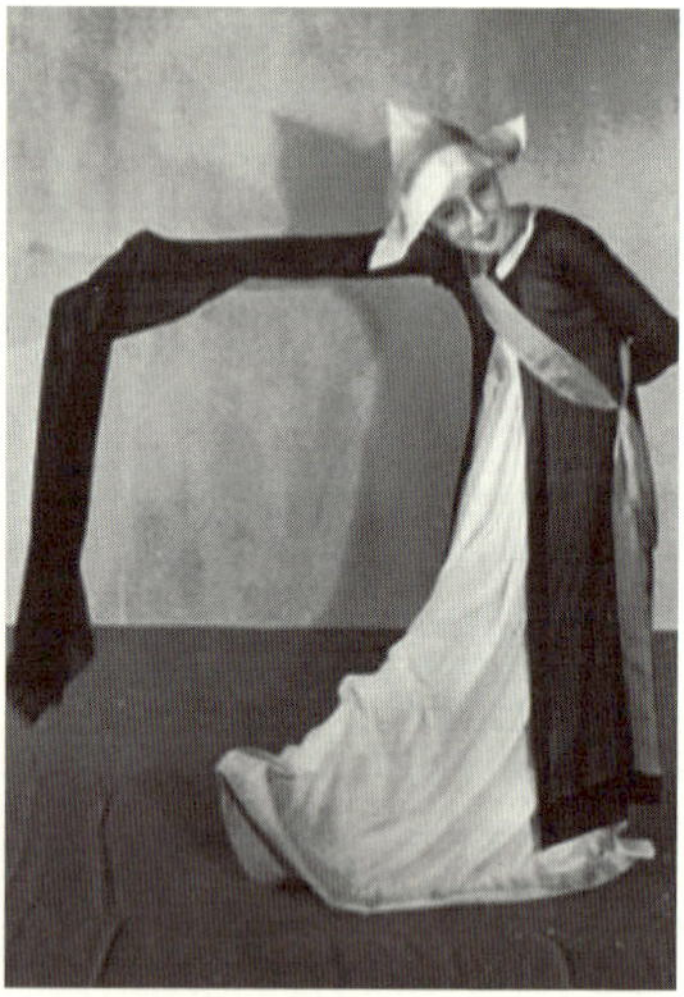

1934年
『승무：僧　舞』

1934年
『학무：鶴の舞のポーズ』

1935年
『검무：剣　舞』

1936年
『무녀춤：巫女舞』
＊ソウルの巫女は迷信を信奉する婦女子を相手に様々な演技をするが、音楽に合わせて踊る姿は、前世紀の遺産として一種の独特な雰囲気を醸し出している。

１９３７年
『초립동：草笠童』
＊新郎の喜びであふれる天真爛漫な姿を描いた作品。

１９３７年
『천하대장군：天下大将軍』
＊この作品は、崔承喜の多くの作品の中でも代表的なものといわれている。

１９３９年
『한량무：閑良の舞』
＊閑良とは、知識と教養のある成人男性のこと

１９３９年
『신로심불로：身老心不老』
＊身老心不老とは、体はたとえ老いても心だけは老いていないという意味。踊りは老人の人生無常を表現する。世界巡回公演（１９３６～１９４０年）のレパートリーである。

1939年

『옥피리의 곡：玉笛の曲』

＊1939年にパリで公演した時の写真。王の威力を表現するために打楽器の伴奏が伴う。舞踊創作家としての才能を見せた注目すべき作品である。

1939年

『조선의 세 가지 전통적 리듬：朝鮮の三つの伝統的リズム』

＊朝鮮の三つの基本的な動きである「ゆっくり」「中間」「速い」テンポを表現した作品。

1939年
『기생의 춤：妓生の舞』

1940年
『보살의 춤：菩薩の舞』

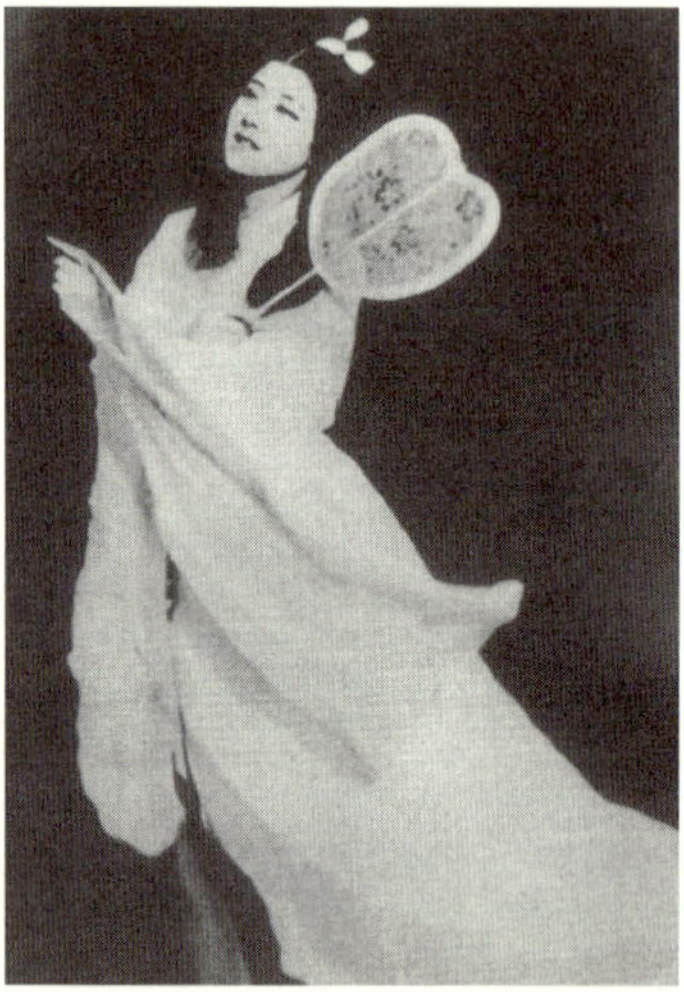

1941年
『화랑무：花郎舞』
＊花郎（ファラン）とは、新羅時代の、華やかで志が高く、気概ある若者のこと。それを表現した作品。

1941年
『칠석의 밤：七夕の夜』
＊帝国劇場で初演された作品。韓国と日本に伝わる七夕伝説、牽牛と織姫の恋物語をテーマにしている。

1942年
『장고춤：チャンゴチュム（杖鼓の舞）』

1942年
『장검의 춤：長剣の舞』

1942年
『고구려의 사냥꾼：高句麗の狩人』

1945年
『목동과 처녀：牧童と乙女』
（右側が娘の安聖姫）
＊1947年に安聖姫が再構成。解放された祖国の地で新春を迎えた人々の幸せな生活感情を、農村の独身男性と娘のロマンチックな姿を通じて表現している。

1948年

『거친 바다를 넘어서：荒波を越えて』（노사공：老沙工〔船を漕ぐ老人〕）

＊「済州島4・3事件」に衝撃を受けた崔承喜が、困難を乗り越えて目的に向って生きる人間の姿を表している。

1954年

『사도성의 이야기：砂道城物語』（1956年に映画化）

＊全5幕6場からなり、日本の侵略に抵抗した新羅の人々の英雄的闘争を形象化した民族舞踊劇。崔承喜が43歳の1954年に平壌牡丹峰劇場で初演した作品。

2022年)
南時雨『主体的芸術論』(未来社、1984年)
西川長夫『地球時代の民族＝文化理論：脱「国民文化」のために』(新曜社、1995年)
――――『国民国家論の射程　あるいは〈国民〉という怪物について〔増補版〕』(柏書房、2012年)
――――(2001)『国境の超え方〔増補〕』(平凡社、2001年)
西川長夫編『グローバル化を読み解く88のキーワード』(平凡社、2003年)
野村雅一『しぐさの世界――身体表現の民族学』(日本放送出版協会、1983年)
林哲、徐京植、趙景達編『二〇世紀を生きた朝鮮人：在日から考える』(大和書房、1998年)
長友淳編『グローバル化時代の文化・社会を学ぶ』(世界思想社、2017年)
朴一『「在日」という生き方：差異と平等のジレンマ』(講談社、1999年)
――『越境する在日コリアン：日韓の狭間で生きる人々』(明石書店、2014年)
朴尚得『在日朝鮮人の民族教育』(岩波書店、1980年)
朴三石『日本のなかの朝鮮学校――21世紀にはばたく』(朝鮮青年社、1997年)
―――『知っていますか、朝鮮学校』(岩波書店、2012年)
韓東賢『チマ・チョゴリ制服の民族誌――その誕生と朝鮮学校の女性たち』(双風舎、2006年)
ベネディクト・アンダーソン『定本想像の共同体：ナショナリズムの起源と流行』［白石陸・白石さや訳］(書籍工房早山、2007年)
文京洙『在日朝鮮人問題の起源』(図書出版クレイン、2007年)
―――『済州島四・三事件「島のくにの死と再生の物語」』(岩波書店、2018)
水野直樹、文京洙『在日朝鮮人歴史と現在』(岩波書店、2015年)
松下佳弘『朝鮮人学校の子どもたち：戦後在日朝鮮人教育行政の展開』(六花出版、2020年)
本橋哲也『ポストコロニアリズム』(岩波書店、2005年)
山本かほり『在日朝鮮人を生きる：〈祖国〉〈民族〉そして日本社会の眼差しの中で』(三一書房、2022年)
歴史学研究会編『国民国家を問う』(青木書店、1994年)
尹海東『植民地がつくった近代植民地朝鮮と帝国日本のもつれを考える』［沈熙燦・原佑介訳］(三元社、2017年)
良知会編『100人の在日コリアン』(三五館、1997年)

英文文献（著作名アルファベット順）
La meri, *Total Education in Ethnic Dance, New York; Marcel Dekker, Inc.*, 1977
SUH Heeyoung (2023.3) 'The Succession of the Ethnic Dance Education for Korean Residents in Japan: Focusing on the Case of the Joseon School' "*International Journal of Korean Studies*" 19

梅森直之編著『ベネディクト・アンダーソン　グローバリゼーションを語る』（光文社、2007 年）
エドワード・W・サイード『文化と帝国主義』［大橋洋一訳］（みすず書房、1998 年）
エリック・ホブズボーム、T・レンジャー編『創られた伝統』［前川啓治ほか訳］（紀伊國屋書店、1992 年）
呉永鎬『朝鮮学校の教育史：脱植民地化への闘争と創造』（明石書店、2019 年）
小沢有作『在日朝鮮人教育論：歴史編』（亜紀書房、1973 年）
大塚英誌『「伝統」とは何か』（筑摩書房、2004 年）
姜尚中『オリエンタリズムの彼方へ』（岩波書店、2011 年）
―――編『ポストコロニアリズム』（作品社、2001 年）
梶村秀樹『朝鮮史』（講談社、1994 年）
―――『排外主義克服のための朝鮮史』（平凡社、2014 年）
片山陸裕編『アジアから観る・考える：文化人類学入門』（ナカニシヤ出版、2008 年）
金徳龍『朝鮮学校の戦後史：1945 ～ 1972』（社会評論社、2004 年）
金秦泳「在日韓国・朝鮮人の変貌：日本社会と在日アイデンティティの現在」［梶田孝道編『新・国際社会学』（名古屋大学出版会、2005 年）］
権錫永『からまりあい重なり合う歴史：植民地朝鮮の文化の力学』（北海道大学出版会、2021 年）
小坂井敏晶『民族という虚構』（筑摩書房、2011 年）
小森陽一『ポストコロニアル』（岩波書店、2001 年）
坂本佳鶴恵『アイデンティティの権力：差別を語る主体は成立するか』（新曜社、2005 年）
鈴木貞美『日本の文化ナショナリズム』（平凡社、2005 年）
徐京植『民族を読む：20 世紀のアポリア』（日本エディタースクール出版部、1994 年）
―――『分断を生きる：「在日」を超えて』（影書房、1997 年）
―――『植民地主義の暴力：「ことばの檻」から』（高文研、2010 年）
ソニアリャン『コリアン・ディアスポラ：在日朝鮮人とアイデンティティ』（明石書店、2005 年）
宋基燦『「語られないもの」としての朝鮮学校：在日民族教育とアイデンティティポリティクス』（岩波書店、2012 年）
宋安鍾『在日音楽 100 年』（青土社、2009 年）
崔吉城『韓国のシャーマニズム：社会人類学的研究』（弘文堂、1984 年）
朝鮮史研究会編『朝鮮史研究入門』（名古屋大学出版会、2011 年）
鄭栄鎮『在日朝鮮人アイデンティティの変容と揺らぎ「民族」の想像／創造』（法律文化社、2018 年）
鄭百秀『コロニアリズムの克服：韓国近代文化における脱植民地化への道程』（草風館、2007 年）
中本真生子『アルザスと国民国家』（晃洋書房、2008 年）
中戸祐夫、森類臣『北朝鮮の対外関係：多角的な視角とその接近方法』（晃洋書房、

⑧　韓国語インターネットサイト

국사편찬위원회［国史編纂委員会］（한국사［韓国史］DB、https://www.history.go.kr/）
국립국악원［国立国樂院］（https://www.gugak.go.kr/）
국립무용단［国立舞踊団］（https://www.ntok.go.kr/kr/Dance/Main/Index）
문화체육관광부［文化体育観光部］（https://www.mcst.go.kr/）
서울국가무형문화재전수회관［ソウル国家無形文化財伝授教育館］（https://access.visitkorea.or.kr/）
서울문화재단［ソウル文化財団］（choomin.sfac.or.kr）
서울시립무용단［ソウル市立舞踊団］（https://www.sejongpac.or.kr/）
국립통일교육원［国立統一教育院］（https://www.uniedu.go.kr）
통일부 남북통합문화센터［統一部 南北統合文化センター］（https://uniculture.unikorea.go.kr/mpage）
한국역사정보통합시스템：한국역사인물자료［韓国歴史情報統合システム：韓国歴史人物資料］（www.koreanhistory.or.kr）
국가유산청［国家遺産庁］（https://www.khs.go.kr）
춤웹진［ダンスウェブジン］（koreadance.kr）

【本書で取り上げたテキスト及び参考文献】

日本語文献（著者名五十音順）

①　雑誌・学術論文（資料）

板垣竜太「朝鮮学校の社会的研究：京都朝鮮第三初級学校を中心に」『同志社大学社会調査実習報告書』No.17（同志社大学社会学科編、2008年）、「朝鮮学校と銀閣寺：京都朝鮮中高級学校と地域社会との関係をめぐって」No.27（同前、2019年）
宋基燦（ソン・ギチャン）「朝鮮半島における平和実現のための『節合の知』――在日コリアンの歴史的経験と日常的実践から」『コリア研究』（第9号、立命館大学コリア研究センター、2018年12月）
山本かほり「朝鮮学校における〈民族〉の形成：A朝鮮中高級学校での参与観察から」『愛知県立大学教育福祉学部論集（61）』（愛知県立大学教育福祉学部、2013年）
尹海東（ユン・ヘドン）「植民地認識のグレーゾーン：日帝下の公共性と規律権力」『現代思想』［藤井たけし訳］（第36号6巻、青土社、2002年5月）

②　単行本

アーネスト・ゲルナー『民族とナショナリズム』［加藤節監訳］（岩波書店、2000年）
李洪章『在日朝鮮人という民族経験：個人に立脚した共同性の再考へ』（生活書院、2016年）
井上俊・上野千鶴子ほか『民族・国家・エスニシテイ』（岩波書店、1996年）
上野千鶴子『脱アイデンティティ』（勁草書房、2005年）

④ **博士論文**（発表順）
박명숙「최승희예술이 한국현대무용에 끼친영향」（한양대학교박사학위논문、1993년）［パク・ミョンスク「崔承喜の芸術が韓国現代舞踊に及ぼした影響」（漢陽大学博士学位論文、1993年）］
유미희「여권주의 입장으로 본 최승희의 무용예술」（이화여자대학교박사학위논문、1997년）［ユ・ミヒ「女権主義の立場から見た崔承喜の舞踊芸術」（梨花女子大学博士学位論文、1997年）］
성기숙「한국근대무용의 전개와 근대성에 관한 연구」（성균관대학교박사학위논문、2005년）［成期淑「韓国近代舞踊の展開と近代性に関す研究」（成均館大学校博士学位論文、2005年）］

⑤ **修士論文**（発表順）
유인희「한국신무용사」（이화여자대학교석사학위논문、1958년）［ユ・インヒ「韓国新舞踊史」梨花女子大学校修士学位論文、1958年］
서희영「살풀이춤의 상징적 의미와 예술적 가치에 관한 고찰（명지대학교석사학위논문、1991년）［徐希寧「サルプリ舞の象徴的意味と芸術的価値に関する考察」（明知大学校修士学位論文、1991年）］
윤영선「근대한국무용에 관한 연구」（중앙대학교석사학위논문、1994년）［ユン・ヨンソン「近代韓国舞踊に関する研究」（中央大学校修士学位論文、1994年）］
강영애「한국근대무용사의 연구」（청주대학교석사학위논문、1995년）［カン・ヨンエ「韓国近代舞踊史の研究」（清州大学校修士学位論文、1995年）］
정승희「근대한국무용사의 연구：1984年～1944年」（단군대학교석사학위논문、1997년）［チョン・スンヒ「近代韓国舞踊史の研究：1984年～1944年」檀君大学校修士学位論文、1997年］
임진희「최승희 장고춤의 무용도해」（숙명여자대학교석사학위논문、2012년）［イム・ジンヒ「崔承喜の杖鼓の舞の舞踊図解」（淑明女子大学校修士学位論文、2012年）］
정진미「일본 오사카지역 조선학교 초급부 무용교수법에 관한 연구」（성균관대학교석사학위논문、2017년）［チョン・ジンミ「日本の大阪地域の朝鮮学校における初級部舞踊教授法に関する研究」（成均館大学校修士学位論文、2017年）］

⑥ **映像資料**
『무용가최승희』DVD=*The story of a dancer-Choi Seung hee*（서울：월드디지탈、2008년）［『舞踊家崔承喜』DVD〔英語・韓国語・日本語〕（ソウル：ワールドデジタル、2008年）］

⑦ **事典・辞典・年表等**
친일문제연구총서 인명편 3『친일인명사전』（한국：민족문제연구소、2009년）［親日問題研究叢書人名編 3『親日人名辞典』（韓国：民族問題研究所、2009年）］

1926 년 12 월 29 일「조선의 자랑인 신무용가 최승희」『매일신보』[1926 年 12 月 29 日「朝鮮の誇りである新舞踊家崔承喜」『毎日申報』]
1927 년 8 월 11、12 일「전통 무용에 대한 분류」『동아일보』[1927 年 8 月 11、12 日「伝統舞踊に対する分類」『東亜日報』]
1929 년 11 월 2 일「최승희양 무용연구소 설립」『동아일보』[1929 年 11 月 2 日「崔承喜嬢 舞踊研究所設立」『東亜日報』]
1937 년 4 월호「한성준 고수 50 년」『조광』[1937 年 4 月号「韓成俊鼓手 50 年」『朝光』]
1937 년 7 월 25 일「최승희씨 동경서 고별무용회 개최」『동아일보』[1937 年 7 月 25 日「崔承喜氏、東京で告別舞踊会を開催」『東亜日報』]
1937 년 7 월 25 일 「최근무용계의 만평」 논평：김관『동아일보』[1937 年 7 月 25 日「最近の舞踊界の批評」 論評：金管（キム・クァン）『東亜日報』]
1937 년 9 월 10 일「서양무용계에서 기교를 섭취한 방순균정한 최승희」논평：오병년『동아일보』[1937 年 9 月 10 日「西洋舞踊界で技巧を摂取した芳醇均整な崔承喜」論評：呉柄年（オ・ビョンニョン）『東亜日報』]
1938 년 2 월 3 일「무용가 최승희 고향 서울아닌 강원 홍천」『신한민보』[1938 年 2 月 3 日「舞踊家崔承喜氏の故郷、ソウルではない江原道洪川」『新韓民報』]
1939 년 11 월 8 、9 일「조선음악무용연구회 한성준씨의 이야기：조선무용의 내력」『조선일보』[1939 年 11 月 8 、9 日「朝鮮音楽舞踊研究会の韓成俊氏の談話：朝鮮舞踊の来歴」『朝鮮日報』]
1941 년 5 월 7 일「모던일본 예술상 수여식」『매일신보』[1941 年 5 月 7 日「モダン日本芸術賞授与式」『毎日申報』]
1944 년 12 월 5 일「최승희여사의 대륙공연 행각、현지 각부대 위문공연」『매일신보』[1944 年 12 月 5 日「崔承喜女史の大陸公演の行脚、現地各部隊の慰問公演」『毎日申報』]
1962 년 1 월 11 일「문화재보호법공포」『동아일보』[1962 年 1 月 11 日「文化財保護法公布」『東亜日報』]
1966 년 3 월 22、25、29 일、4 월 1 일「조선무용동작과 그 기법의 우수성 및 민족적 특성」『문학신문』[1966 年 3 月 22、25、29 日、4 月 1 日「朝鮮舞踊動作とその技法の優秀性及び民族的特性」『文学新聞』]
1998 년 9 월 1 일「근대춤의 아버지」『한겨레신문』[1998 年 9 月 1 日「近代舞踊家の父」『ハンギョレ新聞』]
2018 년 12 월 4 일「홍천 출신 세계적 무용가 신일행위 인물 기념사업 추진」『강원일보』[2018 年 12 月 4 日「洪川出身の世界的舞踊家、新日行為人物に対する記念事業推進」『江原日報』]
2018 년 8 월 10 일「최승희는 일제강점기에 활동한 세계적인 무용가」『강원일보』[2018 年 8 月 10 日「崔承喜舞踊家は日本による植民地時代に活動した世界的な舞踊家」『江原日報』]

版社、1992年)]
———『춤추는 최승희』(뿌리깊은 나무、1995年)[『踊る崔承喜』(プリキプンナム、1995年)]
———『한국의 전통춤』(집문당、1999년)[『韓国の伝統舞踊』(集文堂、1999年)]
———『춤추는 최승희』(현대미학사、2004년)[『踊る崔承喜』(現代美学社、2004年)]
최승희『조선민족무용기본』(평양:조선문학예술출판사、1958년)[崔承喜『朝鮮民族舞踊基本』(ピョンヤン:朝鮮文学芸術出版社、1958年)]
———『조선아동무용기본』(평양:조선문학예술출판사、1964년)[『朝鮮児童舞踊基本』(ピョンヤン:朝鮮文学芸術出版社、1964年)]
최승일『최승희 자서전』[복각본、경성:이문당、1937년](서울:소명출판、2023년)[崔承一『崔承喜自叙傳』[ハングル復刻本、京城:以文堂、1937年](ソウル:ソミョン出版、2023年)]
최승희『최승희、나의 자서전』[권상혁번역](서울:청색종이、2023년)[崔承喜『崔承喜、私の自叙伝』[東京:日本書荘、1936年][クォン・サンヒョク訳](ソウル:チョンセクジョンイ、2023年)]
한국근대무용연구소편『한국근대무용연구』(한국근대무용연구회、2006년)[韓国近代舞踊研究所編『韓国近代舞踊研究』(韓国近代舞踊研究会、2006年)]
한영혜『재일동포와 민족무용:냉전의 문화지형과 디아스포라 정체성』(도서출판 한울、2021년)[ハン・ヨンヘ『在日同胞と民族舞踊:冷戦の文化地形とディアスポラのアイデンティティ』(図書出版ハヌル、2021年)]
허영일『민족무용학』(시공사、1999년)[ホ・ヨンイル『民族舞踊学』シコンサ、1999年]

③ 雑誌・新聞記事(発行年月日順)

1905년 11월 3일「도무연회」『대한매일신보』[1905年11月3日「踏舞宴會」『大韓毎日申報』]
1915년 4월 27일「공진회 연무를 예관함」『매일신보』[1915年4月27日「共進會演舞を預観する」『毎日申報』]
1925년 10월 28일「후지마 시즈에 씨의 조선무용 연구를 위해 경성에 오다:연예인의 소식」『매일신보』[1925年10月28日「藤間静枝氏が朝鮮舞踊研究のため京城に来る:芸能人の便り」『毎日申報』]
1926년 3월 16일「세계적 무용시가 석정막이 석정소랑양 래경」『매일신보』[1926年3月16日「世界的舞踊家石井漠と石井小浪の兄弟来京」『毎日申報』]
1926년 3월 21일「무용계의 명성 석정막」『매일신보』[1926年3月21日「舞踊界の名星石井漠」『毎日申報』]
1926년 3월 21일「일본 현대무용가 이시이 바쿠가 경성고희당에서 첫 공연」[1926年3月21日「日本の現代舞踊家石井漠が京城公会堂で初公演」『京城日報』]
1926년 3월 26일「무용예술가 최승희양」『매일신보』[1926年3月26日「舞踊芸術家崔承喜」『毎日申報』]

사、2000 년）［朴貞順（パク・ジョンスン）『在日朝鮮人学生の民族的教養と民族舞踊教育』（ピョンヤン：文学芸術総合出版社、2000 年）］
베네딕트 앤더슨『상상된 공동체』［서지원옮김］（도서출판 길、2018 년）［ベネディクト・アンダーソン『想像の共同体』［書誌院訳］（図書出版キル、2018 年）］
배윤경『최승희무용연구소의 소련 순회공연（1950 ～ 1957）』（민속원、2020 년）［ペ・ユンギョン『崔承喜舞踊研究所のソ連巡回公演（1950 ～ 1957）』（民俗苑、2020 年）］
배윤희『태양의 품에서 영생하는 무용가』（평양：문학예술출판사、2012 년）［ペ・ユンヒ『太陽の懐で永生する舞踊家』（ピョンヤン：文学芸術出版社、2012 年）］
서경식외『경계에서 만나다：디아스포라와의 대화』（현암사、2013 년）［徐京植ほか『境界で出会う：ディアスポラとの対話』（玄岩社、2013 年）］
성기숙『한국근대무용가의 연구』（민속원、2004 년）［成基淑『韓国近代舞踊家の研究』（民俗苑、2004 年）］
―――『한국근대춤의 전통과 신무용의 창조적 계승』（민속원、2007 년）［『韓国近代舞踊の伝統と新舞踊の創造的継承』（民俗苑、2007 年）］
성경린『韓国傳統舞踊』（일지사、1979 년）［成慶麟（ソン・ギョンリョン）『韓国傳統舞踊』（一志社、1979 年）］
徐淵昊『韓国の伝統芸能と東アジア』［中村克哉訳］（論創社、2015 年）
鄭昞浩『韓国の民俗舞踊』（白帝社、1993 年）
슬라보예 지젝 러셀 그리그 외『나의 타자：정체성의 환상과 역설』［강수영옮김］（인간사랑、2018 년）［スラヴォイ・ジジェク、ラッセル・グリッグ他『マイ・タイピング：アイデンティティの幻想と逆説』［カン・スヨン訳］（人間サラン、2018 年）］
이병옥『한국민속무용개론』（도서출판노리、2000 년）［李炳玉（イ・ビョンオク）『韓国民俗舞踊概論』（図書出版ノリ、2000 年）］
이애순『최승희 무용예술연구：20 세기 예술문화와의 관련속에서』（길림인민출판사・연변교육출판사、2001 년）［李愛順（イ・エスン）『崔承喜舞踊芸術研究：20 世紀の芸術文化との関連の中で』（吉林人民出版社・延辺教育出版社、2001 年）］
윤해동『식민지의 회색지대』（역사비평사、2003 년）［尹海東（ユン・ヘドン）『植民地のグレーゾーン』（歴史批評社、2003 年）］
―――『근대를 다시 읽는다１、２』（역사비평사、2008 년）［『近代を読み直す１、２』（歴史批評社、2008 年）］
에릭・홉스봄외『만들어진 전통』［박지향、장문석옮김］（청아문화사、2004 년）［エリック・ボブズボームほか『作られた伝統』〔パク・ジヒャン、チャン・ムンソク訳〕（チョンア文化社、2004 年）］
임형택외『傳統：근대가 만들어낸 또 하나의 권력』（인물과 사상사、2010 년）［イム・ヒョンテクほか『伝統：近代が創ったもう一つの権力』（人物と思想社、2010 年）］
정병호『韓国춤』（열화당、1985 년）［鄭昞浩『韓国の踊り』（ヨルファダン、1985 年）］
―――『한국의 민속무용』（삼성출편사、1992 년）［『韓国の民俗舞踊』（サムソン出

② 単行本

국립국악원편찬 한민족음악총서 2 『북한의 예술교육』(국립국악원、2013 년)[国立国樂院編纂韓民族音楽叢書 2 『北朝鮮の芸術教育』(国立国樂院、2013 年)]
국립국악원편찬 한민족음악총서 6 『북한의 민족무용』(국립국악원、2018 년)[国立国樂院編纂韓民族音楽叢書 6 『北朝鮮の民族舞踊』(国立国樂院、2018 年)]
국립국악원편찬 한민족음악총서 8 『재외동포원로예술가 구술채록：일본편』(국립국악원、2019 년)[国立国樂院編纂韓民族音楽叢書 8 『在外同胞元老芸術家口述採録：日本編』(国立国樂院、2019 年)]
국립국악원편찬 한민족음악총서 9 『북한〈조선예술〉(1956 ～ 1969) 총목록과 색인』(국립국악원、2020 년)[国立国樂院編纂韓民族音楽叢書 9『北朝鮮〈朝鮮芸術〉(1956 ～ 1969) 総目録と索引』(国立国樂院、2020 年)]
국립국악원편찬 한민족음악총서 11『북한의 민족음악유산』(국립국악원、2021 년)[国立国樂院編纂韓民族音楽叢書 11『北朝鮮の民族音楽遺産』(国立国樂院、2021 年)]
고승길・성기숙『아시아춤의 근대화와 한국의 근대춤』(민속원、2005 년)[高勝吉・成基淑『アジア舞踊の近代化と韓国の近代舞踊』(民俗苑、2005 年)]
김성수편『북한문학신문기사목록 (1956‒1993)：사실주의 비평사 자료집』(한림대학교출판부、1994 년)[金成洙編「北朝鮮文学新聞記事目録 (1956‒1993)：写実主義批評史資料集』」(翰林大学校出版部、1994 年)]
김계자『횡단하는 마이너리티、경계의 재일코리안』(역락、2017 년)[キム・ゲジャ『横断するマイノリティ、境界の在日コリアン』(ヨルラク、2017 年)]
김정일『무용예술론』(평양：조선로동당출판사、1992 년)[金正日『舞踊芸術論』(ピョンヤン：朝鮮労働党出版社、1992 年)]
김종욱『한국근대춤자료사：1899 ～ 1950』(도서출판 아라、2014 년)[キム・ジョンウク『韓国近代舞踊資料史：1899 ～ 1950』(図書出版アラ、2014 年)]
김호연『한국근대무용사』(민속원、2016 년)[キム・ホヨン『韓国近代舞踊史』(民俗苑、2016 年)]
민족미학연구소편『강이문춤비평논집 1 ：한국무용문화와 전통』(현대미학사、2001 년)[民族美学研究所編『姜理文舞踊批評論集 1 ：韓国舞踊文化と伝統』(現代美学社、2001 年)]
박외선『무용개론』(보진재、1984 년)[パク・ウェソン『舞踊概論』(ポジンジェ、1984 年)]
박영정외『남북정상회담 이후 북한공연예술의 변화양상 연구：대집단체조와 예술공연을 중심으로』(서울：한국문화정책개발、2002 년)[パク・ヨンジョンほか『南北首脳会談以降の北朝鮮公演芸術の変化の様相の研究：大集団体操と芸術公演を中心に』(ソウル：韓国文化政策開発、2002 年)]
박종성『조선민속무용』(평양：문예출판사、1991 년)[パク・ジョンソン『朝鮮民俗舞踊』(ピョンヤン：文芸出版社、1991 年)]
박정순『재일조산학생들의 민족성교양과민족무용교육』(평양：문학예술종합출판

研究」『舞踊歴史記録学』 6 (2004 年)]
장윤창외「민속무용을 예술적으로 승화시킨 한성준의 재조명」『한국엔터테이먼트 산업학회논문지』 6 − 3 (2012 년) [チャン・ユンチャン他「民俗舞踊を芸術的に昇華させた韓成俊の再照明」『韓国エンタテイメント産業学会論文誌』 6 − 3 (2012 年)]
정성숙「한성준을 통해 본 재인계무용의 무용사적의 가치연구」『한국공연문화연구』 19 (한국공연문화학회、2009 년) [チョン・ソンスク「韓成俊を通して見た才人系舞踊の舞踊史における価値研究」『韓国公演文化研究』19 (韓国公演文化学会、2009 年)]
정은영「근대 전통 무용의 형성과 민족주의적 성찰」『한국체육철학학지』18 권 3 호、(2010 년) [チョン・ウンヨン「近代伝統舞踊の形成と民族主義的省察」『韓国体育哲学学誌』18 巻 3 号、2010 年]
주문걸외『주체적무용·교예예술의 새로운 전활』(평양 : 문학예술종합출판사、1995 년) [チュ・ムンコルほか『主体的舞踊・曲芸芸術の新しい転換』(ピョンヤン : 文学芸術総合出版社、1995 年)]
한경자「최승희의 무용고찰 : 1956 〜 1957 소련순회공연을 중심으로」『한국문학과 예술』35 (2020 년) [ハン・ギョンジャ「崔承喜の舞踊考察 : 1956 〜 1957 ソ連巡回公演を中心に」『韓国文学と芸術』35 (2020 年)]
―――「북한무용의 흐름과 특징」『춤 in』서울문화재단 (2018 년) [「北朝鮮舞踊の流れと特徴」『ダンス in』ソウル文化財団 (2018 年)]
―――「최승희춤 미국 유럽 중남미 순회공연 연구」『무용역사기록학회』50 (2018 년) [「崔承喜舞踊の米国ヨーロッパ中南米巡回公演研究」『舞踊歴史記録学会』 50 (2018 年)]
―――「최승희 연구의 현황과 과제」『한국체육사학회지』17− 1 (2012 년) [「崔承喜研究の現状と課題」『韓国体育史学会誌』17 − 1 (2012 年)]
―――「남북한 무용의 현태 변화 비교」『한국무용교육학회지』16 − 2 (2005 년) [「南北舞踊の形態変化比較」『韓国舞踊教育学会誌』16 − 2 (2005 年)]
―――「남북한무용교류의 실제와 현황」『대한무용학회 논문집』52 (2007 년) [「南北韓舞踊の交流の実際と現況」『大韓舞踊学会論文集』52 (2007 年)]
―――「남북한 무용의 흐름과 교류 방향」『공연과 리뷰』34 (2001 년) [「南北舞踊の流れと交流方向」『公演とレビュー』34 (2001 年)]
홍애령「한국무용교육의 역사적흐름과 영역의 재검토 : 교육무용 지향에서 큰 무용교육 지향으로」『한국스포츠교육학회지』27 − 4 (2020 년) [ホン・エリョン「韓国舞踊教育の歴史的流れと領域の再検討 : 教育舞踊志向から舞踊教育志向へ」『韓国スポーツ教育学会誌』27 − 4 (2020 年)]
현주、안지호「북한무용 변화에 대한 연구」『한국체육사학회지』26 − 1 (2021 년) [ヒョン・ジュ、アン・チホ「北朝鮮舞踊の変化に関する研究」『韓国体育史学会誌』26 − 1 (2021 年)]

踊芸術学研究』10（2002年）]
――「해방공간（1945－1950）한국춤의 전개와 역사적 의의」『무용예술학연구』13（2004년）[「解放空白期（1945－1950）韓国舞踊の展開と歴史的意義」『舞踊芸術学研究』13（2004年）]
송기찬「신체화되는 아인덴티티：조선학교의조선무용에 관한 고찰」『국제고려학』18（국제고려학회、2020년）[ソン・ギチャン「身体化されるアインデンティティ：朝鮮学校の朝鮮舞踊に関する考察」『国際高麗学』第18号（国際高麗学会、2020年）]
――「정체성의 정치에서 정체성의 관리로：조선학교 민족교육과 재일코리안의 정체성」『한국문화인류학』51（한국문화인류학회、2018년）[「アイデンティティの政治からアイデンティティの管理：朝鮮学校の民族教育と在日コリアンのアイデンティティ」『韓国文化人類学』51（韓国文化人類学会、2018年）]
이문호「한국의 근대화와 한국전통무용의 자생력상실의 배경」『공연문화연구』15（한국공연문화학회、2007년）[イ・ムンホ「韓国の近代化と韓国伝統舞踊の自生力喪失の背景」『公演文化研究』15（韓国公演文化学会、2007年）]
이병옥「한성준의 음조와 무용인생」『예술문화』（예술문화연구소、1995년）[李炳玉（イ・ビョンオク）「韓成俊の音調と舞踊人生」『芸術文化』（芸術文化研究所、1995年）]
――「근대무용에 나타난 전통계승의 현황과 문제」고승길・성기숙『아시아춤의 근대화와 한국의 근대춤』（민속원、2005년）][「近代舞踊に現れた伝統継承の現状と問題」高勝吉・成期淑『アジア舞踊の近代化と韓国の近代舞踊』（民俗苑、2005年）]
――「한국전통춤의 분류와 양식적 특징：정병호의 분류법 검토를 중심으로」『공연문화연구』27（한국공연문화학회、2013년）[「韓国伝統舞踊の分類と様式的特徴：鄭昞浩の分類法検討を中心に」『公演文化研究』27（韓国公演文化学会、2013年）]
이정노「1930년대 조선무용의 양식적 특성에 관한 연구：최승희작품을 중심으로」『민족미학』14－2（2015년）[イ・ジョンノ「1930年代朝鮮舞踊の様式的特性に関する研究：崔承喜作品を中心に」『民族美学』14－2（2015年）]
이진아「문화번역으로서 민족무용：최승희의 경우」『사회와 역사』95（2012년）[イ・ジナ「文化翻訳としての民族舞踊：崔承喜の場合」『社会と歴史』95（2012年）]
――「월북 이후 최승희의 민족 표상과 젠더 수행」『아시아여성연구』59－1（2020년）[「越北以後の崔承喜の民族表象とジェンダー修行」『アジア女性研究』59－1（2020年）]
이정민、전하윤「남북한학교 무용교육과정 비교연구」『한국예술연구』26（2019년）[イ・ジョンミン、チョン・ハユン「南北学校の舞踊教育課程の比較研究」『韓国芸術研究』26（2019年）]
유미희「최승희의 민족무용에 나타난 오리엔탈리즘에 관한 연구」『무용역사기록학』6（2004年）[ユ・ミヒ「崔承喜の民族舞踊に現れたオリエンタリズムに関する

スク「韓国近代舞踊の変貌と様相」『大韓舞踊学会』43（2005年）］
김운미「한국 근대무용사 연구」『한국무용교육학회지』5（1995년）［キム・ウンミ「韓国近代舞踊史研究」『韓国舞踊教育学会誌』5（1995年）］
김영희「최승희 신무용에 대한 새로운 평가의 계기」『공연과 리뷰』82（2013년）［キム・ヨンヒ「崔承喜の新舞踊に対する新しい評価の契機」『公演とレビュー』82（2013年）］
김영희、윤명화「〈신로심불로〉의 작품분석과 변화앙상에 관한 연구」『한국무용연구』37－1（한국무용연구학회、2019년）［キム・ヨンヒ、ユン・ミョンファ「『身老心不老』の作品分析と変化の様相に関する研究」『韓国舞踊研究』37－1（韓国舞踊学会、2019年］］
김지은「재일조선인의 민족무용에 대한 고찰：총련계 민족무용의 전승을 중심으로」『대한무용학회논문집』76－1（2018년）［キム・ジウン「在日朝鮮人の民族舞踊に関する考察：朝鮮総連系民族舞踊の伝承を中心に」『大韓舞踊学会論文集』76－1（2018年）］
김채원「재일조선인무용연구：금강산가극단을 중심으로」『대한무용학회논문집』53（2007년）［キム・チェウォン「在日朝鮮人の舞踊研究：金剛山歌劇団を中心に」『大韓舞踊学会論文集』53（2007年）］
―――「북한에서의 최승희 춤활동 성과와 기법적 토대」『대한무용학회』65（2010년）［「北朝鮮での崔承喜の舞踊活動の成果と技法的土台」『大韓舞踊学会』65（2010年）］
―――「최승희의 무용극사도성의 이야기분석」『공연과리뷰』（82）（현대미학사、2013년）［「崔承喜の舞踊劇沙道城物語の分析」『公演とレビュー』82（現代美学社、2013年）］
―――「북한무용분야 무형유산의 계승과 그 실채에 관한 소고」『국립무형유산원』7（2019년）［『北朝鮮舞踊分野の無形遺産の継承とその実態に関する小考』『国立無形遺産院』7（2019年）］
김채현「식민지 근대화와 신여성 최초의 근대무용가 최승희：근대무용의 민족적 표현」『역사비평』19（1992년）［金采賢（キム・チェヒョン）「植民地近代化と新女性初の近代舞踊家崔承喜：近代舞踊の民族的表現」『歴史批評』19（歴史批評社、1992年）］
김해금、김영화「북조선의 무용연구 현황 고찰」『무용역사기록학』60（2021년）［キム・ヘグム、キム・ヨンファ「北朝鮮の舞踊研究の現況考察」『舞踊歴史記録学』60（2021年）］
노영희「근대조선 지식인의 민족적 자아형성：최승희의‘조선무용’과‘민족적자아’」『한림일본학』1（한림대학교일본연구소、1996년）［盧英姫（ノ・ヨンヒ）「近代朝鮮知識人の「民族的自我」形成：崔承喜の「朝鮮舞踊」と「民族的自我」『翰林日本学』1（翰林大学日本研究所、1996年）］
성기숙「최승희의 월북과 그 이후의 무용행적 재조명」『무용예술학연구』10（2002년）［成基淑（ソン・ギスク）「崔承喜の越北とその後の舞踊活動の再照明」『舞

2021年11月6日「〈民族教育と朝鮮舞踊10〉在日朝鮮学生中央芸術競演大会」『朝鮮新報』
2021年12月4日「〈民族教育と朝鮮舞踊11〉夢にまで見た祖国でのソルマジ公演①」『朝鮮新報』
2023年2月10日「〈民族教育と朝鮮舞踊24〉舞踊教育の発展のために——新しい舞踊教材と舞踊教員講習」『朝鮮新報』
2023年3月22日「朝鮮民族舞踊の大母崔承喜を学ぶ」『民団新聞』

④ 博士論文（発表順）
金恩漢「崔承喜研究：北朝鮮での舞踊活動（1946～1967）を中心に」（お茶の水女子大学博士学位論文、2003年）

⑤ 映像資料・パンフレット
崔承喜の『朝鮮民族舞踊基本動作』［DVD］（在日本朝鮮文芸芸術家同盟中央舞踊部、2012年）
在日朝鮮学生中央芸術競演大会［優秀作品DVD・パンフレット］（在日本朝鮮文学芸術家同盟（1989年～2019年）
京都朝鮮中級高級舞踊部［試演会・競演大会・発表会］パンフレット（2019年度）
在日本済州四・三犠牲者慰霊祭（主催：在日本済州四・71周年三犠牲者慰霊祭実行委員会、2019年4月28日）

⑥ 事典・辞典・年表等
姜徹編『在日朝鮮韓国人史総合年表』（雄山閣、2002年）
伊藤亜人監訳、川上新二編訳『韓国文化シンボル事典』（平凡社、2006年）
国際高麗学会日本支部『在日コリアン辞典』編集委員会編『在日コリアン辞典』（明石書店、2010年）
清水幾太郎編『現代思想事典』［桑原武夫「伝統」］（講談社、1964年）

⑦ 日本語インターネットサイト
在日本朝鮮人総聯合会（http://www.chongryon.com/）
在日本朝鮮文学芸術家同盟（https://munedong.com/）
法務省出入国在留管理庁（https://www.moj.go.jp/isa/）
京都朝鮮中高級学校（https://www.korea.ed.jp）
産経ニュース（http://www.sankei.com）
在日韓人歴史資料館（http://www.j-koreans.org/）

韓国語・朝鮮語文献（著者名は反切表の順）
① 雑誌・学術論文
강인숙「한국근대무용의 변모와 양상」『대한무용학회』43（2005년）［カン・イン

金玲姫「世界に羽ばたいたいた創作舞踊：コリアン・ダンサー崔承喜」［林哲、徐京植、趙景達編『二〇世紀を生きた朝鮮人：在日から考える』］（大和書房、1998 年）
邦正美『舞踊の文化史』（岩波書店、1968 年）
徐淵昊著『韓国の伝統芸能と東アジア』［中村克哉訳］（論創社、2015 年）
高嶋雄三郎『崔承喜（増補版）』（むくげ舎、1981 年）
高嶋雄三郎・鄭昞浩『世紀の美人舞踊家崔承喜』（エムティ出版、1994 年）
崔承喜『私の自叙傳』（日本書荘、1936 年）
崔吉城『韓国のシャーマニズム：社会人類学的研究』（弘文堂、1984 年）
鄭昞浩『韓国の民俗舞踊』（白帝社、1993 年）
西木正明『さすらいの舞姫：北の闇に消えた伝説のバレリーナ・崔承喜』（光文社、2010 年）
野村雅一『しぐさの世界――身体表現の民族学』（日本放送出版協会、1983 年）
朴祥美『帝国と戦後の文化政策：舞台の上の日本像』（岩波書店、2017 年）
村松道也『私の舞踊史――ジャーナリストの回想（上巻）』（音楽新聞社、1985 年）
緑川潤『舞踊家石井漠の生涯』（無明舎出版、2006 年）
宮内淳子『舞踊とバレエ』（ゆまに書房、2009 年）
山崎朋子『アジア女性交流史：昭和期篇』（「民族と民族の〈狭間〉を生きて――崔承喜と李香蘭＝山口淑子」岩波書店、2012 年）
スーザン・クナウト・ランガー（Langer Susanne Katherina Knauth）『芸術とは何か』［池上保太、矢野萬里訳］（岩波書店、1967 年）
ロデリーク・ランゲ（Roderyk Lange）『舞踊の世界を探る』［小倉重夫訳］（音楽之友社、1981 年）

③　雑誌・新聞記事（発行年月日順）

1934 年 10 月「新進舞踊家を語る」『改造』
1937 年 8 月 15 日「外遊を控へて張切る崔承喜」『東京朝日新聞』
1937 年 10 月「崔承喜の美容運動」『婦女界』
1940 年 4 月 3 日「崔承喜さん舞踊會　素晴らし前景気　米人方面の期待は大きい」『新世界朝日』
1940 年 4 月 9 日「半島の麗人 崔承喜さんの舞踊 千餘の観衆を魅了」『新世界朝日』
1940 年 5 月「歐米舞踊記」『改造』
1940 年 11 月「閑良舞開設：指導…韓成俊」『モダン日本』（復刻本：日本語）
2010 年 3 月 23 日「『半島の舞姫』軍慰問も　舞踊家崔承喜　上」『毎日新聞』
2010 年 3 月 24 日「戦争と革命に阻まれ　舞踊家崔承喜　下」『毎日新聞』
2021 年 1 月 30 日「〈民族教育と朝鮮舞踊 1〉舞踊教育の意義と役割」『朝鮮新報』
2021 年 3 月 6 日「〈民族教育と朝鮮舞踊 2〉民族舞踊教育の始まり」『朝鮮新報』
2021 年 6 月 26 日「〈民族教育と朝鮮舞踊 6〉舞踊教育者として」『朝鮮新報』
2021 年 10 月 10 日「〈民族教育と朝鮮舞踊 9〉民族の誇り――国宝級の『朝鮮民族舞踊基本』」『朝鮮新報』

崔承喜（チェ・スンヒ）「歐米舞踊記」『改造』（改造社、1940 年 5 月）
――――「石井漠先生への手紙」『世界』（岩波書店、1956 年 2 月）
高嶋雄三郎「崔承喜と私」『季刊三千里』（三千里社、1982 年 5 月）
寺田壽夫「舞姫崔承喜論」『朝鮮地方行政』（帝国地方行政学会、1937 年 4 月〔1998 年復刻版 1 巻、ゆまに書房〕）
朴貞順（パク・ジョンスン）「民族舞踊教育の重要性についての考察：在日朝鮮学生の民族教育においての民族舞踊教育」『朝鮮大学校学報』（朝鮮大学校朝鮮問題研究センター、2000 年 4 月）
――――「在日朝鮮同胞の民族舞踊を考える」『朝鮮大学校学報』（朝鮮大学校朝鮮問題研究センター、2013 年 11 月）
――――「『朝鮮民族舞踊基本動作』（崔承喜）の特徴と変遷」『アジア文化研究』（振学出版、2015 年 6 月）
朴祥美（パク・サンミ）「崔承喜研究の動向と資料紹介」『早稲田大学高等研究紀要』（早稲田大学高等研究所、2010 年 3 月）
――――「『日本帝国文化』を踊る：崔承喜のアメリカ公演（1937 ～ 1940）とアジア主義」『思想』（岩波書店、2005 年 7 月）
平林久枝「崔承喜と石井漠」『季刊三千里』（三千里社、1977 年 11 月）
――――「崔承喜と安漠」『季刊三千里』（三千里社、1978 年 5 月）
許娟姫（ホ・ヨンヒ）「韓国券番（1908－1942）における妓生教育」『舞踊學』（第 31 号、舞踊学会、2008 年）
森類臣「雑誌『祖国』に掲載された音楽・歌劇・舞踊関連記事の紹介：1964 ～ 1969 年」『社会科学』（同志社大学人文科学研究所、2023 年 2 月）
渡部豊彦「石井漠と崔承喜」『東アジアと東北』（歴史教育者協議会東北ブロック編、教育史料出版会、2004 年 8 月）

② 単行本

石井漠『舞踊藝術』（玉川學園出版部、1933 年）
――――『世界藝術舞踊史』（玉川學園出版部、1943 年）
――――『舞踊さんまい』（右文社、1947 年）
――――『私の舞踊生活』（大日本雄弁会講談社、1951 年）
李賢晙『「東洋」を踊る崔承喜』（勉誠出版、2019 年）
李英淑「肩が踊りだす：崔承喜について」［中井亜佐子・吉野由利編『ジェンダー表象の政治学：ネーション、階級、植民地』］（彩流社、2011 年）
遠藤保子、細川江梨子、高野牧子、打越みゆき『舞踊学の現在：芸術・民族・教育からのアプローチ』（文理閣、2011 年）
川端康成『川端康成全集』（第 27 巻、新潮社、1999 年）
金白峰「韓国舞踊史における舞踊家『崔承喜』の位相」［森永道夫編『芸能と信仰の民族芸術』（森永道夫先生古稀記念論集）］［李賢進訳］（和泉書院、2003 年）
金賛汀『炎は闇の彼方に』（NHK 出版、2002 年）

参考文献

凡例

◆参考文献は雑誌・学術論文（資料）と単行本に分け、日本語文献、韓国語・朝鮮語文献、英文文献の順で配列した。

◆日本語文献は著者名の五十音順に、韓国語・朝鮮語文献は著者名の反切表の順に並べた。英文文献は著者名のアルファベット順に並べた。

【崔承喜関連文献・舞踊芸術関連文献】

日本語文献（著者名五十音順）

① 雑誌・学術論文

石井漠「新進舞踊家を語る」『改造』（改造社、1934 年 10 月）

―――「私の仕事」『世界』（岩波書店、1955 年 7 月）

―――「崔承喜と私」『世界』（岩波書店、1955 年 11 月）

―――「崔承喜の人気」『芸術新潮』（新潮社、1957 年 1 月）

李英淑（イ・ヨンスク）「踊る女：崔承喜のこと」『図書』（岩波書店、2009 年 1 月）

李賢晙（イ・ヒョンジュン）「語られる崔承喜：川端康成の『舞姫』における崔承喜論」『超域文化科学紀要』（東京大学大学院総合文化研究科、2012 年 11 月）

川端康成「朝鮮の舞姫崔承喜」『文藝』（改造社、1934 年 11 月）

神澤和夫「韓国舞踊の世界について」『文学・芸術・文化』（近畿大学文芸学部、1997 年 1 月）

金採元（恩漢）（キム・チェウォン）「日帝時代と近代舞踊：崔承喜を中心に」『民族藝術』（民族藝術学会編、講談社、1998 年 3 月）

久保覚「『半島』の舞姫　崔承喜論のために」『新日本文学』（新日本文学会、1980 年 8 月）

小林直弥「崔承喜の足跡と創作舞踊への考察：中国と中央演劇院における資料を中心に」『日本大学芸術学部紀要』（日本大学芸術学部、2008 年 3 月）

高榮蘭「交錯する文化と欲望される『朝鮮』：崔承喜と張赫宙の座談会を手がかりに」『語文』（日本大学国文学会、2010 年 3 月）

徐希寧（ソウ・ヒヨン）「植民地近代朝鮮における民族伝統舞踊の形成過程と変容」『国際関係論集』（立命館大学国際関係学会、2020 年 2 月）

―――「在日コリアン社会における『民族舞踊』の継承とその意義：朝鮮学校の民族舞踊部指導者へのインタビューから」『コリアン・スタディーズ』（国際高麗学会、2022 年 6 月）

―――「在日コリアン社会における『民族舞踊』の継承：舞踊家たちの意識に注目して」『立命館国際研究』（立命館大学国際関係学会、2023 年 6 月）

サルプリチュムを舞う著者

【著者紹介】

徐　希寧（ソウ・ヒヨン　Suh Heeyoung）

1966年、韓国生まれ。立命館大学大学院文学研究科修了（修士、文学）。同大学院国際関係研究科博士課程を経て2024年3月、博士学位（国際関係学）取得。現在、立命館大学衣笠総合研究機構コリア研究センター客員研究員。

❖韓国で幼少期からバレエを習い、高校生の時は舞踊部に所属し、日本の東筑紫短期大学付属高等学校（現・東筑紫学園高等学校、福岡県）と姉妹高校の文化交流生として訪日し、舞踊を披露した。舞踊学科の大学および大学院で舞踊に関する専門的な理論と実技を磨き、「韓国伝統舞踊」の修士号を得た後は、約7年間、各大学の舞踊学科で講師として教えた経験を持つ。日本でも韓国舞踊の指導を数多く行なっている。

［**おもな論文**］――「日本の高等学校における韓国語教育の課題と展望：高校の韓国語教師および韓国語受講生の要求分析を中心に」（『京都大谷中学高等学校研究紀要』43号、2017年5月）。「植民地朝鮮における民族伝統舞踊の変容」（『立命館国際関係論集』19号、2020年2月）。「在日コリアン社会における民族舞踊の継承とその意義：朝鮮学校の民族舞踊部指導者へのインタビューから」（『コリアン・スタディーズ』国際高麗学会日本支部、10号、2022年6月）。「在日コリアン社会における民族舞踊の継承：舞踊家たちの意識に注目して」（『立命館国際研究』36－1号、2023年6月）。

［**おもな口頭発表**］――「The Succession of the Ethnic Dance Education for Korean Residents in Japan: Focusing on the Case of the Joseon School」（『The15th ISKS International Conference of Korean Studies』August, 2022. *International Journal of Korean Studies*, March, 2023, No.19 収録）。「在日コリアンにおけるエスニック・アイデンティティと『伝統芸能舞踊』に関する一考察：京都東九条マダン祭りの事例から」（『第71回関西社会学会大会』2020年10月）。「分断された朝鮮に民族舞踊の現在：朝鮮近代舞踊の形成から在日コリアン社会における朝鮮民族舞踊の継承まで」（『KCKS 京都コリア学コンソーシアム第95回研究会』2024年10月）。

崔承喜と現在——

2025年3月1日　第1刷発行

著　者◉徐　希 寧
発行者◉文　弘 樹
発行所◉クレイン

〒184-0011
東京都小金井市東町5-26-15
TEL&FAX 042-384-9790
https://www.cranebook.net

印刷所◉創栄図書印刷

ISBN978-4-906681-68-6

協　力◉渡辺康弘　牛島なぐね